U0031011

廣海明月

道次第廣論講記淺析

第三卷

宗喀巴大師／造論
日常老和尚／講述
真　如／淺析

出版緣起

綜觀古今中外，無論貧富貴賤，生老病死是所有人都難以迴避的問題，唯有佛陀找到解決這些痛苦的良藥，而遠離了所有的痛苦、成就圓滿的快樂。佛在成道後三轉法輪，將離苦得樂的方法宣說出來，使任何有緣依之而行的凡夫，皆可獲得圓滿的佛果。

其中二轉法輪在靈鷲山宣說了《般若經》，《般若經》直接闡述的是萬法的真相——甚深空性的道理，間接也詮說了現觀道次第。彌勒菩薩造《現觀莊嚴論》，開闡《般若經》中現觀道次第之內涵。西藏智者之頂嚴宗喀巴大師，以《現觀莊嚴論》為基，並依印度大成就者阿底峽尊者所造《菩提道炬論》中三士道之內涵，而著作了《菩提道次第廣論》（以下簡稱《廣論》）。此論統攝一切佛語扼要，囊括從凡夫到成佛所須修學的一切內涵，次第井然、易於受持，是想究竟離苦得樂的人往趣佛地的最佳指南。自十五世紀至今，《廣論》教授盛弘於西藏、四川、青海、蒙古等地。二十世紀初，漢地法尊法師入藏求法，始將《廣論》譯為漢文。

^上日^下常老和尚（1929－2004）一生親近各宗派諸多大德耆宿，博通三藏，持戒精嚴，以其精湛之學修詳審觀察，深見《廣論》教授之殊勝，遂發願弘揚。1988 年，首於台灣台中圓滿講述，共 160 卷錄音帶。老和尚之講述深入淺出，廣引經論、祖師言教，並以善巧譬喻，引導學習者建立生命崇高的目

標，並依所學內涵對照自己的身心，進而淨化、提升，在離苦得樂的路上步步前行。

2004 年日常老和尚圓寂，將帶領福智團體僧俗學修之重任，託付給心子——真如老師。真如老師十四年來戰兢惕勵、竭盡身心，承繼老和尚之心願，帶領僧俗弟子虔誠學法，推展廣大弘法利生之事業，成果斐然。如今全球學習《廣論》之學法者已逾十萬人，遍及亞洲諸多國家，乃至美洲、歐洲、大洋洲等，獲益的眾生難以數計。

真如老師更自 2018 年四月起，每週兩次，親自帶著所有僧俗弟子對老和尚開示之《廣論》再作詳細、深入的學習。每一講開示，老師可謂用心良苦，不但字斟句酌地引導弟子契入老和尚開示之內義，並且廣引《廣論四家合註》、五大論等諸大經論為依據，更結合日日生活的方方面面，清楚指出實踐的下手處。

此系列開示發行以來，引發廣大回響，在諸方殷重祈請下，真如老師親自核對，由弟子們將開示輯錄成冊，名為《廣海明月》。以此供養具恩師長、諸佛菩薩，及期盼以清淨法語璀璨生命的共學法者。迴向聖教昌弘、善士久住，一切如母有情速趣解脫之道，共臻佛地。

大慈恩譯經基金會 謹識

編輯凡例

一、本書引用之《菩提道次第廣論》原文，根據福智之聲出版社之《菩提道次第廣論》第三版（宗喀巴大師造，法尊法師譯，台北：福智之聲出版社，2015）。

二、本書引用之日常老和尚講記原文，根據圓音有聲出版股份有限公司2016版《菩提道次第廣論手抄稿　南普陀版》冊1（簡稱舊版）、2017版《菩提道次第廣論手抄稿　鳳山寺版》冊1（簡稱新版）。

三、本書引用之《四家合註入門》原文，根據《四家合註入門》冊1初版一刷（哈爾瓦·嘉木樣洛周仁波切講述，釋性柏、釋如行合譯，台北：福智文化股份有限公司，2016）

四、本書所引《菩提道次第廣論四家合註白話校註集》、《四家合註入門》原文與箋註、《菩提道次第廣論》原文以及其他經典，皆採金色楷體；日常老和尚講記原文採金色仿宋體；真如老師淺析文字以黑色新細明體呈現。

五、《廣海明月》是真如老師在2018年4月起，依循日常老和尚的講記，結合《廣論四家合註》及五大論等諸大經論，深入淺析《菩提道次第廣論》之開示。由弟子們錄音、整理文稿，各講次均按順序編號，並標記各段落音檔之時間點，便於讀者對應查閱。

六、每一講次前皆附上該講次音檔 QR code，以利讀者掃描至福智全球資訊網 (https://www.blisswisdom.org) 之〈全球廣論 II〉頻道，聆聽每一講次開示。

七、各講次雖為真如老師於不同時間、地點所錄製而成，然內容實為相互連貫。

八、本書所列的講次章節和標題，為編輯於編纂時加入，希望幫助讀者了解講次內容脈絡，深入學習。

目次

出版緣起   2

編輯凡例   4

趣入努力聽聞的廣大門徑

講次 0101   透過聽聞，了解「境、行、理、果」   14

講次 0102   如是修，一定感得如是果   20

講次 0103   以正確教理，丈量自身修行   25

照妖鏡

講次 0104   廣聞的真正目的是修心   32

講次 0105   管人閒事的習慣   38

講次 0106   法鏡外照，唯獨照不見自己   42

講次 0107   佛法是內心的事業   47

講次 0108   照妖鏡形象分析   53

講次 0109   發現問題，收穫成長   60

依教理指導自身修行

講次 0110   小心盲修瞎鍊的惡習   68

講次 0111   沿著四諦思考問題   73

佛法的最初修鍊——法鏡內照

講次 0112   剖析「法鏡外照」現行   78

講次 0113   練出法鏡自照的獨門武功   84

講次 0114　黨同伐異的原因　　　　　　　　　　88

講次 0115　廣聞之人，更該虛心學習　　　　　93

講次 0116　「多聞還卻匪正法」的毛病　　　　97

從無限生命看待此生修行

講次 0117　六祖悟道的故事　　　　　　　　　102

講次 0118　聞思修是無限生命裡的必經過程　113

講次 0119　挑戰心中的斷見習氣　　　　　　118

講次 0120　循序漸進，從聽聞軌理起修　　　122

集資淨障，馬上行動！

講次 0121　學進去的關鍵在淨罪集資　　　　130

講次 0122　用集資淨障的新觀點看待困境　137

講次 0123　集資淨障增長心力　　　　　　　144

講次 0124　將集資淨障納入生活　　　　　　148

沿著業果正見，思考生命問題

講次 0125　佛法的深厚內涵一定講「業」　　154

講次 0126　熟悉業果思路，讓心靈動飛翔　160

講次 0127　用業果見透視苦受根源　　　　　165

抱怨與感恩的兩條心路

講次 0128	面對逆境體驗無常	170
講次 0129	改掉抱怨的老毛病	174
講次 0130	扭轉自心，向著感恩的方向	179
講次 0131	層層深入法理，勿長煩惱驕慢	184
講次 0132	隨分隨力，依靠環境增上	189
講次 0133	佛子雖逢難，善增罪不生	193

善巧辯論，趣入教典廣大海

講次 0134	盲人摸象是最好的修行指示	198
講次 0135	真理越辯越明	204
講次 0136	以辯論方式學習的好處	208
講次 0137	智者說滅諸分別，即是觀察所得果	214

走一條最快成佛的路

講次 0138	欲得圓滿佛法，需要殊勝教授	220
講次 0139	「教授」所指的內涵	223
講次 0140	性相角立的原因	227
講次 0141	《法華》、《華嚴》之意趣	231
講次 0142	做一個「想去抉擇」的聽法者	236
講次 0143	有無圓滿教授，決定成佛快慢	240
講次 0144	重視聽聞軌理，珍惜聞法勝緣	244

向無始劫來的煩惱出征

| 講次 0145 | 提起對煩惱的警覺心 | 250 |
| 講次 0146 | 正念就是手中的光亮 | 255 |

《廣論》是修行人的指路明燈

講次 0147	大車道是佛陀最深切的悲心	260
講次 0148	無法融會各宗各派的困境	266
講次 0149	寧可千年不悟，不要一日錯路	270

轉心容易轉境難

| 講次 0150 | 是故三界中，恐怖莫甚心 | 278 |
| 講次 0151 | 改變自心，嚐到修習佛法的甜頭 | 282 |

認識圓滿教法，慎防謗法業障

講次 0152	修念佛卻去不了淨土的原因	288
講次 0153	敬重法寶，勿生毀謗	293
講次 0154	在心田上種下廣學之因	298
講次 0155	虛心學習，互相讚歎	302
講次 0156	提起恭敬法寶的警覺心	307
講次 0157	為成佛而發心廣學	311
講次 0158	傳持教法，是佛菩薩一向的志願	316

傳承經典，究竟離苦

講次 0159	大師造論校正修行錯誤	322
講次 0160	觀察自己對修行的定義	326
講次 0161	「今勤瑜伽多寡聞」即是我內心的邪宗	330
講次 0162	「觀視佛語多片眼」的習性	335
講次 0163	養成樂於多聞的習慣	338
講次 0164	見已釋此大車道，我心全然遍勇喜	341
講次 0165	堪為清淨論典的條件——「所為等四法」	344
講次 0166	喧雜浮躁的時代，更需傳承經典	347

培養修行善法的強烈願望

講次 0167	具足聽聞殊勝教授的條件	352
講次 0168	「欲」令暇身不唐捐	357
講次 0169	資糧善中進第一	362
講次 0170	有了善法欲，縱使辛苦也願意堅持	367
講次 0171	別為自己的偷懶找理由	371

從現在起，為自己的苦樂負責

講次 0172	佛法極為單純的目的——離苦得樂	376
講次 0173	苦樂的內涵，只有佛說得清楚明白	382
講次 0174	把握獲得暇身的難得機會	388
講次 0175	珍視此時此刻的聽聞時光	393

講次 0176　　重新看待出家修行的非凡際遇　　399

諸具善者專勵聽

講次 0177　　「浮泛聽聞」與「專勵聽聞」的行相　　406

講次 0178　　聽聞前行是非常划算的投資　　411

講次 0179　　沒有天上掉下來的佛果　　415

講次 0180　　認真聽聞就是關心自己未來的幸福　　420

講次 0181　　浮泛聽聞，必定長劫流轉惡趣　　425

講次 0182　　持續學習，成為聽聞廣論的具器者　　431

附錄：各講次與日常老和尚廣論開示之音檔、手抄稿段落對照表　　437

廣海明月

——道次第廣論講記淺析
第三卷

趣入努力聽聞的
廣大門徑

線上音檔掃描

講次0101

透過聽聞，了解「境、行、理、果」

　　大家好！又到了我們一起學《廣論》的時間了。這次我們將要聽聞的這一小段，不知道大家課下有沒有認真地聽聞一下？原來在研討班要研討下一節的時候，通常大家都會很認真地多聽幾次，甚至有的是小組的，大家在一起討論討論。這樣的話，等到大班研討的時候，就是第二輪或者第三輪了，那個時候就會對我們所提出的問題有更深一步地了解，而且讓我們的思考更具有一個很廣闊的角度，而且有些問題和回答聽起來也是非常有趣的、非常有意義的。0'53"

　　那麼在聽聞之前，請大家還是要好好地觀照一下自己的三業。觀察的時候，有時候會發現我的身體是處在一種緊張不舒服的狀態，或者呼吸不是很通暢，這樣的話，自己就做一下調整，調整一下姿勢。那麼再觀察一下：我的內心現在有沒有準備好要

日常老和尚開示音檔起訖：舊版 2B 25:30～26:40
舊版廣論手抄稿2015版頁/行數：1冊 P62-L8～P63-L2
舊版廣論手抄稿2016版頁/行數：1冊 P62-L8～P63-L2

研討《廣論》呢？還是我的心在剛才的續流，續流很猛還沒有停下來？所謂的觀察三業，就是此時此刻我的身體在做什麼、我的心在想什麼，要有一個明確地了知。當我們明確地、清晰地知道我此刻在做什麼的時候，我們就可以接下來調整自己身體的姿勢，讓它處在一個比較愉悅、比較威儀的狀態。2'07"

那麼我們的內心，研討《廣論》之前要準備好一個大乘的發心——為利無窮無盡的有情，我們必須去希求無上菩提。這一節課的聽聞如果由趣向於無上菩提這樣的一個目標所攝持的話，那麼生生世世我們由於這節課積累的福德，猶如一滴水融進了大海是沒有窮盡的。與其沒有特別特別地觀察、策勵自己的大乘發心，和認真地策動自己哪怕是相似的一個大乘發心，這兩者都用了相等的時間聽聞，而有策動的很顯然是佔了非常大的便宜。我們都是花了同樣的時間、同樣的體力，可是一旦有一個殊勝的發心在攝持的時候，對自他來說，利益都是非常非常大的。3'08"

今天我們會開始聽「今勤瑜伽多寡聞，廣聞不善於修要，觀視佛語多片眼，復乏理辯教義力。」好！如果大家準備好的話，那我們就開始聽一小段。聽的時候，注意！要專注、專注！3'38"

那麼再下面那個呢？第二個叫造論的宗旨，有了這個歸敬以後，那麼他要開始造論。說我造這個論，是為什麼原因呢？目的何在呢？我希望達到什麼樣的效果，什麼樣的效果呢？那我們看一下。4'03"

　　今勤瑜伽多寡聞，廣聞不善於修要，觀視佛語多片眼，復乏理辯教義力。

　　說這個現在很多修行的人哪！「瑜伽」翻成中文叫作相應。真正講修行的，不單單是嘴巴上面空講，一定要跟教的道理，你跟它行持相應。所以通常瑜伽分成境、行、理、果，就是說什麼境界我們所對的，那麼你怎麼去行持，根據什麼道理，產生什麼結果等等，一定的。等到你修行到什麼程度，那麼你就有什麼的結果，一步一步，不是單單講一個空話。4'51"

　　我們先聽這一小段。不知道大家聽這小段會不會認為師父在解釋「今勤瑜伽」的「瑜伽」、這句話裡的「瑜伽」？但是我聽這一段，我會認為這一小段，師父實際上講了一個真正想修行的人他的正常狀態應該是什麼樣的。5'16"

　　所以在這裡邊，你看師父說：「真正講修行的，不單單是嘴巴上面空講，一定要跟教的道理，你跟它行持相應。」在這裡邊再一次提到了「真正」二字，在前面師父也提到過很多次。如何對真正兩個字我們去比對內心觀察一下呢？可能很多時候我們都會覺得「我很認真修行」，但是師父為什麼一再要提說：「真正講修行的，不單單是嘴巴上空講的」？這個真正二字，我會覺得值得我們一直揣測下去、揣摩下去。5'59"

　　接著師父提到了「境、行、理、果」，這個境、行、理、果出自於唐朝的窺基大師他的《成唯識論述記》，那裡邊的原文是說：「言瑜伽者名為相應，此有五義故不別翻。」這個「瑜伽」就是相應的意思，這個有五種意思，所以不作另外的翻譯，就是它是音譯。下面還是原文：「一與境相應，不違一切法自性故；二與行相應，謂定慧等行相應也；三與理相應，安非安立二諦理也；四與果相應，能得無上菩提果也；五得果既圓利生救物，赴機應感藥病相應。此言瑜伽，法相應稱，取與理相應，多說唯以禪定為相應。」這一小段，其實就是師父解釋這個境、行、理、果，說它是分四個角度來詮釋，一個真正想修行的人他所要具備的這一切條件。7'18"

　　前面那一段，他說：境相應的話，就是不違一切法的自性；行相應，就是要跟定慧相應；第三個與理相應，就是「安非安立二諦」，就是說是二諦還是不是二諦，二諦是遍於一切的；四與果相應，這個果是怎樣呢？一定是無上菩提的果，得果之後就利樂有情。他這裡邊取相應的意思。後來他說：「多說唯以禪定為相應」，有一些人就把它這樣理解了。7'54"

　　師父在講《備覽》的第十一卷也有這樣相關的，那個時候師父解釋「教、行、果」，說：平常是有不同的開合，各家都是不同的，賢首宗就用信、解、行、證。教、行、果有的時候也叫「境、行、果」，名字是不同的。教是說明道理，啟發我們的信解，詳細的就叫信解，簡單的就叫教；行就如何行持；最後證得果。關於教、行、果三方面，說得最清楚明白，而且大綱最完整的有一本特別的論。師父說：這本論跟《廣論》有特別的因緣，這本論就叫《現觀莊嚴論》，是至尊彌勒造的。太虛大師在《現觀莊嚴論》當中有一篇序，他有一段話說：「除非是補處菩薩，除了彌勒菩薩這樣一個了不起的大菩薩，沒有一個人能夠這麼簡單明了把全部的宗要都說得這麼清楚。這三樣東西是從凡夫地一直到究竟佛果，他說得清清楚楚。」9'02"

　　這三樣東西就是境、行、果。師父後來又解釋一下說：這個果就是指佛的法身，換句話說境就是凡夫是什麼、聖人是什麼；從凡夫轉到聖人該做些什麼行為；透過種種的行持，能夠把凡夫身轉成佛的圓滿的法身。所以大家可以看到在《備覽》裡師父還是這樣解釋。所以怎麼樣從一個凡夫到佛地，它的修行應該修出來的次第、教理，我們是應該先聽聞的。9'39"

　　師父在這一小段，揭示了一個真正講修行的人一定要跟教的道理相應，還要跟行持相應。9'49"

線上音檔掃描

講次 0102

如是修，一定感得如是果

那麼「今勤瑜伽多寡聞，廣聞不善於修要」，往下列舉的是什麼呢？是有一些修行人犯了一些這樣的過失。你說修行人不真正想修行嗎？可能也挺好樂修行的，但是呢有一些人會持著這樣的見解來修行。0'18"

你看我講了這麼長一段，其實師父這麼幾行就講清楚了。當我們開始在聽《廣論》的時候，我們其實也不知道這「境、行、理、果」是出自於哪裡，然後師父這樣解釋一下，我們就了解到：喔！一個真正的修行人要了解這麼多，不聽聞是不可以的！所以師父把很濃縮的教理，用非常簡潔的話，讓我們聽起來根本都不吃力。如果像我這樣念了然後引證出來，對初學的人來說，尤其是還害怕學很多的，那可能就學不下去了。所以師父總是把

日常老和尚開示音檔起訖：舊版 2B 25:30～26:40
舊版廣論手抄稿2015版頁/行數：1冊 P62-L8～P63-L2
舊版廣論手抄稿2016版頁/行數：1冊 P62-L8～P63-L2

一些非常難，聽起來很深邃、很複雜的教理，用非常淺白的文字清晰地講給我們，讓我們能夠輕鬆地趣入，而且能夠理解師父到底在講什麼。但是不能因為好像文字上理解了之後，我們就覺得對這一段話已經理解地非常清楚了。實際上你去想這一小段，它所包含的義理就是整個《現觀莊嚴論》，是非常非常地深邃的！1'23"

　　大家可以看到由於師父的恩德，我們能夠略略地了解一下一個真正想修行的人他所應具備的狀態。這裡邊還有一句話，說：「什麼境界我們所對的，那麼你怎麼去行持，根據什麼道理，產生什麼結果等等」，下面那三個字，如果看手抄你注意！「一定的。」、「等到你修行到什麼程度，那麼你就有什麼樣的結果，一步一步，不是單單講一個空話。」這段話看起來字面就是這樣，似乎是很容易了解的，但是對什麼境界，然後依著什麼道理修行，修行什麼程度，得到什麼結果……，師父說這個是一定的！2'22"

　　這裡邊會對付到我們內心什麼樣的一個見解呢？比如有人說：「啊！我用功了很久啊，好像我也修不出來。」但是當你產生這樣的感覺，或者這樣的一個困境的時候，看到師父的這句

話，會不會好像被打了一下？「我都種因了，然後我會認為修不出來——那個因長不出果來。」我們不是在這兒嘆息，就該去考慮是什麼原因。因為師父在「今勤瑜伽多寡聞」這一節裡講到是一定會出生那種結果的。那為什麼我沒出生呢？肯定是因上哪裡缺了條件！這樣的話，就不容易讓我們動搖我們對這條修行的路的堅持。3'08"

還有一點，師父說：「一步一步，不是單單講一個空話。」簡單的幾句話就行雲流水這樣地講出來。「一步一步的」，那是不是我現在還沒到可以看到那個結果的那一步？比如說舉個最簡單例子：背書這件事，在寺院裡在小沙彌還有法師們中間推背書的時候——大家都知道我們寺院已經推行二十多年了——背書這件事就是拿書把它記住，但是背會了之後，最大的敵人就是遺忘。當你把整本的《辨了義不了義》背完了之後，當時背會了，可是如果一段時間你不去再度再度地複習的話，還是會被遺忘毀壞掉，會斑斑駁駁的。一定是循序漸進、循序漸進，然後越來越熟、越來越熟，到最後可能你熟到不再忘了。4'01"

我曾經問過仁波切說：「到底要背到什麼程度算是可以的呢？」仁波切就笑了，講一個譬喻說：「有一隻藏獒在後面追

你，你在前面跑，一邊跑還能背出來，就要熟成那樣子。」大家都知道我們在背書的時候用非常快的速度背，背了之後等有一天善知識說：「我們全部用這樣的一個調背這一個偈子。」比如說像這個「今勤瑜伽多寡聞，廣聞不善於修要，觀視佛語多片眼，復乏理辯教義力」，背的時候就很快，但是全班一起背的時候要是有一個調──「～今勤瑜伽多寡聞～」，這樣整個的背誦就變慢了；如果把那個句子再拉更長更長，發現第二句就掉了，就不會了。所以考背書的時候，要是把它安上一個調子讓全班一起背，那又是一個檻兒，大家又得練。所以這一步、一步、一步、一步的，換著法地背，然後還有不同階段的考試，實際上也是我們對教典越來越熟悉的一個過程。但這個過程，如果沒有真正地坐在班上花心思背的話，實際上也不會了解背書的種種難題，以及突破難題的喜悅。5'16"

　　所以提到這個「一步一步的」，就讓我們回首我們的學制，這麼多年了，大家還是積累一些經驗，所以修行不是一蹴而就的事情，但是它一定會有一個由因到果的成熟。師父講的這個「一定的」，等到你修行到了什麼程度，那麼一定就會有那樣的結果。師父輕輕地用非常有力的這樣一個見解，破斥了我們內心中無始劫來熏習到的「我種了什麼因好像不會感得那種結果」的這

種邪見。比如說：我此刻聽聞一定是可以趣向無上菩提的，我就是種這樣一個因，那麼將來就會成熟於這樣的果！這樣的話，我們就不敢忽略發心，因為它會引導我們趣向那裡。6'12"

所以我認為這個「一定的」很重要！如果能把它默背在內心中的話，當我們內心中感到乏力的時候，開始懷疑我這樣做會不會有那樣的結果呢？然後師父這個「一定的」加持力就會出現，可以對治我們內心中關於「如是因結如是果」的不確定性或者疑惑，甚至是否定它的那個邪見。6'40"

線上音檔掃描

講次 0103

以正確教理，丈量自身修行

那麼接下來，什麼境界是我們所對的呢？在對到這樣的境界的時候，我們應該怎樣去行持？身語意三要怎麼樣作意？為什麼要這樣作意？根據什麼樣的道理？為什麼要選擇這種作法呢？以及這種作法會產生什麼樣的結果？所以師父後來講了：「一定的！」就是一定會產生那樣的結果。如果你那樣做了之後，尤其是等到我們修行到什麼程度的時候，就會有那樣的結果。所以這不是用了很多功然後結果什麼都沒出現，不是這樣一件事情，是說造了那個因、修了之後，一定會出生這樣的結果。0'44"

那麼我們修行所要得到的結果到底是什麼呢？我們想要成為菩薩，脫離生死，甚至想要成就無上的佛果，這就是我們期待的果。那麼就要討論一下我們所面對的狀況，比如說生老病死一定

日常老和尚開示音檔起訖：舊版 2B 26:40～27:08
舊版廣論手抄稿2015版頁/行數：1冊 P63-L2～P63-L5
舊版廣論手抄稿2016版頁/行數：1冊 P63-L2～P63-L6

是我們所面對的，對不對？六苦、八苦都是我們要面對的，上師三寶也是我們要面對的境界，經典也是、佛菩薩……。佛菩薩是我們所對的境界嗎？當我們有信心的時候，我們會覺得：啊！我一定能夠對佛菩薩這樣的境界生起信心、生起感動，所以我就會得到佛菩薩的加持。1'31"

我們現在在學習宗大師寫的《菩提道次第廣論》，在學習菩薩的心續裡流淌出來的這些甘露正法，很顯然會對到兩種境，一種境是能夠讓自己的染污習氣生起來的；一個是讓我們往上走的這樣一個境界。雖然境是上師三寶這樣一個境，但是如果內心沒有信心的時候，也會對他造惡業。所以不論境界上殊不殊勝，我們的內心殊不殊勝才是最根本的道理。而我們的內心殊不殊勝，為什麼會選擇去勝解作意？這裡邊還是有一個結果，這個結果就關乎到我們生命真實的苦樂問題。2'24"

大家都知道帳房先生，在老的電影裡邊都是在打算盤的，現在沒人打算盤了。我們在計算是苦還是樂的這個算盤，要在內心裡計算得非常非常清楚的：我如是做就會得到如是的結果，這一點自己在心裡邊要算得清清楚楚的。那麼我們為什麼能夠把它算清楚的原因，就是因為我們聽了佛陀講的業果的道理——如何是

苦因和苦果，如何是樂因及樂果；我們對這樣的道理反覆思擇之後，選擇去種善因、結樂果，對治惡因、苦果。所以還是師父說的那句話——這是確定的，不用懷疑！3'18"

下面我們再聽前面那一小段的後一部分。

> 但是現在那些修行的人，他要講修行啊但是不懂道理。請問：你不懂道理，這個道理是告訴你怎麼修行的，你怎麼修法？我們現在變成閉門造車。實際上閉門造車，多多少少造了一點哪！但是他在門外空轉，轉了半天是原地踏步，不僅僅是忙一生，多生多劫這麼空忙，這個很可惜，這個很可惜！3'58"

接下來這一段，就講了「今勤瑜伽多寡聞」的這個現象。師父在這裡邊說：「他要講修行但是不懂道理。」那個非常努力修行的那個人，他可能不會認為他不懂道理，他會認為他已經懂了，所以馬上就開始修了。然後師父就說：「請問：你不懂道理，這個道理是告訴你怎麼修行的，你怎麼修法？」如果是那個弟子的話，就會說他已經懂了，所以才坐那兒修呀！那麼懂了什麼呢？接下來就討論懂了什麼。我在想如果師父坐在面前給我們

27

講的話，我就會提一個這樣的疑問說：那樣修行的人他不會認為他不懂道理，他認為他懂了。所以這裡邊師父說的「不懂道理」，和那個學的人他認為他懂了，他懂的東西到底是什麼呢？他懂的東西在善知識看來恰恰是不懂，或者說一知半解。這個懂與不懂之間，要有明眼人看你懂了才可以，不然我們了解的東西可能就是錯的。5'13"

就像我小的時候剛上學，我認為：寫 3 為什麼要站著呢？3 應該寫個「m」形，就是都趴在地上。為什麼呢？因為這樣 3 可以休息，不然 3 要一直站著呢！所有作業本上的 3 都站著，我應該讓它趴在紙上。我認為這是對的，所以老師把我的 3 字改了之後，我還認為我寫的是對的。然後老師問我說：「為什麼給你改了這麼多次之後，你這個 3 還要這麼寫呢？」我說：「因為 3 累了！」天下哪有這樣的道理呢？說數字累了。但是一個小孩就是那樣想的，一個小孩！而且會覺得特別有道理。每次 3 字一定會被老師用紅筆打一個叉，逢 3 就是叉，如果那一頁上 3 字很多，我就全是紅色的叉字。大家都知道上學的時候如果你的本上都是紅色的叉字，這是一件很丟臉的事情。但是我都非常堅持，因為 3 要休息。所以哪有道理呢？6'22"

　　所以要說服我們自以為是的道理，善知識真的要花一番苦口婆心的力量。師父這裡邊說：閉門造車還多多少少地造了一點，我們是什麼？是門外空轉，是完全不懂道理，都修錯了！而且他不是這一生浪費了，是多生多劫都在這兒空忙。師父說：「這個很可惜，這個很可惜！」6'51"

　　看到這一段的時候，大家會不會覺得我們不是那個很可惜的人，因為我們非常重視聽聞，對吧？每一節廣論班的課程我都參加，而且有的時候會參加六、七個課程，我是很重視聞思的！那麼，到底聽了之後懂不懂修行的道理，到底是不是在門外空轉？對師父講的這樣的一個提醒，還是要向內心仔細地觀察。7'21"

　　修行一定要聽聞，沿著聽聞的道理修行。如果拚命用功而忽視了聽聞，這是一個非常大的錯誤，這是在經典裡被所有的善知識所呵責的。像有一本論叫《喜金剛釋難花鬘》，這裡邊有一句話就是師父這句話的寫照，說：「沒有智慧的人，就沒有聽聞；沒有聽聞，就沒有思惟；遠離了這兩者，就沒有瑜伽；而沒有瑜伽，就沒有成就！」所以看起來是很有智慧的人才能夠重視聽聞。希望所有想修行的人都能夠趣入努力聽聞的廣大門徑，使自己的心沿著正確的道次第好好地行持，不要一生空忙，甚至多生

多劫都空忙。這不是一般的悲慘喔！8'29"

　　所以在前一小段說造論的宗旨，說為什麼要造這本論，就是為了點醒這樣用功又自以為在修行的人呢！佛菩薩悲憫我們，所以才給我們講這樣的道理。那對我們自己來說，要不要信受、要不要聽聞過來人的經驗呢？因為如果不去聽的話，可能修不出來東西，或者一開始是錯的，到最後都錯的，自己都不知道，還以為自己修到什麼什麼地步了。因為我們沒有拿一個正確的教理作為我們的一面鏡子，或者一把尺，去丈量我們到了什麼地步。我們完全跌落在自己的感覺裡，自以為是的，比如說修出來這個啦、修出那個……，完全是自我的感覺，而不是佛菩薩在經典裡告訴我們的那樣的原則。而我們感覺很好，但是未必是很好的。9'33"

廣海明月

——道次第廣論講記淺析
第三卷

照妖鏡

講次0104

線上音檔掃描

廣聞的真正目的是修心

　　那麼說：好、好、好！那既然要修行啊要多了解、多聞，結果多聞的話呢，說「廣聞不善於修要」，聽了很多道理以後，他又在文字上面去摸索去了，不善巧這個修行，這是一種。還有一個毛病哪，他聽了很多以後啊，他自己不修還這專門管別人閒事。這個事情的的確確很容易，因為我們的眾生的常態。平常我們哪，這個任何一個人，因為無始以來我的習氣在，所以看自己不大容易，看別人很容易。那麼世間的人來說，他那個標準本來世間的標準，大家都馬馬虎虎。現在你修學佛法了以後，了解那個標準提高了，結果你提得很高那個標準，拿那個標準去照別人的話，那害了！像個照妖鏡一樣，這一看哪！世間所有的人都是妖魔鬼怪，沒有一個像樣的，只有一個人沒看見——自己！就是這樣，這個是非常嚴重的事情！0'58"

日常老和尚開示音檔起訖：舊版 2B 27:08～28:07
舊版廣論手抄稿2015版頁/行數：1冊 P63-L6～P63-LL1
舊版廣論手抄稿2016版頁/行數：1冊 P63-L7～P63-LL1

　　好！師父在這一小段裡，非常精闢而又犀利地指出了我們的現狀。前面說了修行一定要多聞嘛就多聞，聽了很多道理，結果在文字上面摸索去了，不善巧這個修行。說：「在文字上摸索」，那我先問大家說：「在文字上摸索」是不是必要的？是必要的。那麼僅僅停在文字上的摸索，就是不可以的。那麼為什麼他僅僅停在文字上了呢？那文字到底懂沒懂呢？為什麼導致他不善於修要呢？聽了那麼多應該很懂得修行啊，因為道理就是為修行而說的，而我聽聞也是為了修行。那麼為什麼到最後還不善巧修行呢？什麼原因？2'01"

　　所以，廣聞不善於修要。師父在這裡說：在文字上摸索，然後不善巧修行。這種狀態就是文字可能是特別特別地熟練，但是一談到內心的行相的時候，就無法對焦了。2'22"

　　比如說舉個最簡單的例子：「諸惡莫作，眾善奉行」就這麼幾個字而已。「諸惡」，大家可以想到大的惡行和小的惡行，大的惡行不要做，五逆十惡不要做，那麼小的惡行呢？比如說背後議論人啊、議論人是非呀，對別人說話不是很客氣、沒有敬意啊；比如說某一天拿著經典也沒有什麼敬意，就這樣就過了。這些看起來都是一些不經意的時候所犯下的一些過失。那麼如果我

們去學了教理的話，我們就知道在因果部分，就算是小的惡行也不可以做的，因為小的惡行會累積成大的。還有如果是對殊勝的對境所做的，一瞬間所積累的惡業也是不知道多大的。3'17"

這樣的道理是一下就聽了，但我們在自己的心上怎麼可能建立出這樣的一個量？所以文字上看起來就是這樣念懂了，也知道這什麼意思，但你到底內心上能不能如文字上所闡釋的生起那樣的量，還是有一個很長的距離。所以說既要「廣聞」又要「善於修要」。3'46"

其實這裡邊著重點是說要「修要」，對吧？不能只是在廣聞。然後師父在這裡邊還是很溫和地說：「不善巧這個修行」。像親近善知識法，其實如果在《廣論》裡沒有這樣子詳細地闡釋的話，可能我們讀《華嚴經》啊、讀一些其他的經典，也會注意到實際上修行要有一個善知識引導的，但是會不會有這樣明晰的次第呢？修信、念恩，還有怎麼樣一步一步的、華嚴九心等等，會不會有這樣的嚴格的次第呢？就不知道該怎麼做了。一旦確立了這樣的一個次第之後，對於我們的心來說，我是聽到了之後就覺得「我知道了」，還是我會在心裡邊把它當作一個我的目標，我要如我聽到那樣去做到它？注意！是做到它。不是僅僅聽到耳

朵裡就算懂了，就我明白了、我聽到了，而是說我要把它做到，就是要如經典上所詮釋的那樣，在我的內心中生起那樣的量，這才是廣聞的目的。5'04"

為什麼停留在文字上？剛才我問大家說，有一種是他不知道為什麼要聽，他聽完就以為完了，就覺得聽到了，佛法大概就是這樣，我都懂了，道理都懂了。我要辯論可以辯論，要討論問題都可以跟你討論，而且我都可以做很多引證，但是不止於此啊！所有的這些都是為了改變自心的惡習氣，要挑戰自我的煩惱，要打擊以自我為中心的這種煩惱，打擊、徹底地對治自性執，對吧？所以從這個角度來說，修心啊！廣聞，要善於修心啊！這個也是在很多經典裡、很多善知識的開示裡邊一直叮嚀我們的，一定要把所學的拿來在內心上去運用。所以師父說：不善巧這個修行，這是一種「廣聞不善於修要」。6'07"

列舉完這種了，我們剛才總結為：他可能聽聞的時候動機就不對；再一個可能是整天忙著聽聞，聽很多很多，就是沒有把它善巧地攝為修心，然後在警醒自己的三業上再念念去用功，缺了這個功夫，這是一種；還有一種，現在我們應該所有的同學好像全都知道了，就叫「法鏡外照」對吧？聽了很多之後，師父說：

「他自己不修，還專門管別人閒事」。我問大家一個問題：管別人累不累呀？累吧！那管別人的閒事不是代他操心、是一個好事情嗎？師父在此處為什麼說：「管別人閒事」呢？好像別人的事情都是閒事嗎？7'04"

師父為什麼會這樣說呢？管別人好不好呢？很難說喔！為什麼別人的事是閒事呢？難道只有自己的事是正事嗎？別人的事都是閒事嗎？那要怎麼理解這句話？明明別人的事也都是大事，有的都是很重要的事，為什麼師父稱為閒事？7'28"

比如說修行這件事情，如果自己不修的話，他會不會有引導別人的經驗呢？因為那經驗，尤其是修心這個經驗，你如果不走過這個路，你怎麼知道哪裡有坑坎、哪裡該左轉、哪裡該跳過去？你是不知道的。7'46"

那麼我完全沒有經驗的時候，我去管別人的話，能不能管到當處呢？能不能管到恰到好處呢？管不到，對不對？管不到，那做的一切就成了閒事了，對不對？因為你沒有經驗，你去引導別人，欸！比如說我要去一個什麼什麼鎮，我要去那裡，結果有一個人完全沒有去過那裡，然後他自己還路痴，他帶你，但是走來

走去、走來走去，就走到另一個地方去了，那不就是閒功夫，都
浪費時間了，對不對？所以，當我們自己沒有獲得修行的經驗的
時候，我們管別人，師父還放一個「專門」管別人閒事，看來是
很熱衷的。8'28"

線上音檔掃描

講次 0105

管人閒事的習慣

　　師父說：「這個事情的的確確很容易」，管別人閒事很容易，大家會認為管別人閒事很容易嗎？0'11"

　　首先我們可以區分一下，管別人閒事是不是出於利他心？我是因為想幫忙別人才管別人的，那為什麼管別人成了閒事而不是正事呢？師父不是教導我們要利他嗎？要代人著想？那管別人閒事是不是關心別人？管別人閒事的行相和定義到底是怎樣的？大家可以想一想。0'50"

　　從師父講的上下文看來，如果一個不會修行的人管別人閒事，如果一個不會修行的人管別人修行，必須用到照妖鏡，為什麼呢？為什麼沒有一個美麗的觀功念恩的鏡子呢？因為我們未曾

日常老和尚開示音檔起訖：舊版 2B 27:08～28:07
舊版廣論手抄稿2015版頁/行數：1冊 P63-L6～P63-LL1
舊版廣論手抄稿2016版頁/行數：1冊 P63-L7～P63-LL1

慣修,那個鏡子還沒有修出來,只有照妖鏡,所以只好用照妖鏡照別人。用這樣的鏡子照了別人之後,別人的生命會變美好嗎?別人會因此變善良嗎?真的能夠幫忙到別人嗎?如果幫不到,會怎樣呢?反而以這樣的習慣傷害了自己對他人的恭敬心,自己也害了。所以從令自他都變美好這樣一個目標和願望來看,這個目標和願望根本沒有達成,浪費了時間、浪費了心力,是不是就成了管別人閒事呢?2'05"

為什麼管別人很容易呢?因為「我們眾生的常態。」這句話有一個很深的、很深的玄機。說:「這個事情」,請問這個事情是什麼事情?是不是自己不修,還專門管別人閒事?這很容易吧?說:「的的確確很容易」。我們眾生的常態是什麼意思?就是我平常就是這樣子的,我們不習慣也不善於修行自己,卻習慣到處看別人毛病,因為向內觀察、向內調伏的功夫還沒有學會。2'49"

所以說師父說:「平常我們哪,這個任何一個人,因為無始以來我的習氣在,所以看自己不大容易。」無始劫來的習氣,無始劫來多長?多長時間呢?什麼叫習氣?沒有開始,經過長劫無法計算的時間一直到現在,我們泡在一種習慣中,這種習慣是那

麼熟練，習慣到自己都沒有發覺就可以做、可以想，習慣到自己不用特別策勵，就輕而易舉地那樣做出來的。哪樣做呢？就是什麼？看自己不大容易，然後奇怪了！「看別人很容易。」這兩句話大家在心裡可以認可嗎？修行這麼多年了，十年了、二十年了，有的三十年了，會覺得看自己不容易、看別人容易嗎？還是你們覺得看自己也不容易、看別人也不容易？看別人很容易，對不對？比如他有什麼問題，就好像一目了然的樣子，對不對？看兩眼就覺得好像看懂了。然後看自己，看自己會看不懂嗎？會覺得我們看不懂自己嗎？你會覺得你是自己的陌生者嗎？你會覺得你的心是一個陌生的人，好像你跟一個陌生的人同路走了這麼多年一樣？4'28"

　　會覺得看自己不容易嗎？其實你認真地去抉擇師父的話，你會覺得是這樣嗎？我說的玄機即在此處，師父說我們的常態就是「愛管別人閒事」，而且很容易就管了，為什麼呢？因為無始劫來就這樣。無始劫來為什麼這樣？大家可以好好地去參究一下。其中有一個理由，我們會認為我們生命的痛苦都是別人和環境造成的，會一直看著別人，希望別人能夠改正，從境那方面調整，我們的心、我們的生命可能就快樂了。我們沒有意識到心有明而覺知的力量，心的本性是光明的，如果能夠在心上明了無自性，

去除心中的苦因，就能夠徹底地解決生命的痛苦。我們就是因為迷惑此點，長劫串習自性執，不曾明了自心啊！5'53"

　　如果看了這句話的話，我們怎樣拿這句話來修正自己呢？其實可以想一想：我早晨一起來，我是把所有的注意力更關注在我的三業、我所造作的業的觀察上？還是像師父說的。眼睛都長在外面看別人怎樣怎樣、都看外面？很容易，我們的六根馳於外境——六塵，很難收攝內心；有的就算收攝了，一會又放出了；一收攝的時候甚至是什麼也看不到。所以這是第一個問題，無始劫來我們的習氣是不是很難看到自己？看到別人很容易。6'40"

線上音檔掃描

講次0106

法鏡外照，唯獨照不見自己

　　那麼第二個部分就是：世間的人來說，世間的標準馬馬虎虎，互相就這樣看了。但是如果學佛法的話，標準提高了之後，拿這樣的一個標準，注意！拿這個標準應該是先看自己的，但是他忽略了第一個程序，跳到了什麼？還是順了無始劫來的習氣去看了別人。那麼一看別人的話，都比原來看得還糟，為什麼呢？因為這個鏡子太厲害了，這個標準太高了！師父說：「害了！」說拿那個標準去照別人的話，害了！像個照妖鏡一樣。「這一看哪！世間所有的人都是妖魔鬼怪」，下面一句話就更可怕了！「沒有一個像樣的，只有一個人沒看見──自己」，說：「這個是非常嚴重的事情。」1'11"

日常老和尚開示音檔起訖：舊版 2B 27:08～28:07
舊版廣論手抄稿2015版頁/行數：1冊 P63-L6～P63-LL1
舊版廣論手抄稿2016版頁/行數：1冊 P63-L7～P63-LL1

　　想一想喔！在三十年前，師父就告訴了我們這個現象。當我們拿法的標準去衡量別人的時候，我們的心會越來越快樂嗎？是否會有幾許失落、幾多悲憤，理所應當地成立別人都沒有努力修行？是這樣嗎？好像自己都很努力修行的樣子，是這樣嗎？如果一直這樣認為，會不會我慢呢？會不會產生像《廣論》上所說的「我是超勝我第一」這樣的想法呢？抑或「眾人皆醉我獨醒」？把自己放到一個很高的平台上去評判別人，彷彿自己已經是一切遍智了，已經徹底了達了自心和別人的心，沒有任何錯誤地判斷出別人沒有修行。這樣走著走著，就越來越孤單了，因為前後左右都看不到友伴，因為前後左右都是妖魔鬼怪，只有自己一身潔白。可能嗎？我們這個世界是凡聖同居土，我所遇到的人哪一位是聖者可能完全不清楚。萬一我們眼拙，用那個鏡子照到了菩薩，那個扭曲的鏡子到底會把我們的來生帶到哪裡去呢？我們這樣照下去，得造多少惡業？那損失實在是太大了！用師父的話來說：那就害了！2'56"

　　有一句話說：「高高峰頂立，深深海底行。」我們一旦確立了正確的修行見解，絕對不可以忽略平常的行為，所謂不可以因為善小而不為。舉個簡單的例子，打招呼，就是看到人微笑、打個招呼，這樣是挺好的、挺親切的，但是我們會不會忽略這個

呢？比如說我們到了一個新的居住的地方，我們會不會很注意跟鄰居先交個朋友？然後見個面很熱情，甚至有點什麼事情請他幫個忙？大家迅速地就開始融洽了。這樣別人也不會擔憂，我們自己可能也在新的地方居住得很順心。還有就是跟父母親說話盡量和顏悅色，不要跟父母親吵架，用非常柔和的語言和態度對待自己的父母親，其實這也是很基礎的，也是很重要的事情。4'13"

　　像有的時候我們開新班，有一些新的同學來到班裡之後，當我們發現他好像有點跟我們所學的真理不相符順的時候，我們有的時候就直接去說了。是不是要等一下，觀察一下他的個性啊、脾氣啊、秉性啊？看一看他學佛多久了？然後再看一看他有沒有什麼困境？這些都是要做觀察的，然後再給別人一點意見。尤其是新的同學在班裡有的時候會提問題，因為很多重要的原則可能還不知道，所以他提問題的時候，如果馬上就跟他說：你這樣是對這個不恭敬、對那個不恭敬！他連提問題的機會都沒有的話，那會不會給新同學融入、開始學習造成一些困境呢？所以有的時候我們會特別特別地執著，也希望別人能夠做到那些。但是對剛開始學習的人來說，還是要一長段的時間熟悉這些重要的原則的。5'36"

　　這樣的話，注意調整這些方便，我們就不會特別特別執著，見到一個人就把很多道理擺在他面前，而且一看到別人就容易去調整別人、去指出別人的問題，自動地就成為校正別人的小老師了，忘記了佛法的第一步是要觀察自心、改正自己的缺點和毛病。如果我們不會改自己的毛病，甚至看不到自己的毛病，修心經驗不足，甚至沒有，甚至連正知見都沒有獲得，那我們豈能把別人看明白，豈能夠幫別人改毛病呢？6'19"

　　學到這裡，有人說：「因為我什麼也不會，所以我也不能幫人。老實修行自己，大家的事一概不承擔，因為我沒有能力！」請問大家要怎樣思考這個問題、回答這個問題呢？佛法還提出一個觀點叫「隨分隨力」，總有一些責任和義務是自己要承擔的，不能把所有的事情都推給別人。如果不曾學會，那麼就現在開始學嘛！什麼也不做，就會修行了嗎？如果什麼都不想承擔，那麼在各種境界中歷事練心的方便也沒有機會去練習了吧！如果都沒有機會練習，怎樣獲得呢？7'07"

　　實際上一旦我們看自己，當我們鎖定我們的內心好好觀察的時候，我們也會看到越來越多的自己的錯誤；當我們看到越來越多自己沒改正的地方之後，我們自然不會對別人那種態度。我們

就會知道自心是一個很神祕的事情，好像有太多重的風光。無論幫忙別人，還是幫忙自己，如果都能從修鍊自心的角度、成長美德的角度去努力，那師父就不會那麼擔心我們。把師父的提醒放在心上，怎樣放在心上呢？怎樣能夠不拿照妖鏡照別人呢？當發現自己那個鏡子又拿起來的時候，停止一下、觀察一下：我是不是又拿照妖鏡照別人？我們應該以法自照。那麼以法的標準來衡量自心的話，是不是以法自照呢？如果以法自照、以法自明，我們就自然看周圍的人不再是妖魔鬼怪，我們就會發現很多很多要向別人學習的地方，發現很多很多人其實都很努力，甚至非常地善意。我們將在明了自心的過程中，去發現這個世界的美好，其實這是一種很有趣的經驗。8'45"

線上音檔掃描

講次 0107

佛法是內心的事業

　　還有一點，如果我看我自己有這麼多毛病都沒有改，我如何在大眾中自我傲慢呢？學了很久、聽了很多，但是有依照經論修改自心嗎？修改了，修改的深度又如何呢？論典有修治和救護兩種功德——修治煩惱，救護我們脫離惡趣。我們都了解惡趣也是由於煩惱導致的，可是煩惱和惡趣的因在哪裡呢？在我們的心裡邊。所以最關鍵的問題是：聽了很多，真的有沒有聽懂？聽懂了的話，是不是一定會把佛法用在身心上？因為佛菩薩就是為了改變我們痛苦的現行才說法的，不是讓我們聽聽就算了，因為光是聽到了，沒有真實地對治苦因的話，痛苦是不會消除的；更不是讓我們聽了很多很多，徒具多聞的虛名。佛法是要在身心上真實操作的，所以一定要改惡向善，改變缺點一定是首當其衝。

1'47"

日常老和尚開示音檔起訖：舊版 2B 27:08～28:07
舊版廣論手抄稿2015版頁/行數：1冊 P63-L6～P63-LL1
舊版廣論手抄稿2016版頁/行數：1冊 P63-L7～P63-LL1

　　學久的人應該是什麼樣？應該習慣向內觀察，對法義串習得相對熟練。一旦我們認真地降伏自己、觀察自己的時候，我們就不會拿這個照妖鏡到處去照別人的過失，我們會去判斷內心和自己的行為，何者是照妖鏡的老習慣，何者是法鏡自照的新習慣。一旦我們看自己的缺點、看自己的內心，越看越多、越看越深，一個問題後面還有一個問題，我們會忙於對自己相續的觀察、探索，會發現內心真是千變萬化，每一天、每一個小時都會有不同的顯現。在這個顯現中，我們怎樣提正念？用所學的教典引導自心朝向解脫、朝向菩提心，甚至朝向思惟空性的方向。2'56"

　　我們會發現以自我為中心的行相：凡有事情發生，是基於此世的安樂考慮，還是有發生希求後世安樂之心呢？觀察越久，越發現我們的現行是經典的對面，要改的東西幾乎比比皆是，凡有力量都想用來改變內心，改變內心不如法的現行，也即是修改苦因，也即是改缺點。我們好想體會佛法深邃偉大的改變內心的力量！3'37"

　　如果你拚命地想改變自己的話，那麼當我們遇到一個人，我們會從哪個點去看他呢？我們會發現說：喔！他好像比我更敬重教典；他背經、背論，背得好多，比較厲害；還有他思辨的理路

比較犀利；還有這個修行人他比較踏實，口業守得非常好，幾乎很少出口傷人。雖然這個修行人其他的優點都不是那麼突出，但語言真的是非常地調柔、不傷人，這一點就會讓我們五體投地地佩服，因為自己做不到嘛！對不對？4'25"

當我們想要改變我們內心的一個缺失的時候，我們就會一直在尋找誰在那一點做得好？做得好，我要趕快學他是怎樣改的。舉個最簡單的例子——收拾廚房，當我們想要把一個廚房擦乾淨，確立這個目標，我們就會留心哪些人特別擅長整理廚房，他整理的廚房井然有序、乾淨、光潔，所有的器物都一塵不染，好像會發光似的，他是怎麼用心的？他有什麼方法？我們一定就會從這些角度去觀察、學習他的發心和技巧。所以一旦我們把目光鎖定改變自己的時候，不知道為什麼就好像很多順緣都會出現，因為你會發現這個人也在教我、那個人也在教我，這個人也比我強、那個人也比我強……，每個人都有比我強的點，那麼我在大眾中，還怎樣傲慢呢？我還怎麼看人家都是妖魔鬼怪？自己心裡的妖魔鬼怪都已經降伏不完了。5'46"

我們看很多人都有那麼多優點，因為自己有太多不足的東西。師父的這個話再反過來一個狀態，其實應該是那樣的，所以

有「眾生腳下行」。大德們的修行，對一隻螞蟻都不曾輕視，因
為他說：「這個腳下的螞蟻和我誰先成佛還不一定。」像我常常
說我曾經在求法的時候，在五臺山遇到一位法師，他遇到任何人
都觀想在那個人面前頂禮三拜，因為他說他一定會拜到佛菩薩，
因為不知道誰是佛菩薩，我們這個地方是「凡聖同居土」。
6'40"

　　一旦我們注意到所聞的法義能結合內心修習的時候實在是太
少太少，聽到和做到距離很是遙遠。珍貴的法理，佛菩薩、善知
識完全是為了我們能夠用在內心上講的，因為真正的苦因就在自
己的內心，苦因不去消除，苦果就會再度出現，我們就會在痛苦
中漂泊、沉淪，無法獲得生命的大自在。所以「廣聞不善於修
要」，這該有多麼地遺憾！如果把這個毛病改了，開始拿所聞的
法義來修心的話，我們看世界、看外面，「沒有一個像樣的」、
「世界這麼多妖魔鬼怪」這種所謂的顛倒的、在內心上顯現的現
象，一定也會翻轉過來的。7'36"

　　既然觀察自己的內心、改變內心這麼重要，那是不是其他的
都不重要？我什麼都不想管，因為沒能力管。大家想想，觀察內
心的時候遇到了這個念頭怎麼辦？因為我們會發現忙碌的時候，

看內心就很不得力，好像有很多閒工夫才能看到內心。所以到這裡問題的關鍵演變成了什麼呢？是不是成了忙很多事還是不忙？可是真正的問題是向內調伏還是不向內調伏。8'14"

我看自己到處都是毛病，不是什麼也不要做了，而是說正因為有這麼多毛病，我要趕快積資糧啊！我趕快承事父母師長、承事大眾呀！我這麼多缺點，還不累積資糧，怎麼能夠改變越來越多看到的缺點呢？所以看到自己毛病的人是很忙的，不是說他不敢去做事情，他是透過做事情要改變自己，這是師父說的歷事練心啊！在事項上忙碌，只重視事項的成敗，這是以往的習慣。我們要把做事情當成是修行，就是修行本身，在做事的時候精勤地觀察內心、提起正念、向內調伏。9'12"

每一件事都會推動我們的心去靠近真理，每一件事都提醒我們自己：我在哪裡對境又迷失了正知正念？在做事的時候，會跟很多人打交道，我們可以觀察「以自我為中心、沒有替他人著想」的老習慣是怎麼出現的？行相是怎樣的？把每件事很莊重地、很認真地做好，盡心盡力地做好，專注地做好。以此集資淨障，實踐以法調伏內心的生命宗旨，雖然辛苦練習，但這才是佛菩薩所歡喜的修行之路；如果不這樣練習，在煩惱中輾轉不是更

辛苦嗎？10'06"

　　我小的時候曾經看過一個故事，說有一個小男孩有口吃的毛病，可是他卻很想當個演說家，他為此非常苦惱，因為他連講清楚一個簡單的事情都很吃力，一說話就常常被同學們嘲笑，可他並不死心，還是想當個演說家。後來有一個人告訴了他一個方法，從此每天早晨他就去河邊，嘴裡含一塊石頭，練習說話，大聲說話。風雨無阻，日復一日，他從不間斷，即使舌頭很痛，他要克服疼痛，有的時候甚至舌頭磨出了血，他依然不想間斷。後來他改掉了口吃的習慣，開始流暢地表達他的思想，而最終這個男孩如願以償，成了一個大演說家。11'14"

　　佛法的事業始終是內心的事業！雖然很多事情做出來了，但是如果只是為了把事情做出來是不行的，最重要的是要在做事情的過程之中調伏煩惱，調伏煩惱才是真正寂靜的事業。唯有調伏煩惱，我們才能夠體會佛法震撼人心的力量，我們才能夠在生命中真實地體驗到佛菩薩所講的法對我們的內心、對我們的生命，甚至對我們的命運到底有怎樣離苦得樂的偉大的作用！12'01"

線上音檔掃描

講次0108

照妖鏡形象分析

　　這裡邊最重要的一點就是：拿那個標準去要求別人，和拿這個標準要求自己，分水嶺就在這裡。那麼，你說可不可以拿這個標準去要求別人？是可以的。但是他出於什麼？慈悲心，就是拔苦與樂、真實饒益他人的心。不是看不起別人，好像覺得自己比別人好，而是真的想讓別人好。我在師父的日記裡曾經讀過好多段，師父會寫到會管如俊法師啊、會管上座法師啊，師父非常非常地在意我是看他不對、不順眼，還是我看他苦想幫他。你看他不順眼去說他，和真的看到了：這是苦因啊，將來會受苦的，所以我要幫你把這個苦因去掉，這兩者的心是有很大的差別的！1'17"

　　我有一次還看到師父的一段日記裡，我記得大概有這樣一段描述：有一個法師做錯了，師父發現自己非常急切地想要去調整

日常老和尚開示音檔起訖：舊版 2B 27:08～28:07
舊版廣論手抄稿2015版頁/行數：1冊 P63-L6～P63-LL1
舊版廣論手抄稿2016版頁/行數：1冊 P63-L7～P63-LL1

他。當他看到自己的這種心的時候，就選擇沒有去調整。又過了一兩天之後，他發現對這件事情的觀點全變了，他覺得：哎呀，某人啊！這樣做你自己會受苦啊！那個責怪他的心已經全都沒有了，所以這個時候師父就去提醒他。提醒他之後，師父說不管他聽還是沒聽，他已經真實地做到了不是因為煩惱別人，而是因為真正的是我要去幫一下。所以當生起了那種真實的與慈悲相應──師父很謙虛地說「那一點點樣子」──的時候，他自己回去都很歡喜、很歡喜！2'32"

師父說「照妖鏡」這件事，我覺得我們要一直放在心上。其實如果把這個鏡頭形象化一下，可能會覺得很匪夷所思的。想像有一個人站在高處，拿一個鏡子照天、照地、照人，然後說：「啊，你臉髒啦！」「他那個衣服髒了！」「這個地方需要清掃！」一直在指揮別人。可是他自己呢？他自己的衣服呢？破爛不堪，完全都是髒的！而且臉上全部都沒有洗，一層一層都是髒的，可能頭髮裡面全是油污、全是灰塵，然後他拿個鏡子。如果這樣一個鏡頭出現我們面前的話，我們會不會覺得這是一個非常滑稽的鏡頭，對不對？他照到的那些人會不會聽他的呢？他照到的那些人會看什麼呢？會看他全身那麼髒，還說別人！就這樣互相照來照去，對不對？所以就變成了管閒事了。3'47"

　　師父在這裡邊說：「拿那個標準去照別人的話，那害了！像個照妖鏡一樣，這一看哪！」就是拿去照了，看完之後什麼結論呢？「世間所有的人都是妖魔鬼怪，沒有一個像樣的。」我覺得更奇怪的還有一件事情，就是「只有一個人沒看見——自己！」我們可以想一想，那個鏡子的功能那麼大，為什麼不拿來照照自己呢？為什麼照了那麼多人，唯獨留下自己呢？想想那個站在高處的人這樣照的時候，如果底下有個人說：「你身上那麼髒，你要不要拿那個鏡子照一下自己呀！」那個人會做何想呢？「我說你，你不聽，你還觀過！」會不會？這個念頭馬上就會出來。4'53"

　　這是很不可思議的一個事情，為什麼眼睛能看到那麼多、那麼多的人，那麼多、那麼多的現象，唯獨看不清自己？5'05"

　　我們會認為看不見自己嗎？我們會認為自己不了解自己嗎？5'12"

　　當我們跟善知識學法的時候，我們會認為自己不了解自己嗎？有些人完全是自己指導自己修行，自己訂一個計畫，然後自己覺得該怎麼樣、該這樣對治、那樣對治，就是弄得可能不知道

都偏到什麼地方去了，然後自己覺得都是很有道理的。善知識三令五申的教誡都彷彿聽不進去，或者是完全不理解，以自己的感覺為主。所以以自我為中心，沒有拿自心去校對善知識的教誡、還有經典的標準，自己想做什麼就做什麼，完全不是「觀父容顏」，不是「作師所喜」，而是自己怎麼順心、怎麼開心怎麼做，令自己歡喜。這個完全就是跟第一個道次第顛倒的、反過來的。所以如果以這樣的修行，想出離生死的苦海，應該是極為困難的，因為那個方向、那個標準是引航者才會了解的。正如經典所說：善知識和經典才是我們出離苦海的眼目啊！6'29"

在這一小段，師父也明確地告訴我們說：佛法的次第第一是要先拿這個標準來看自己的，所以戒律的精神是律己的，不是拿來繩人的。講到這裡就有很多人說，比如說：「我是老師，我也不想繩人啊！但是我不管的話也不行。我也不是煩惱都淨除了，但是我就得管學生啊！」他說：「因為我有煩惱，所以我不能管他們。」那怎麼辦呢？最重要的就是知道自己的煩惱還沒有淨化。7'17"

當我們有責任在身，必須為團隊負責任，負責調整別人的時候，注意到自己如果起煩惱了、心裡不寂靜、起瞋心了，甚至起

傲慢心了，那要趕快同時怎樣？要調整自己。不可能是單方面地只去調整別人，一定要同時調整自己。因為當你調整自己的時候，你會注意到自己的內心是什麼狀態，警覺自己的心有沒有提起正念，清晰地注意到說什麼話、為什麼目標而說、對方聽的狀態如何、對方的感受是什麼、對方的願望又是什麼？當我們內心平靜，對他人充滿善意，就很容易理解別人，會非常有空間代人著想，不會陷在自我的情緒裡，被混亂沖昏了頭腦。同時，如果對方很不平靜，我們也可以注意到不要讓對方的情緒傳染到自己，而是要努力地使對方平靜下來，好好地談話。如何使對方平靜下來呢？理解很重要。當我們看別人的問題、調整別人的時候，我們會看到自己的心也正在發生問題，必須同時處理。8'47"

　　我再說一遍。去調整別人的時候，同時會發現自己的問題，請問這是怎麼發現的？不是眼睛都在看著別人，為什麼還看到自己了呢？因為長期以來用功的習慣，注意！那個用功的習慣，就是一直在看著自己的心的一個正知，一個在覺察著自心起心動念在朝著什麼方向轉、自己的嘴在說什麼那個注意力，還是有一個餘力在觀照著，是不是？沒有失去正念，沒有失去觀照。這個時候，你雖然在講別人是哪裡錯了、哪裡錯了，但同時你對自己也

是在觀察著的。9'45"

　　所以當我們發現自己有問題的時候，我們也要馬上調整，不能蓄積煩惱。宗大師在《廣論》裡說：「煩惱稍出，即應用矛數數擊刺。此復自心隨何煩惱生已無間，視如怨敵與之鬥戰。」說：「煩惱稍出」，剛剛出現煩惱的苗頭，為什麼能夠用正念的矛去數數打擊煩惱？大家可以想一想，為什麼能做到這一點呢？因為有哨兵——有雪亮的眼睛。我們對自心的觀察力，透過訓練，敏銳而清澈，煩惱一出來，馬上認得，立刻開始對治。所以無論是生何種煩惱，他說有個「生已無間」，就是沒有間隔，注意到了馬上開始。那麼態度是什麼呢？把這個煩惱看成是怨家仇人一樣，與它戰鬥。就是我們的內心對於自心現起的煩惱，就像怨家和仇敵一樣，要與自心的煩惱戰鬥。11'10"

　　那麼如果不這樣做會有什麼壞處呢？大師教誡我們：「若不爾者，初起忍受非理作意，令其資養成無可敵，唯隨彼行。如是勵力縱未能遮，亦當速斷莫令相續。應如畫水莫如畫石。」如果不這樣的話，會出現什麼問題呢？剛開始出現非理作意的時候，我們認為沒什麼，好像不會造成很大的困擾和混亂，是可以忍受它對內心的侵襲和污染。可是一旦資養成比自己

的對治力要大好多倍，沒有什麼是那個煩惱的對手的時候，我們就只能乖乖地作它的奴隸，跟著煩惱走。所以我們必須深知煩惱的過患，應該像對待火一樣。一點點火星，在森林裡都是非常非常危險的，可能會引起森林大火；一點點煩惱，可能也會燒毀我們的善業之林啊！所以，要警惕！要知道非理作意即使是有一絲絲，也是非常危險，必須要確認到一點點的非理作意也是很危險的！一旦我們對自心有這樣一個警覺的態度，當我們去調整別人的時候，也同時知道自己的心也是很危險的，可能一會兒就會犯很多錯誤，對境辨別善惡的能力還不夠強，所以怎能掉以輕心，以調整別人為名而放鬆對內心的警惕呢？13'00"

在調整別人的時候，先調整自己，對自己內心的關注就像繩索拉著狂馬一樣，絕不要失手，但是鬆緊適度。我們數數地注視內心，聽自己說的話，反觀自己的思路有沒有依據、是非理作意還是如理作意？我們養成法鏡內照的習慣，用法的這面鏡子同時照自己又照別人的時候，法的味道也會慢慢地在我們的自心出現，我們可以體會得到。那到底是有多少清醒、有幾多歡喜、又有幾多清涼？而在面對他人的時候，也容易體會到他人的難處，認識到他人的恩德、他人的偉大。所以師父擔心的照妖鏡的問題，是不是也就此可以解決了呢？13'59"

線上音檔掃描

講次 0109

發現問題，收穫成長

　　大家好！又到了我們研討《廣論》的時間了，最近大家的心情怎麼樣啊？有沒有很多焦慮、很多沮喪？當看到這些心情的時候，有沒有去調整它？最近我們討論的主題都是「照妖鏡」的問題。學了這麼多年的法，看了這個照妖鏡的問題，可能你我都還是會怵目驚心。當我們用師父講的法來反照自己的語言和自己的行為和思想的時候，就會看到很多做錯的地方，或者：「哇，原來我就是那個拿照妖鏡的！」看了之後，會不會心沉呀？0'59"

　　比如說：啊！只要一想幫忙別人，發現就拿照妖鏡開始照了。用其他幫忙別人的方式好像又不是很熟練，比如說管小孩啊，或者帶學生啊，甚至帶自己的團隊，都會發現這個照妖鏡的問題一直困擾著自己。我希望大家觀察到這一點之後，不用給自

日常老和尚開示音檔起訖：舊版 2B 27:08～28:07
舊版廣論手抄稿2015版頁/行數：1冊 P63-L6～P63-LL1
舊版廣論手抄稿2016版頁/行數：1冊 P63-L7～P63-LL1

己太多的指責、太多的埋怨，或者心力就掉下去了。因為當我們看到這個問題的時候，應該感到欣喜啊！為什麼呢？發現啊！喔，原來這就是照妖鏡的實際操練啊！1'42"

當我們發現了這個問題之後，不要認為我就是照妖鏡本身。我可能有這個照妖鏡的現象，但是我還有其他現象呢！比如說我還學習觀功念恩，我在觀功念恩的時候體會到了這個世界的美麗、別人的善良、周圍人互助的這種氛圍，我有時也會感覺到很歡喜的。在聽法的時候，感念善知識的恩德呀，聽到法義的美妙也會生起清涼啊！所以，就像因果一樣，花的種子就會開花，蘋果的種子將來就會結出蘋果，它是分門別類的這樣；不能說用照妖鏡的這個問題觀察自己之後，自己的生命整個就變成照妖鏡，都覆蓋了。所以還是會有其他的觀察點。2'33"

我的想法是你也不用太過心沉，因為拿鏡子照，照到自己的臉有一些沒洗乾淨的地方，不是說：「哎喲，這個太糟了！我的臉怎麼這麼髒呢？」「啊，好可憐啊！」或者說：「我很可惡！」說這些話的同時，可能不如拿點清水把它洗洗就可以了。當我們發現自己有問題的時候去改正它就可以了，不需要給自己戴一堆帽子，說很多埋怨的、自我憎恨的話，可能那個習氣也未

必能改變。最重要的，這些法義是讓我們來警覺自己的行為，注意到一些沒有注意到的現象，調整那個方向。這樣可以給我們的生命帶來更多的平靜、更多的喜悅，還有與他人的這些矛盾可能就變小了、甚至消失了，會感到更多的和平。3'26"

所以當我們拿「法鏡外照」的這個問題來照自己，會發現自己很多問題的時候，要避免一個現象，就是心沉！你不要心沉。發現了，高興呀！我終於沿著師父講的理路修心了，修心我就發現我有問題，有問題就改嘛！改的過程中可能會怎麼也改不過來，改不過來，只要在改，其實每天都是有一些小進步的。只不過有一些進步是被我們忽略不計的，我們想要從此頓斷——啊！一下子揮刀斷水，希望水不要流。其實這個無始劫來的習氣，需要我們耐心一點，慢慢地每天改、每天改。當自己做對一點之後，就給自己貼一朵小紅花：「欸，進步了！」要隨喜一下自己。所以我希望大家看到自己這個毛病之後，不要太過心急，尤其是注意到心沉的這個問題。看到問題的時候是要我們解決問題，不是要我們沉下去的；問題是給我們發現，然後收穫發現的喜悅，而且去改變這個痛苦的因，去得到快樂的。4'35"

所以在這一點，就希望大家也要警醒一下自己。如果發現自

62

己看到麻煩就會有心沉的習慣，那要考慮一下：看到麻煩是發現，那麼解決這個問題的方案有嗎？有！那麼當下怎麼運作會嗎？對境的時候，就看自己的心。如果看到一點，又開始法鏡外照了，那就想一想：他有的毛病我有沒有呢？可能我比他還嚴重呢！那麼我們就不會在痛苦發生的時候，認為痛苦的來源和起因是他人的錯誤。可能他人的行為和語言是個緣，如果沒有那個勾是勾不出來的，但是真正麻煩的因素是在內心深處，這就是我們常常要法鏡內照發現的東西。5'21"

真正的苦因是在裡邊，是在內心上，而最大的問題就是無明啊！就是對境的時候，境那邊好像是獨立出現的，沒有我的心安立的那一分。我們常常會感覺不到，也觀察不到內心對境有安立的那一分；就是自己的心對現在這個狀況是負有絕對責任的，我們常常會忽略這一點。那麼因為發現了，忽略了也沒關係！為什麼沒關係？因為我們現在想改變它了！5'51"

所以也不要看到自己的毛病之後，就引生很多焦灼、嘆息，甚至是沮喪的情緒，因為發現缺點好多啊！那一點點改吧！改缺點不能心急。然後不要沒改過來就拚命又開始打擊自己，就跑題了！你改缺點就改缺點，打擊自己是另一回事情。6'12"

　　所以在這點上，就希望大家能夠相互地鼓勵，發現看到法鏡外照這個習慣之後，就趕快照自己一下嘛！就每一次法鏡外照的習慣，都拿回來照自己一下。這樣的話，好像我們犯一次過去的習慣，欸！又產生一個、又長養了一下現在的美好的習慣，就是法鏡內照。堅持用功下去一定會學會的，怎麼可能學不會！師父說只要我們願意學，他會永遠帶著我們，直到成佛都帶著我們，所以也不用特別擔心在這條路上自己會很孤單。6'45"

　　這條法義希望能給大家帶來很多自我的警醒、很多的振奮，就是：欸！我又看到了，然後我可以改！不要對著那個舊習慣只是嘆氣而已。要看到我們的內心是有行動力的，我們的語言也是會有修改的力量，為什麼？因為我們聽到了真理的召喚，我們看見了這樣做對自己、對他人都是好的。7'13"

　　那麼一時學得沒有那麼順利，慢慢學呀！很多東西都是慢慢學的。像我們上幼兒園，從一開始要學排排坐都不會，繫鞋帶也不會，可能吃個飯、拿個筷子都要練很久，但是父母和師長都是這樣教導我們的。所以我們對我們的心要有一點點的耐心，看著它一點一點地成長，然後也去體會內心成長的喜悅。當我們看到別人做得好的時候，我們就會有一分隨喜的喜悅；當觀功念恩的

時候，我們真的就會從另一個角度看到這個世界的美好。7'48"

　　所以請大家看到這個照妖鏡的效應之後，要體會到：我發現了我生命有這種現象，我終於警覺到了，那開始改就可以了！8'04"

廣海明月

——道次第廣論講記淺析
第三卷

依教理指導
自身修行

線上音檔掃描

講次 0110

小心盲修瞎鍊的惡習

　　上面我們講到造論的宗旨。為什麼要造本論呢？他的目的，他希望什麼呢？那麼我們已經簡單地說明了一下，今天繼續下去。說現在啊，這個現在不是單單我們目前，就是宗喀巴大師時代，離開我們現在已經有五百多年、快六百年了，就是那個時候的狀態，究實說起來，這佛法實際上的傳承的情況，要比我們好現在太多、太多，可是那時候的局面如何呢？說已經是這樣——講修行的人不要多聽聞，不要多懂道理，而道理本身是告訴我們為什麼要修行，如何去修行。你必須了解了為什麼要修行，這個力量會推動你去修行；然後推動你去修行，更進一步告訴你如何修行；以及修行過程當中，對、錯、結果的驗證等等，

日常老和尚開示音檔起訖：舊版 3A 00:04～02:25

舊版廣論手抄稿2015版頁/行數：1冊 P67-L1～P68-L1

舊版廣論手抄稿2016版頁/行數：1冊 P67-L1～P67-LL1

這個都是要事先理論上了解了，你才能夠去做。現在你都
沒有這個條件，你請問怎麼修得好？結果呢就產生了講修
的人雖然想修，卻不一定得到正確的結果，通常我們說盲
修瞎鍊，弄了半天哪浪費了一生時間，實際上這種惡習養
成功，就多生多劫，真可惜！2'21"

好！這一段師父說在宗喀巴大師的時代，離現在已經五百多
年了，快六百年，那個時候已經有了想要修行卻不重視聞思這種
狀態了。師父又強調了一下說：為什麼修行的人卻不要多聞呢？
應該要多聞的，因為這個道理本身就是告訴我們為什麼要修行，
這個道理應該就是教理。2'52"

「如何修行」、「為什麼要修行」，這個力量會推動我們去
修行，而且進一步會告訴我們在修行的過程中「對、錯」還有
「結果」。注意！「結果」這裡邊出現了什麼？「驗證」，都是
要事先教理上了解的，然後才能夠去做。這個「對、錯、結果的
驗證」等等，其實這件事還是滿重要的。3'19"

就像我們聽聞的時候，很多人聽了之後，會發現聽完的結果
是不一樣的。最簡單的例子：你交代一件事情，交代完了之後，

那個人馬上就出去做了，做完了回來之後，你發現「欸！好像我不是這樣跟你說的。」他說：「我就是按照你說的這樣去做的。」如果你把你的想法告訴給十個人，讓十個人分頭去做，可能十個人做出的樣子都是不一樣的。所以就提出了什麼？一定要去驗證，我聽到的和你講的是不是一樣的？而且結果出來也會說：「欸，這是不是你要的結果？」比如說要一個橘色，我正好眼睛看不清楚，我就拿了一個紅色給你，我認為這就是橘色，但是不知道自己眼睛是有毛病的，那就是我認為的橘色。所以這裡面有太多的個人的習氣，會發生聽聞的過失、思惟的過失，會發生對教典的扭曲，這部分是需要善知識來簡別的，結果也是需要的。4'17"

有的時候自己覺得很好，但是可能善知識就會說這個東西是要捨棄的；有的時候是感覺到很歡樂的一個覺受，善知識不讓你耽著；有的時候可能是一個很苦的差事，但是自己的善知識會讓自己去扛起來。所以不是以自己的感覺為主的，而是應作、不應作，對、錯，這些是有一個驗證的標準的。最大的標準就是惡事千萬別做，善事多多做，甚至很小、很小的惡都不要做，很小、很小的善也都不要看不起它，要去做。4'54"

　　還有一個最明顯的，師父又提出，師父說了這四個字，前面說是照妖鏡，在這裡面說是「盲修瞎鍊」。盲修瞎鍊的盲字，是對什麼盲？很顯然是對修行的路看不見。那麼修行的路徑是誰指示的呢？佛陀，佛陀明了修行的路，為我們宣說怎麼修行；祖師、菩薩解釋佛陀的教誡，讓我們更明了修行的次第、結果的驗證等等，所以一定要學習教理，學習了之後要懂得教理，依照教理指示的去修行，而最好的為我們詮釋教理的就是善知識的教誡。所以教理和善知識猶如眼目，在修行的時候不能不重視教理和善知識，更不用說捨棄教理和善知識了！所以不盲修瞎鍊最重要的點，就是親近善知識、如理聽聞。6'13"

　　盲修瞎鍊的過患到底有多大？弄了半天浪費了一生時間。師父在這裡又說了一句：「實際上這種惡習養成功，就多生多劫！」6'31"

　　看看！在此處師父又把我們的生命拉長遠了看。我們常常局限在此生，很多時候來生是不會想到的，但是師父常常在對我們講法的時候會提到「多生多劫」，他會在一個無限寬廣的生命的旅程中，去看我們此生的這個習氣對未來的影響力——就是業力的影響力。就好像我們騎腳踏車一樣，你用力地踩、用力地踩腳

踏車，踩完了之後當你不踩的時候，這個勢頭還會向前去、向前去，它叫慣性，它會向前去的。7'23"

所以一旦養成盲修瞎鍊的習慣，他就是很多生都是這個樣子，很難改。所以這裡邊又把我們不去想後面、後世的事情的這個眼界，在此處又拉遠了一下，一定要考慮我現在的這個習慣對很多生、很多生以後的影響力。所以這樣看起來，這個習慣就不是一件小事了，它影響的不僅僅是此生，而是那麼長遠的生命都會被這樣的惡習影響。8'06"

線上音檔掃描

講次 0111

沿著四諦思考問題

　　師父說：「真可惜！」我問大家一句：為什麼用了「可惜」？沒有說：「這麼不聽話」？像有些父母教育小孩就說：「你不聽話，以後怎樣怎樣活該，我不管你。」然後師父說：「真可惜！」可惜什麼呀？這個盲修瞎鍊的用不用功？用功啊！不是輕易地用功，是非常用功的，可能是沒白天沒黑日的，這樣非常努力地修行。結果呢？沒修出來他要的東西，修到岔路上去了。這麼用心的人難道不可惜嗎？他不是不想修行啊！他已經發起了想修行的心，可是因為不懂教理、沒有重視聞思，然後就開始用功了，反而浪費了大把的時光，確實是可惜呀！0'58"

　　像我們都知道苦諦就是集諦所感得的果，如果我們不聞思的話，我們是連「集諦」這個名字也不知道，「苦諦」名字也不知

日常老和尚開示音檔起訖：舊版 3A 00:04～02:25
舊版廣論手抄稿2015版頁/行數：1冊 P67-L1～P68-L1
舊版廣論手抄稿2016版頁/行數：1冊 P67-L1～P67-LL1

道。那麼這個苦諦到底包含了什麼呢？包含了八苦、六苦、三苦，就是我們在生老病死中要面臨的這些痛苦。那麼這些痛苦的原因到底是什麼？就是集諦，是苦諦的因，集諦包括了業、惑。那麼這些苦果和苦因到底可不可以消滅呢？透過修道，可以滅除苦諦和集諦，所以要修道諦。徹底滅除了苦、集的這個果位，就是獲得了滅諦的聖道。連「苦、集、滅、道」這樣的道理，我們都是要依據教理來反覆地聽聞的。在這個四諦中，有染污的因果和清淨的因果兩種。苦諦和集諦就是染污的因果，是什麼？應捨的、應斷除的、應對治的，因為它是痛楚的、痛苦的；滅諦和道諦是屬於清淨的因果，道諦是獲得滅諦的一個什麼呀？方便，所以滅諦是道諦所獲得的果位，是應取的。2'16"

　　所以這個四諦基本就涵攝了應取、應捨兩方面。我們如果不去聽聞教典的話，有在聽嗎？注意喔，注意聽！不要走神！我們現在所受到的苦，在工作中、在家庭、在健康上，乃至環境造成的壓力，在各種苦的當下，我們會去想：我現在所感得的苦它是有苦因的，苦因是什麼？我找到那個苦因，把它滅掉了，苦果是可以滅除的，能現出這樣的想法嗎？還是苦的感受生起來之後，一下子就栽在那個苦惱裡邊，然後就很難出來了？甚至有的人會認為他的苦是很難淨除的，幾乎是不可能淨除的，然後就開始沉

淪下去了，因為他沒有能力解決他生命的痛苦。可是這樣的四諦的教理一旦多聽了之後，我們就會清晰地在心裡形成一個印象，當有苦生的時候，我馬上會想因是什麼？因為苦不是無因生的。苦因是什麼？滅除苦因的方法是什麼？因為你把苦因滅了，苦果就滅了。那麼滅除苦因的方法，那個方法到底是什麼？能不能滅掉它？如果能滅掉它的話，我就找到那個方法，就沿著那個方法去操作，苦因消失，苦果就消失了。3'37"

你常常地這樣想的時候，你就會對當下的苦生起一種沒有那麼投入的狀態，或者有點蔑視它的狀態。因為這個苦因和苦果就是我要滅除的，它是要被棄捨的、要被對治的，而不是我一頭栽進去被它欺負的，它永遠不會消失、它是常法，不是這樣的！它是可以被對治、可以被消滅的。所以師父才說：「為什麼要修行？」因為苦啊！因為苦因、苦果。那這個力量為什麼會推動我們修？因為可以滅掉它，對不對？所以說推動我們修行。然後進一步教導我們如何去修行，就修道。沿著這個，一直研究這個是怎麼滅掉的？次第是什麼？所以這樣聽聞多了之後，在我們的心上自然會種下一種聞思的習氣，然後我們會沿著教理去思考問題。4'31"

　　注意！沿著教理這個明鏡去看內心的問題，而不是成為感受的奴隸，永遠都被感受所奴役──感受是什麼樣，我們就認為世界是什麼樣。實際上，理性的抉擇會引導感受，正理會引導感受，沿著正理的思考出現的如理如法的感受才是對的。那個叫什麼？「覺受」，不是感受。我們修行出現的是感受還是覺受──正確的覺受，這個結果的驗證還是要靠教理的。所以初中後都是要靠教理，是不可能離開教理的！一旦離開教理，墮入自己感受的天花亂墜的那種修行，那可能就是不知所宗了，好像沉在海裡不知道去哪裡找自己一樣。所以我們修行是一步都離不開教理的指引的！5'24"

　　看看在這麼多年前，師父苦口婆心地講《廣論》啊！到現在我們學起來，針對我們的習氣毛病，還是那麼直指人心地針對到了，對不對？你會覺得師父講的法沒有針對到自己嗎？想想自己，有沒有在苦受現起的時候想到教理怎麼調伏？是可以依靠教理的，那些教理拿來實踐是可以消除苦因和苦果的。所以，怎麼可能想要修行的時候不重視聞思呢？我們要特別小心自己不要不知不覺地成了「今勤瑜伽多寡聞」這種類型的修行者，師父會慨嘆啊！這太可惜了！他看著我們啊，心疼呀！所以才為我們宣講道次第。6'33"

廣海明月

——道次第廣論講記淺析
第三卷

佛法的最初修鍊
——法鏡內照

線上音檔掃描

講次 0112

剖析「法鏡外照」現行

我們接著聽下一段。

那麼另外一種呢，說，啊！原來修行哪它必須要從聽聞佛法開始，所以他，是的，就依照著次第做聽聞。本來聽聞了以後，應該進一步把所了解的，緊跟著去如何驗證，這個才是真正聽聞的目的。不幸又犯了錯誤，說聽聞的人哪，他又不好好地去修行，所以廣聞的人又不能認真善巧了解這個道理，這樣。結果這麼一來的話呢，廣聞的人就變成功空口說白話，修行的人就變成功盲修瞎鍊，這個非常可惜的事情！1'04"

看這一段喔！師父說：原來修行它必須要從哪裡開始？聽聞

日常老和尚開示音檔起訖：舊版 3A 02:25～03:26
舊版廣論手抄稿2015版頁/行數：1冊 P68-L2～P68-L6
舊版廣論手抄稿2016版頁/行數：1冊 P68-L1～P68-L6

佛法開始。注意！「從聽聞佛法開始」前面有「必須」兩個字。可以再想一下，修行必須從哪裡開始呢？要從聽聞佛法開始。聽聞佛法一定是必須的嗎？是必須的！這樣就夠了嗎？還有什麼？要依著次第做聽聞，還要知道「道次第」。所以這是在說聽聞，對吧？在說一個修行人他要修行的話，那一定要從聽聞佛法開始，而且「必須」要從聽聞佛法開始；不僅僅是必須要從聽聞佛法開始，還要依照次第聽聞。聽聞之後，就應該進一步把所了解的緊跟著去驗證，為什麼呢？因為這是聽聞佛法的目的。 2'15"

那麼什麼叫「驗證」呢？何為驗證？注意！提起精神來，仔細考慮一下：什麼叫驗證？是不是把所聽來的教理在內心中去實踐，在內心中去生起如聽聞那樣所說的一個量，或者進行那樣的取捨修，叫驗證？然後師父說：「這個才是真正聽聞的目的。」所以我們聽聞佛法是為了能夠用自己的身心實踐佛法、驗證佛法在我們身心上的饒益。正常狀態是這樣的。 3'03"

但是師父說：「不幸又犯了錯誤！」「不幸」這兩個字，還是可以感受到師父對我們深深的悲憫吧！又犯了錯誤了。犯了什麼錯誤呢？就是聽聞的人啊，不好好地去修行，廣聞的人又不能認真善巧地了解這個道理。所以雖然聽了很廣，師父說就變成空

口說白話了。3'34"

　　這個在上節課已經有一個對自我的觀察。師父在上節課說這是一種毛病，聽了之後沒有拿它來實修，就只是停在那裡。還有一種毛病是什麼呢？就是自己不修，還專門管別人閒事。這個時候，所聽到的有沒有用呢？有沒有用？不是用了嗎？不是用來管閒事了嗎？對不對？用了，是怎麼用的呀？師父說這樣用容不容易？是很容易的。因為眾生無始劫來的常態到底是什麼呢？師父說平常我們任何一個人，因為無始來的習氣，無時無刻在內心中都沒有去掉它，所以我們非常非常地習慣看別人、管別人。4'24"

　　這裡邊的管別人，我們極力地想把它變成好像是為了利益他人而管的，但是大多數的是看別人不順眼吧！內心裡有煩惱，所以要制伏他一下，或者說使他不要在旁邊礙眼，心裡很不舒服。到底有幾許是出自於對他人的悲憫心，或者真摯的一種饒益他人的心而去管的呢？這個自己可以觀察。4'49"

　　所以師父說我們順了無始劫來的習氣，就是看別人、不看自己。那麼為什麼無始劫來我們的習氣不是反的呢？我們為什麼不

是天天看自己、不看別人，而是看別人、不看自己呢？為什麼我們有這樣的習氣呢？大家會提這樣奇怪的問題嗎？你們的答案是什麼？5'12"

當我心裡想這個答案的時候，師父說因為看別人很容易，看自己很困難。就好像非常非常熟悉看別人這樣一個習慣，聽了很多法之後，這個習慣還是沒有改。聽了很多，實際上是要看自己，而且要看自己越來越清楚、越來越容易、越來越快速，是要這樣的。應該把「看別人容易」變成什麼？看自己容易。可是我們聽來的道理沒有用來看自己越來越清晰，而是繼續加深「看別人容易」這樣的業，沒有扭轉觀察的方向。5'54"

還記得上節課師父說：那麼世間的人，他那個標準本來就是世間的標準，大家都馬馬虎虎的。可是一旦學了佛法之後，那個標準提高了，結果我們就會用一個非常高的標準去看待所有的人。這樣一看的時候，接著師父說了三個字，什麼？還記得嗎？「那害了！」害了！「害」人的害、「害」己的害。6'22"

剛開始大家聽到師父說這幾個字的時候，不知道你們會不會被嚇一跳？說像照妖鏡一樣。大家可以想一想：我們聽得好好

的，去照別人的時候，為什麼居然像個照妖鏡一樣呢？這照妖鏡照到什麼程度？說：「這一看哪！世間所有的人都是妖魔鬼怪，沒有一個像樣的。」如果是這樣的話，這樣看出去的世界還能看嗎？就是幾乎全否了，幾乎沒有一個像樣的人哪！然後只有誰沒看到？師父就非常非常一針見血地告訴我們說：我們自己沒有看到！然後師父接著說：這是一個非常嚴重的事情！「就是這樣，這個是非常嚴重的事情！」為什麼這是一個非常嚴重的事情？前面說：「害了」，是個非常嚴重的自害行為嗎？自己沒有利益到自己，也沒有利益到他人，所以這是個大事情。聽完了佛法之後沒有拿來修行自己，然後拿了這個標準到處去衡量別人，發現別人不夠這個標準之後就生猛烈的煩惱，甚至有時候會看不起別人，生起了很強的慢心吧！7'41"

其實這一段我們可以終身受用，乃至生生世世受用無窮的。這確實是我們無始劫來的一個惡習呀！就是我們聽了之後，一旦沒有拿來修行的時候，它就會被反過來用。用去幹什麼了呢？就是去評價別人、去評判別人，然後會站在一個很高的標準。當自己站在一個很高的標準上去評判別人的時候，那種感覺彷彿自己對法已經了解了嗎？當站在那個標準上看的時候，好像自己已經跟那個標準合一了嗎？真的合一了嗎？如果自己也不是那個標

準，只是拿那個標準去評判別人的話，實際上連最初的佛法的修鍊都沒有學會呀！8'29"

最初的就是什麼呀？就是要拿這面鏡子看自己，拿佛陀為我們建立的標準來衡量自己、來看自己——看我自己有多少過失，看了之後要去改。看自己是越看越多、越看越多，是這樣的一個方式，正好是跟無始劫來很容易的那個習慣是反的。9'00"

講次0113

練出法鏡自照的獨門武功

　　師父說這個照妖鏡啊，這樣照下去，大家可以考慮一下結論會怎樣呢？因為用這樣一個標準去看所有的人，就會發現世界上所有的人都是不如法的，會怎樣呢？如果沒有調伏心續的能力就會生氣嘛！可能產生很多負面的情緒、負面的心態，可能還覺得自己身處在一個非常可怕的地方，因為沒有看到別人的善，沒有看到別人的功德。而這個時候會不會覺得自己非常了不起，好像是洞悉了很多事情根本的那個人，好像自己已經了達了，甚至已經悟到了很多東西、已經生起了證悟力的樣子，然後隨便地批評別人、評判別人？0'50"

　　可是因為看別人越來越容易、評判別人越來越過分，這樣的話，對自己的行為也越發地沒有拘束、沒有限制。因為這個照妖

日常老和尚開示音檔起訖：舊版 3A 02:25～03:26
舊版廣論手抄稿2015版頁/行數：1冊 P68-L2～P68-L6
舊版廣論手抄稿2016版頁/行數：1冊 P68-L1～P68-L6

鏡照完了之後，想一想，如果看到妖怪我們會不評判嗎？當你發現了一個妖怪，你一定會說他是妖怪。一開始會放在心裡想嗎？想多久會講出來呢？1'18"

這麼美的、這麼精彩的佛法沒有拿來修行，而變成是到處觀察過失、到處去說人家不好，彷彿自己已經成了一個洞悉萬物的智者，好像了達了所有的事情。可是師父說：唯有自己呀，卻不知道。而恰恰佛法就是要了解自己的，所以可以想見已經與佛法的修行大相逕庭了，已經完全完全地走在岔路上了。1'52"

所以我們在廣論班裡常常有個程序，叫什麼？法鏡內照。聽完這一段《廣論》、學完這段經典了，請大家不要說：「對、對、對！啊，對了，張三就是這樣！喔，李四就是這樣！」不是的，要拿聽聞到的法義來衡量自心，看看我們是怎樣做的。2'14"

比如說持戒這個問題，我們已經懂得了戒律的標準之後，戒律最重要的原則就是一定要拿來律己，不要拿來繩人，說他不好好持戒，眼睛這樣看。不是這樣的！我們要看自己，我們有沒有在持戒？《廣論》學了這麼多年之後，我有沒有在因果上越來越

細心呢？越來越小心呢？就是膽子沒有那麼大了。在因果上細心，心細如髮，那是求之不得的。這可以觀察一下自己，比如說對殊勝境——對善知識、佛菩薩，還有父母啊，恩德田、有德的人，我有沒有注意到不要去造口業？還有我的內心，要現起恭敬的現行。更要去觀察的就是有沒有去誹謗別人啊？或者心裡非理作意這些。因為這都是自己吃虧呀！而且虧得很大！3'17"

　　要怎麼樣把這個照妖鏡廢掉，拿這個鏡子來攬鏡自顧呢？這是一個非常重要的、自己要修鍊的獨門武功。這個是不能說我修的給你、你修的給他，必須自己練。每一拳、每一拳要自己練，每一腳、每一腳都要自己練，像練武功一樣。「冬練三九，夏練三伏」，要練功夫的！練什麼呀？拿這個法的標準來衡量自己，來看自己。因為無始劫來就喜歡照別人，我們一直看別人，別人也沒有因為我們這樣看別人過失而得到解脫呀！而往往卻產生種種的是是非非，然後造惡業、糾纏在一起。所以拿這個法來照自己的話，就不會發生這樣的事情。拿戒律來律己，每個人都律己，大家就相安無事了，也不會湊在一起說東家長、李家短，一直在說別人。自己有多少事情都沒有看、多少毛病沒有修改，哪有時間天天去講是是非非、講別人的過失啊？對不對？4'27"

　　師父這一小段，痛切地指正了我們的毛病、無始劫來的毛病。如果能把這句話掛在家裡的橫樑上、貼在腦門上，最重要的是放在心上，每天一步一個腳印地這樣行持下去，把一直拿照妖鏡的這個毛病徹底地改了，那真是多生多劫修來的福報和慧力呀！終於我們要開始看自心了，終於開始律己了！這樣，師父辛辛苦苦地為我們講了這麼多的法，尤其是講了這一段，也會放心多了！5'05"

線上音檔掃描

講次 0114

黨同伐異的原因

在談到「廣聞不善於修要」的問題的時候,我還想請大家聽一聽師父在新版的廣論帶講的兩段話,是關於宗派的。因為聽了很多之後,如果我們不善於拿所聽來的法修心的話,其實也會出現像師父所講的這一類的過失,所以請大家聽一下。0'28"

> 這個宗派的形成是這個樣的,應不同根性的眾生,所以從這個地方一步一步契入;契入了以後漸次慢慢地加深、加廣,到最後達到究竟圓滿。所以這一個本來就是引導不同眾生一個非常善巧的法門,這樣。自然而然它是會分出各式各樣的這個教法,適應不同、各式各樣的根性。那麼,那個不同的弟子們,他雖然沒有像世尊一樣,能夠達到這個究竟圓滿,可是他的確有很深厚的善根,另外一

日常老和尚開示音檔起訖:新版01 15:11～18:16

新版廣論手抄稿頁/行數:1冊 P9-L2～P10-L5

點來說，他的罪障也減低到最低限度，所以他聽見了這個法以後，他會全心全意依照這個法去修學。也就是說，自己來淨化自己的罪障，然後集聚自己的資糧，這樣，從淨罪集資這個兩點來說，不斷地提升。1'57"

這一小段，師父是在新版的廣論帶裡邊講了一個宗派形成。前一段是說：其實所有的法都是佛陀講的，後來為了應眾生的根機，出現了各種各樣的法門，由於根性的不同所以會分門別類，有人喜歡這種、有人喜歡那種，趣入的點也是不一樣的。然後師父就講了剛才講的那一段。師父有講一段說：那個時候也是一個圓滿的狀態，都有一個深厚的善根，所以聽了佛陀講的法之後，雖然沒有像世尊一樣能夠達到究竟圓滿，可是他的確有很深厚的善根，他的罪障也減低到最低的限度、最低的限度。所以他聽見了法之後，注意！他會全心全意依照這個法去修學，全心全意依照法去修學。2'59"

接著師父就解釋了什麼叫「全心全意依照這個法去修學」，說：「自己來淨化自己的罪障」，注意！再聽一下！「自己來淨化自己的罪障」！然後，師父接著說：「然後集聚自己的資糧，這樣，從淨罪集資這個兩點來說，不斷地提升。」這一段攝要就

是，廣聞了之後應該用淨罪、集資兩方面讓自己進步，要全心全意地照著這個法去修學。尤其是那句話：「要自己淨化自己的罪障，自己集聚自己的資糧。」這一定要是在自心上老老實實地入手，開始修學。所以這一小段也解釋了正常的一個弟子的狀態應該是這樣的，各宗各派都是要這樣子才比較合理的。3'57"

然後再聽下一段。

那麼漸漸、漸漸呢，以後有了轉變了。這兩個不同的這個，所以這個，不是這兩個，很多不同的宗派，適應不同的根性，世尊講的教法當然有差別，所以這個宗派是這樣的一個狀態。所以那個地方來看，那是宗派有它的非常殊勝的好處。可是漸漸呢，那些眾生的條件越來越差，他學了這個法以後，不是拿來自己身心上面淨化自己、提升自己。然後呢，最主要的原因，還始終離不開憍、慢兩個字。所以拿這個對比說：「哎，我這個是最好的！然後你這個不一樣，那我這個最好的，當然你這個就沒我的好囉！」所以彼此間，就是不是拿來自己修行淨化，跟人家互相諍論。那越到後來，產生的這種諍論的情況越糟糕，所以到後來這個宗派就變成功彼此間的，我們就說現在什

麼「黨同伐異」的這種。其實這個世間我們現在處處地方都是看得見這種狀態，這樣。那麼所以流到末法的時候，這種現象是特別地強烈。我大概先簡單地說一下。5'37"

大家有沒有聽這一小段？可能是有一點陌生，你們回去可以自己去看一看。有書吧？是不是都有書？這是在新版《廣論》的第一卷。在這一小段師父又再次強調了：「宗派有它的非常殊勝的好處」，因為它適應不同的根性，但是注意！「漸漸呢，那些眾生的條件越來越差，他學了這個法以後，不是拿來自己身心上面淨化自己、提升自己。」注意喔！這個學法的目標和學習之後的行為都產生了變化，就是不是在自己身心上面淨化自己、提升自己；反過來，就是學了法之後，應該在身心上面自己淨化自己、自己提升自己。然後師父分析說：「最主要的原因，還始終離不開憍、慢兩個字。」這個是從宗派的角度去討論的。6'48"

他學了自己的宗派之後，就拿這個出去說，拿這個跟別人對比：「哎，我這個是最好的！然後你這個不一樣，那我這個最好的，當然你這個就沒我的好。」就是拿了自己所學的法之後出去比高低，甚至有的還有論自己的善知識誰更有名氣，又怎樣、怎樣，就是來比這個了，跟修行差得十萬八千里了。所以彼此間不

是拿來修行淨化，而是跟人家互相諍論，到最後就會「貪著自宗、瞋他法派」，這個弟子就成了這個樣子。7'26"

線上音檔掃描

講次 0115

廣聞之人，更該虛心學習

　　大家可以由這一段想想我們自己，我們自己學了《廣論》之後，會不會覺得自己很殊勝，那些沒學的好像都不殊勝，甚至學習其他法門的也都不殊勝，是不是心裡有這樣的想法？如果是這樣的話，就是此處師父所說的這種過失，也是廣聞不善於修要的這種過失。你總覺得沒學《廣論》的人是不如你的，但是你忽略了一個問題，這個問題就是：過去生別人的努力是如何的，我們應該從很多生上去觀察，但是我們沒有能力去觀察過去生別人多有善根，所以不能這樣簡單地就從這個角度去看。另外現在都有團體嘛，其實也會產生這樣的問題——我們的團體比你的團體殊勝；總之看別人就看過失，看自己就看功德。如果抱持這樣的觀點出去交朋友的話，根本是交不到朋友的，因為師父說：始終離不開憍、慢二字。1'04"

日常老和尚開示音檔起訖：新版01 16:40～18:16

新版廣論手抄稿頁/行數：1冊 P9-LL6～P10-L5

那麼對於在佛教各宗各派學習的人，我們學《廣論》的同學應該普同地恭敬，抱持著向別人學習的心，因為這才是聽了法之後應該出現的自己身心上的行為。就像秋天的穀穗，因為它很飽滿，結滿了穀粒，所以它是深深地彎著腰的。大家不知道有沒有到鄉下去看那個田裡面？很飽滿的穀穗都是深深地彎著腰垂著，都快挨到地面了。可是沒長多少穀粒的，它的頭是高高地仰向虛空的，最直的就是沒有結果實的那些，或者結幾粒的那些。所以學得很多，正應該深深地彎下自己的腰去向很多很多人學習，用最謙卑的心態學習更多、集聚更多的資糧，這才是學了很多的樣子。1'55"

說：「沒錯呀！我們學《廣論》，《廣論》很殊勝啊！」《廣論》很殊勝，自己就殊勝了嗎？然後說：「現在有學制，學制很殊勝啊！」學制很殊勝，自己就殊勝了嗎？自己就比別人強了嗎？這些都是要拿來看自己，不然我們就會陷入師父說的：「哎，我這個是最好的！然後你這個不一樣。」反正不管怎樣就是我比你好，師父說這都是驕慢的惡習呀！不應該拿所學的法變成彼此間這種比較，甚至貪自、瞋他造這樣的惡業，對別人來說也是很不舒服。而且一旦看到我們這樣出去講話的時候，別人就會想：「哎呀！這個學《廣論》的人是這樣子的喔？眼睛都長到

天上去了，眼裡沒人的啊！」實際上師父教我們的不是這樣的，你看看師父的行誼呀！師父對比他年輕很多很多的法師都是跪下去就拜的，到什麼地方都非常注意不要打擾別人，都非常小心地與人方便啊！3'04"

這樣的事例其實是滿多的。有一次仁波切帶我們去一個寺院，那寺院的沙彌們正在背經，那個時候月亮剛剛升起來，沙彌、法師們圍了一大圈，坐著在背經。仁波切本來是走在最前面，我們是跟在後面，忽然發現仁波切加快了腳步向前走去，然後又突然停下來，莊嚴地整理袈裟，居然仁波切遠遠地就對那些正在背經的小沙彌開始大禮拜！在銀色的月光下，仁波切雙手舉過頭頂、非常恭敬地禮拜的身影，深深地刻在我的心裡。3'49"

我也跟大家說過小阿喀。小阿喀非常非常尊敬他自己的上師——大阿喀。有一次在給我們講現觀的時候，那時候大阿喀身體有點不好，大阿喀的侍者就來請小阿喀說：「上師叫你呢！」小阿喀馬上就從座位上起來，走到門口的時候，發現門外有很多僧眾的鞋子，阿喀在這個時候他都沒有從那個鞋子上邁過去，而是彎腰喔，七十多歲的上師，彎腰用雙手把那些鞋子輕輕地撥開、恭敬地撥開，撥出一條路走過去了。在那麼緊急的狀態下，

他連僧眾的鞋子都不會邁過去。4'40"

　　所以看看大德的修行啊！「廣聞善於修要」的人應該是一個什麼樣的行誼呢？看看我們這些善知識的示現，自己就應該知道自己該怎麼做。所以我們自己遇到的法殊勝，那不能馬上自己就變殊勝；學制殊勝，也不是自己驕慢的因，而恰恰是自己要虛心學習的一個很好的緣起。大家覺得呢？5'15"

講次 0116

「多聞還卻匱正法」的毛病

　　在「廣聞不善於修要」這一點上，也有一位善知識他說：「了知了正法不修持的話，當生恐怖餓鬼王。」是會墮落的！如果廣聞卻不修行正法的話會墮落！另外宗大師在《無上三寶讚》裡也有這樣的一個偈頌，說：「嗚呼成辦眾二利，非不依諸清淨典，依已但若樂文詞，空度時日惑於斯，彼如溺水而渴死，多聞還卻匱正法，過在未現教為訣，悉將所學現為訣。」說成辦有情的自他二利，不是不依靠清淨教典所能做到的。第一句話就是解釋了想要成辦有情的自他二利，如果不依靠清淨的教典，不聽聞、不思惟，是完全做不到的！那麼依止清淨的教典，如果只愛著於文詞，以此空度時日，而且迷惑於此的話，那就像有人溺水被水沖走，最終他口渴而死。大家想想這多顛倒！溺水了，卻口渴而死了！廣學多聞卻匱乏正法，到底是什麼原因啊？就是沒有將教典現為教授的過失啊！要珍愛地將所學的內容現為教授啊！這是宗大師的教言。1'42"

　　克主傑尊者在《起信津梁》裡面有一段，說：「如是對於經論努力聞思的人，就頑固地一心耽著於聞思」，這裡面用了一個「頑固地」，「縱使擁有名望的飛幡，但當他要修行的時候，對於調伏自心的方法諸大經論是如何說的？行持次第又是如何？這些都說不出來，甚至不曾懷疑諸大經論當中有如是修持的扼要。」看看這個頑固到什麼程度！已經擁有名望的飛幡，但是想要修行的時候，對調伏自心的方法在經論上是怎麼講的、行持次第是怎麼樣，連說都說不出來。甚至都沒有懷疑經典當中有這樣的修持扼要，認為經典中沒有修持的扼要，就是頑固成這樣子。我們可以看一看自己！2'38"

　　然後接著克主傑尊者又寫了這樣一段話，注意喔！「何時自己被老苦使者所追捕」，用了一個「追捕」，老苦的使者——老啊，所追捕，開始怖畏死主的懲罰的時候，這個努力聽聞了很多教典這個人會幹什麼呢？這句話是我加的。注意喔！「何時自己被老苦使者所追捕，開始怖畏死主的懲罰時，就會去到一個什麼都不學的愚夫——盡其一生隱於山林的人面前求救，對他所說的教授一點兒都不能違犯，對於過去所努力的一切聞思，當成是生大憂悔之處，安住於支那和尚的宗規——任何亦不作意的畜生修法。認為諸大經論在死時毫無用處，背負

著極大的謗法的業障下度過了生命！」3'35"

　　這克主傑尊者講的，很像他的風格嘛！很犀利、很到位！說：你知道廣聞不善於修要的結論會怎樣啊？到老的時候被老苦追捕，到最後開始怖畏死主的懲罰的時候，那時候想：欸！我都沒有修行，那我趕快找個有修行的。那聞思教典的人他認為自己沒有修行、很多人都沒有修行，去找一個什麼都沒學過的、都在山林裡待一輩子的人去求救，然後他說什麼就是什麼。所以，對自己這一生所聽聞的這一切聞法生大憂悔！他後悔他聽了這麼多教典，他覺得沒有幫到他，成了一個什麼？「生大憂悔之處」。「安住於支那和尚的宗規」，就是什麼都不想，不作意、沒有善所緣的這樣一個奇怪修法。然後說得很犀利：任何也不作意的畜生修法。認為諸大經論在死的時候毫無用處，背負著極大的謗法的業障，這一生這樣度過，然後就這樣去來生了。大家可以想像會去哪裡！4'40"

　　所以在這裡邊「廣聞不善於修要」，宗大師會認為沒有把所學的教典現為教授；然後接著說要珍愛所學的內容，要把這些內容現為教授來自己的身心上實踐啊！宗大師這樣告誡我們。然後克主傑尊者就會說：如果不珍愛所學的教典，最後你會發現你所

學的教典沒有幫到你；那還是要找一個能夠抓到的修行方式，因為已經了知了死和來生這樣的很多問題呀，居然到最後去找了一個不怎麼聽聞的人修行。而且會執著地認為自己聽的全都是錯的，還謗法了！所以「廣聞不善於修要」的這個過失就極大了！正如開始說的：「了知正法不修持，當生恐怖餓鬼王。」就墮落了！5'33"

面對佛菩薩、祖師們苦口婆心這樣地勸誡，我們學人多麼幸運能夠聽到這些忠告。每當自己不太對的時候就會聽到忠告，甚至天天聽聞，時時刻刻有警醒自己的這樣一個警鐘一直在響，一個燈一直在照亮。這樣的話，我們的每一步偏差都有佛菩薩的教言來調整。最重要的就是：能不能夠珍愛執持，作為自己修行的一個指導，真心地去實踐佛菩薩的這些教言？而不要把《廣論》上聽來的東西，認為只是口耳之學，或者只是出去給別人講的，沒有真實地拿這個正法來改變自己的生命。師父說這非常地嚴重——這就害了！師父說害了！6'27"

廣海明月

——道次第廣論講記淺析
第三卷

從無限生命看待
此生修行

線上音檔掃描

講次 0117

六祖悟道的故事

　　前一節課我們講了「今勤瑜伽多寡聞，廣聞不善於修要」，在這裡邊師父很強調修行一定要從聽聞開始。那麼修行一定要從聽聞開始嗎？在傳承祖師裡都是這樣的嗎？有沒有不一樣的示現呢？可能有些同學心裡也會現起這樣的一個想法，所以師父就給我們講了六祖大師的故事，是在新版的《廣論》第一卷的部分。0'43"

　　　　我這裡舉一個簡單的實際上的事例、比喻來說明。在這個整個的漢人的中國人的歷史上面，有很多了不起的大祖師，這個大祖師當中有一個最了不起的大祖師之一，是禪門的六祖惠能大師。他是南方人——嶺南，拿現在來說的話廣東一帶。他是初唐人，那個時候那個地方叫南蠻，

日常老和尚開示音檔起訖：新版01 24:51～36:40
新版廣論手抄稿頁/行數：1冊　P13-L4～P18-LL3

就是沒開化的地方。他有一天在鄉下，聽見有人念《金剛經》，念《金剛經》就念到「應無所住而生其心」，他就恍然大悟，開悟了。我們說：「哦！這個六祖大師這個人真好了不起！」我們現在很多人念了《金剛經》，念了一輩子，一動都不動，像木頭一樣。我想在座大家很多人都念過《金剛經》嘛，我也念過很多遍，什麼都不懂；聽人家講過，還是不懂。他既沒有聽人家講，就這麼念一遍，開悟了，應該說，他自己就懂了吧！實際上是不是呢？不一定。這個故事的下面，我是只敘述這個很簡單的一部分。那因為他聽見了說：「啊，這麼好啊！」他就問這個人，這個人說：「啊！我是不懂，我隨便念。現在有一個祖師，他在黃梅，黃梅五祖，哦，這是一個了不起的大德！你去找他。」所以他就專門向北方，最後到這個黃梅禮五祖。2'47"

那麼這裡一有個公案，五祖要傳法啦！然後這個《壇經》上面你們自己看一下，我只是簡單說一下。說：「現在我要傳那個法了，看看你們這麼多弟子，哪一個最精采就傳給誰！」結果叫他們寫一個偈。他那個時候有一個上座，換句話說那個弟子當中最了不起的一個，大家認以為

這個最了不起的上座,他寫了一個偈。他自己雖然是了
解,可是他不敢拿上來,說萬一老師說不對,那不是不好
意思嗎?這樣。所以他想了半天,又不敢拿上去,但是
呢,大家都等著他,不拿出來又不行,所以他就叫人家寫
在這個牆上面。所以他就寫在牆上:「身如菩提樹,心如
明鏡台,時時勤拂拭,勿令染塵埃。」就這樣。大家一
看,「啊,好了不起!」就這樣。那結果呢?這個實際上
這個偈表示條件還不夠,不過他的那個老師就說:「那這
樣去用功已經不錯啦!」那最後大家就拿這個東西去念。
這個六祖大師聽見人家一念,那時問他:「你念的什麼
啊?」說有這麼一回事情。六祖說:「這個、這個不行!
這個不行!」六祖居然說這個不行,「那難道你也懂
嗎?」「對,我也懂啊!」所以他也跑了去也寫一個。他
就跑到那同樣的地方叫人家寫一個:「菩提本無樹,明鏡
亦非台,本來無一物,何處染塵埃。」非常有名的公案
哪!啊!大家覺得,一看那個偈曉得那個六祖何等地了不
起!4'44"

　　從這個故事裡面我們會聽見,以為六祖大師聽了《金
剛經》就懂了。實際上你說他不懂嗎?不對。是,說他懂

嗎？下面還有個故事，我講下去你們就知道。結果大家關起來了，這個，五祖在裡邊聽見有人外面那兒關，一看！這樣，一個偈。五祖是一個腦筋，那這種人，祖師當然曉得，曉得這個是六祖寫的。這個偈是通常說明心見性了，可是他現在如果傳給他的話，這個下面就要起鬨啊！那譬如說我們現在這地方，那個上座都沒有份，我隨便挑一個張某某給了他了，那你們大家會不會氣他啊？這個很可能會這樣的現象啊！這個故事就有很類似的這種狀態。他平常嘛處處地方就不行，來了是最晚來的一個，而且是南蠻一個蠻子，話都不通的，這麼一個人，這樣。所以他也是說：「抹掉了！」說：「也一樣不行、一樣不行！」那既然是老師說不行，也就算了！實際上他是有名堂的，可是他那個師徒之間都不動聲色，老師也沒有說什麼，那個徒弟乖乖的。那六祖去了以後幹什麼？去舂碓米，換句話說，拿現在來說，做苦工。我們現在這裡不會做這件事情啊，那給你打掃廁所、跑去到院子裡面一天到晚忙這個，這樣。6'20"

那後來有一天，經過了好幾個月。他在那地方做了幾個月？做了八個月苦工，也從來沒有老師給他講什麼話，

他也不會覺得：「什麼？把我跑得來，一丟，丟了八個月，理都不理我啊！」他也沒這樣。有一天，那黃梅五祖好像跑出去散步，隨便七轉八轉就跑到那個春米的地方去，看見他正在春米。他就問，說：「你那個米春熟了沒有啊？」「春熟了。」這個大家現在不太懂，我簡單說一下。那個米啊，不像現在用機器打的。以前有一種粗的磨子，它磨了以後，那個米──不是本來是稻，稻你們知道吧？稻不是外面有保護的那個嗎？那個裡邊有粗糠跟細糠。第一次磨了以後，那個粗糠磨掉。那種磨子我小的時候還曾經看見過，可是已經用不著了，那時已經有機器來了以後。他先把那個東西磨一下，那個粗糠磨掉了。粗糠磨掉了以後呢，然後一般的人家就有一個石臼，他就去在裡邊用一個東西來春。那春了以後，然後這個細糠慢慢地就米與米之間大家摩擦，那個細糠就脫掉。7'47"

那麼像這種人多的地方，那個春的那個石臼有大有小的，像那種大的道場都是很大的，所以他六祖大師專門做這件事情。然後因為他身體比較瘦，要春那個米的，要把那個，那是一個槓桿的原理，他要把它踩下去，一鬆，那個石頭就「蹬！」一下，使那個春子就春到那米裡邊，這

樣。所以因為這個六祖大德身體很瘦小，那力量不夠，所以他身上面綁了一塊石頭，然後踩在那個舂子上面的話，石頭加重了，把那個抬起來，一放，掉下去。這樣一件事情。所以慢慢、慢慢地碾掉那米的糠，那細糠舂掉了，這樣子那個米就舂熟了。舂熟了以後篩一下，篩一下那個糠就篩掉了，那個米就留下來了，就這樣的一件事情。8'53"

所以那個黃梅五祖啊，就跑過去，到那個石臼旁邊拿了一個杖，敲敲那個石臼：「這個米熟了沒有啊？」他就問了這個六祖這樣的一句話。六祖怎麼回答啊？「已經熟了很久了，但是還欠一樣東西。」「欠什麼？」「要篩一下。」這個舂米本來就是這樣。那麼他們師徒兩個的對答，你們懂不懂啊？我們平常粗枝大葉去看，不懂的。那事實也就是如此嘛！譬如說，你們在那兒掃地，我就跑過去問：「掃好了沒有啊？」你們說：「掃好了，只要把它畚斗畚起來，丟出去就完了！」就是這樣。這個是一個現成的一個狀態，所以五祖就問。「那麼好。」問完了以後，也就像家常便飯不動聲色，那五祖就回過頭來，就走了。他拿了一個手杖，回過頭來的時候拿那個手杖，譬如

說，本來我是面對著這個石臼來問話，那個五祖，等他回過頭來，他背對著；等到他背對的時候，拿那個手杖就在那個舂米的石臼上面敲了三下，「篤、篤、篤！」敲了三下，那個好像一個無意識的動作這樣，走掉了。10'19"

實際上這個裡邊都是玄機啊！他那個對答、背過來、敲三下，都是玄機。所以那天晚上半夜裡三更，那六祖就偷偷地跑到五祖的房裡去。五祖在那兒等著他，他就拿了《金剛經》來給他講道理，就這樣。然後講的時候，他用他的袈裟，那個袈裟把它遮起來，所以不讓人家知道。他到底說什麼？不知道。可是有幾句話，那個六祖說：「啊！何其自性本具萬法，何其自性……」如何如何，那個《壇經》上面都有說這個話。11'08"

我為什麼要特別講這句話呢？就是說，六祖大師在八、九個月以前，實際上應該算起來，從嶺南到這個五祖的道場要走好幾個月，假定說一年以前，已經聽見了，一聽《金剛經》「應無所住而生其心」，已經了解了。結果又跑到五祖這個道場住了一年，一直等到半夜裡邊，那五祖拿了《金剛經》給他講，他說：「啊，原來是這個樣！

啊，原來是這個樣的！原來是這個樣的！」說了很多「原來這個樣」，那表示他本來懂不懂？原來並不懂。我們呢？個人由於個人的腦筋，這個靈敏程度的不一樣，多少會講一點。比如說我們現在來講，看了以後，或者講了以後，你說：「啊，懂了，懂了！」多少會懂一點，懂一點什麼？文字相。文字相上面也有深淺的不同，或者文字的內涵多少有一點體驗，可是它究竟的內容，這個地方就告訴我們，就像六祖大師這麼了不起的人，究竟的狀態當中，究竟的這個狀態，一直等到他老師講才體會得到。12'32"

六祖大師的故事聽完了。可能很多同學對於六祖大師的故事很小就知道了，我也是。那個時候應該所有的佛教青年都覺得六祖大師好像是偶像一樣，很崇拜六祖大師。像這個公案其實都已經看過很多次了，但是還是過一段時間就看一遍、過一段時間就看一遍。尤其是對於六祖大師寫的「菩提本無樹，明鏡亦非台，本來無一物，何處惹塵埃。」這個也會放在心上去想一想是什麼意思，但多半也想不清楚。實際上不學毗缽舍那，也很難想清楚。13'15"

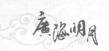

　　這個故事為什麼我要在這個地方請大家再聽一下呢？因為師父在第二卷講的時候，師父的詮釋的要點主要是說：多精彩的人都得要有善知識引領，沒有善知識引領的話，實際上還是很難到達究竟的證悟的高度。這裡面師父就很強調啊！我這一次再讀六祖大師的故事的時候，我們可以看到這個弟子相。你看！他自己寫的那幾句，他一定知道是比當時的神秀大師寫得深的，但是他的老師就是五祖大師還是命令人把它擦掉了，對他的證悟經驗表示一樣的。這個時候，因為千里迢迢來尋五祖，想要了解「應無所住而生其心」，乃至《金剛經》所有的意義到底是什麼，所以六祖大師對善知識的作法沒有什麼想法，就乖乖的——師父用了一個「徒弟乖乖的」。沒有任何覺得我寫得這麼好，怎麼老師覺得跟他平等，一樣都擦掉了呢？應該至少評論幾句或者心裡有什麼想法，全都沒有！這個地方大家可以想一想。14'45"

　　接著呢，他還在那兒做苦工，從早到晚忙。這裡面最感動的是，說六祖大師比較瘦小，他居然在腰上綁了一個石頭。你看！像他做這個苦工是多麼地用心啊！一點點投機取巧的心思都沒有。大家都知道如果在腰上綁一個石頭的話，天天磨、天天磨，那不是磨一天、兩天哪，快到一年吧！八、九個月這樣的時間，所以一定是很辛苦的。看六祖大師的人品啊！就做舂米這樣一個

事情，是非常非常認真地做。而且過了這麼長時間，五祖大師去看他，他倆的對話，師父特別還把這個對話用現代版的方式再給我們講一下。師父說：「掃好了沒啊？」說：「掃好了，只是用畚斗畚起來丟出去就完了。」就這樣一個簡單的對話。15'38"

在這裡邊要講一個什麼樣的道理？就是對於一個希求於法的弟子來說，善知識的每一句話、每一句話，他都會覺得是在點化自己，或者在警醒自己什麼內涵。所以對於一個準備好了的心來說，善知識的一舉一動他都非常地明白。像我們要學六祖大師，觀察一下自己，就算老師明明白白地講都聽不明白，對吧？還要講很多遍，然後要討論，還是聽不明白。如果說拿著一個手杖在那個石臼上敲三下，「咚、咚、咚！」不知道會想出什麼樣子來？不知道是會想成什麼花樣來？六祖大師他們師徒都沒有講話的，就知道：「喔！原來要給我傳法了，要給我講經了。」非常地低調。師父非常非常生動地給我們講了六祖大師的故事，我們要好好地努力，成就弟子相！16'42"

我講了這個六祖大師的例子，再想一下：欸！不是所有的人都要從聽聞開始嗎？六祖大師也沒廣聞啊！他就是聽別人念的《金剛經》「應無所住而生其心」，就突然開悟了！然後就生起

了去尋覓《金剛經》要義的強烈的道心。那也不是所有的人都一定要廣聞啊!我們會不會有這樣的疑問呢?如果有這樣的疑問的話,接下來師父在舊版《廣論》就解釋了。17'15"

線上音檔掃描

講次 0118

聞思修是無限生命裡的必經過程

　　我們聽完六祖大師的故事，再看一看舊版的《廣論》，師父從「今勤瑜伽多寡聞，廣聞不善於修要」這個偈子，就講到了六祖大師。說確實是有這樣的一個祖師做了這樣的示現，那麼我們到底應該怎樣看待這件事呢？請大家就繼續聽。0'29"

　　那麼是的，有的時候我們看見有這種狀態，譬如像六祖大師，他自己本身可並沒有廣博的認識，他為什麼這樣好呢？這個我們要了解。他是宿生多生多劫已經積累了前面這個基本、基礎已經有了。對於世間來說，我們所看得見的，只是短短的幾十年乃至一百年，而整個佛法來說，那是從前面無限到後面無限。那麼修行這個階段來說，就是從最開始一點不認識，接觸佛法以後步步上升，到徹底

日常老和尚開示音檔起訖：舊版 3A 03:26～04:43
舊版廣論手抄稿2015版頁/行數：1冊　P68-L7～P68-LL2
舊版廣論手抄稿2016版頁/行數：1冊　P68-L7～P68-LL2

究竟圓滿。這個裡邊一定是經過：怎麼樣觸發那個動機，然後親近善知識，如理地聽聞圓滿的教法，聽聞了以後呢，如理思惟，然後認真去修行，這是必然過程，而這個要經過多生多劫。1'49"

　　我們看這一小段，我提問題，大家想一想。師父說：我們看見這種狀態，像六祖大師，他自己本身沒有廣博的認識，那為什麼這樣好呢？大家還記得剛才師父是怎麼講的吧？師父說：「宿生多生多劫已經積累了前面這個基本、基礎已經有了。」接著師父講：「對於世間來說，我們所看得見的，只是短短的幾十年乃至一百年。」注意喔！師父從時間軸上讓我們拉開了一個非常廣闊的視野，一個是說：「宿生多生多劫累積了這個基本、基礎」，這是說六祖大師的；那麼反過來看到我們，用我們的肉眼看得見的，只是人世間短短的幾十年，乃至是一百年。2'49"

　　但是從佛法的角度來說，師父說：「是從前面無限到後面無限」。什麼叫從前面的無限到後面的無限？是不是揭示了一個「無始無終」這樣的時間概念？大家想一想，對於剛剛開始學佛的同學，這個概念應該是滿挑戰的吧！如果剛剛開始接受佛法，提到「無始無終」這樣的時間概念的話，好像就進入了一個渺茫

的狀態，不知道該去追尋什麼。但是師父是把我們的生命放在無始無終這樣的時間軸上去觀察的。3'34"

接著就會出現一個問題：「不是有生有死嗎？現在為什麼又提到了好像無始也無終、連綿不斷的這樣一個生命狀態呢？」這是一個問題。短短的幾十年到一百年的生死，乃至到無限的過去和到無限的未來，時間似乎是沒有盡頭的、不能丈量的。你說無始無終怎麼丈量呢？就只能說無始無終——從無限的過去到無限的未來。其實這個概念是非常衝擊我們的思考角度的。當我們想到我們自己的生命的時候，當然說一期生死是比較眼前的、比較看得見的，但是從無限的過去到無限的未來，這個只能用心去思考：我的生命真的是從無限的過去到無限的未來，現在只是向無限未來的一個進程嗎？4'40"

在這個進程中，師父又把鏡頭拉到修行，說：修行階段就是從開始一點也不認識，接觸佛法之後步步上升，一直到究竟圓滿。在無限的過去到無限的未來這裡邊，談到修行的話，一定從開始到認識、到最後，它在這裡邊是有一個過程的。那麼這裡邊會經過怎樣的過程呢？說：「怎麼樣觸發那個動機」，就是你突然想要了解佛法，像六祖大師就是聽了「應無所住而生其心」，

然後就突然去尋覓善知識了。5'17"

　　大家可以想想這輩子學習佛法的因緣到底是什麼？是什麼觸動了我們的心？像有很多人是到鳳山寺看了師父，就想要跟師父出家了；還有的是在營隊中遠遠地看到師父的身影；還有的是在師父示寂之後，聽到有這樣一個僧團，他忽然感覺到：「啊！人生還有這種活法，那我決定要這麼活──像師父那樣活過我自己的人生。」就來出家了！所以每個人都有不一樣的契入點。5'54"

　　注意！「然後親近善知識」，就開始尋覓善知識；然後「如理地聽聞圓滿的教法，聽聞了以後呢，如理思惟，然後認真去修行。」師父說：「這是必然過程。」又出現了，注意！「而這個要經過多生多劫。」哪個經過多生多劫？首先，我們的生命狀態是從什麼？無限的過去到無限的未來，這個拉長不是一般的拉長啊！它已經拉到無盡了，這是無盡的一個生命的長度。在這個無盡裡邊，從聽聞佛法以後如理思惟、認真修行，這是必然過程，而這個過程也要經歷多生多劫，但是這個過程是不是還是可以丈量的？比如三大阿僧祇劫、幾大阿僧祇劫，發心之後怎樣、怎樣、怎樣，都是可以丈量的。6'55"

　　我自己聽到這個部分的時候，還是很佩服師父的勇氣呀！因為通常我們在給別人介紹佛法的時候，前後世有的時候是一個很大的檻兒，對不對？你怎麼證明有前後世呢？有些人不相信前後世。再一個，把時間拉到無限的過去到無限的未來，到底要怎麼講這個事情？師父居然在「今勤瑜伽多寡聞」這個偈子裡就講到了這個問題，讓我們注視到幾十年乃至一百年實際上是無限生命過程中短短的一個瞬間，如果放到這麼長的話，這就是個瞬間。7'42"

　　如果說一天放到一生中可能也很短，一小時放在一生中，甚至五分鐘放到一生中就像瞬間一樣。所以時間是一個對比的概念，但是師父在第三卷，就把一個弟子一下子放到從無限的過去到無限的未來這樣的視野，去看待自己的生命。我不知道諸位會不會覺得遼闊？還有些人可能會覺得迷茫：「真的是從過去到未來，我都沒有消失過嗎？」這裡邊就會像很重磅的理路一樣，打擊我們那個不思考的狀態，會去思考：「為什麼在此處師父提出了這樣的一個時間概念？」我覺得這一小段的時間概念是非常醒目的，不知道諸位讀這一小段是什麼感覺？我自己是被這個時間徹底地撞到我的心。8'36"

講次0119

挑戰心中的斷見習氣

　　師父常常在在大大小小的開示場合裡，都會為我們講無限生命的概念。但是臨到病、臨到什麼挑戰的時候，我們很難想到無限生命。大多數的概念就是這一期的生死看得比什麼都重要，不會在無限生命的航程中看待這一期的生死，所以我們很難把我們這一天放到無限的生命中去度量。正因為不能放到無限的生命中，我們就會忽略因果這樣一個概念。0'37"

　　在《廣論》的〈毗缽舍那〉有提到：斷見者之所以不承許因果，是因為他沒有看見。沒有看見什麼呢？就是現在的有情是從前世來到此世，以及從此世再前往後世。因為他沒有看見這些，所以就說那些是不存在的。在《廣論》裡宗大師這樣講了之後，就引了月稱論師所著的《明顯句論》作為依據，裡邊怎麼講的

日常老和尚開示音檔起訖：舊版 3A 03:26～04:43
舊版廣論手抄稿2015版頁/行數：1冊 P68-L7～P68-LL2
舊版廣論手抄稿2016版頁/行數：1冊 P68-L7～P68-LL2

呢？說：斷見者到底是怎樣的？他們就是緣著現世諸法行相的這個自性，沒有看見從前世來到此世以及從此世前往他世，沒有看見這些。1'25"

　　當然在〈毗缽舍那〉這個部分，是在討論無自性是不是就一切全無？是在討論這個。然後就因果也沒有了、前後世也沒有了，他是為了講這件事。那麼這個「斷見者」——我不知道大家聽了之後會怎樣想——不承許因果、不承許前後世的原因，是因為他沒有看見。那麼大多數的人是看不見的，對不對？很多很多都是看不見的。就看不見的部分來說，很多人就會認為看不見的是不存在的。如果科學家沒有證明出空氣裡邊有氧氣、氫氣、各種成分的話，其實我們會覺得這什麼也沒有。氧氣會存在嗎？還有各種成分會存在嗎？還有像彩虹如果沒被我的眼睛看到的話，我們怎麼知道有彩虹呢？假如說在一座山的後面有一道彩虹，而人都沒有看到那道彩虹，可能人們就不會認為世上是有彩虹的。假如有什麼飛翔的鳥牠會講話，告訴我們說山那邊有一道彩虹，我們沒有乘飛機飛過的時候還是看不到，沒有看見的時候就會覺得這個是不存在的。2'41"

　　師父從六祖大師這個公案，讓我們去認識到：我們對自我的

認知、對生命本質的認知、對修行狀態的認知，常常是局限在很短的時間內下判斷，根本不會放在前世後世，更不要說多生多劫。那麼從這個問題的透視，我們可以看到：我們看六祖大師的公案是這樣看的，那我們看世上所有的事情，是不是都局限在非常短的時間內，像照照片一樣，「咔！」照了一下之後，我們就定格在那個地方，就會認為事情是這樣？但實際上它從過去到現在、到未來，它是一個每時每刻都在變化著的無限生命的續流。
3'31"

　　師父在這一小段講的這幾行字立義相當地高遠，徹底地挑戰我們心中的斷見習氣！就是那種動不動就覺得什麼事就是眼前這個因引起的，只是就昨天、前天這個因討論這個事情，我們很難從過去生的多生多劫去考慮。欸！這個人對我這種態度，現世是沒有什麼道理的，他這樣對我是非常無理的；但是我們不會向過去生推，因為都忘記了、因為我們沒有看見。所以，很多事情一旦不放在「如是因結如是果」的道理上看的時候，我們就會抱不平，就會覺得他那樣，我為什麼不可以那樣？一旦忽略了過去生的努力之後，只局限於這麼短的時間內，當然無法擺平；一旦把過去的事情全部想起來，都擺上了檯面之後，可能大家就覺得公平了，因為凡事都有因果。所以一旦把我們的視野放到多生多劫

的角度去看的時候，我們就會對眼前的事情看開了。為什麼看開
了呢？因為凡事必有因，不可能有完全無緣無故這樣的利益或者
傷害。4'47"

　　師父對我們的說法恩非常地深，因為這本來是講「今勤瑜伽
多寡聞」這樣的一個偈子，但是師父在這個偈子後面，大刀闊斧
地掃蕩了我們心中那種斷見的影子，或者還有強烈習氣的，毫不
留情地掃蕩了這個觀點或者我們心中的這個邪見。而且是在勸我
們學習佛法一定要從聽聞開始，怎麼樣去看待六祖大師這件事，
透過這樣的一個角度，讓我們去了解「生命是無限的」這樣的一
個真諦。所以會覺得師父是非常善巧的，而且他處處為我們考
慮，會考慮到我們理解六祖大師的難點到底是什麼？如果不了解
的話，就像師父說的，都念《金剛經》，拚命念，沒有去看一些
解釋《金剛經》的論的話，念了很多也還是不了解是什麼意思，
因為沒有循著一個聞思修的次第去修學。5'53"

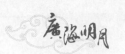

線上音檔掃描

講次0120

循序漸進，從聽聞軌理起修

　　師父在「今勤瑜伽多寡聞」那裡邊講到：「閉門造車，多多少少造了一點哪！但是他在門外空轉，轉了半天是原地踏步，不僅僅是忙一生，多生多劫這麼空忙，這個很可惜，這個很可惜！」師父在前一節課就講了「多生多劫」，說：「不僅僅是忙了一生。」前幾天聽到這個概念的時候，不知道心裡會不會有疑問，說：「真的會多生多劫空忙嗎？」然後看看，講了六祖大師之後，發現他可能多生多劫就是這麼努力的。這一生的樣子，就是過去生做什麼，這一生就顯現什麼。所以這一生很多同學能夠對大師的教法有這樣的一個信心，對聽聞能夠長久地堅持不懈、持之以恆這種勇氣和毅力，這過去生也不能說是沒有影子的。所以從現在就可以知道過去生可能也很重視聞思的、很努力聽聞。1'09"

日常老和尚開示音檔起訖：舊版 3A 04:43～06:03
舊版廣論手抄稿2015版頁/行數：1冊　P68-LL1～P69-L8
舊版廣論手抄稿2016版頁/行數：1冊　P68-LL1～P69-L9

好！我們再聽下一段。

　　所以有一類人，是的，他前面已經有了相當程度了，所以這一生出來，他不要做這個基礎。就正規一般狀態對大部分人來說的話，這個我們應該有的認識。如果你不認識這個，然後呢斷章取義地來說、來看的話，這個不合適，是教法的錯誤。假定這樣的話，那我覺得我們不必仿效六祖大師，仿效六祖大師已經太差了，你何不仿效佛呢？六祖大師是聽了一偈開悟，也只是開悟而已呀！佛啊，乃至於一偈也沒聽見，嗯，他就自己跑出去就出家了，然後呢最後坐在這個尼連禪河邊上面，到了晚上抬頭一看，看見月亮，就大徹大悟成了佛了。如果說我們真正能夠這樣的話，那仿效六祖大師也太沒有出息了！為什麼要仿效六祖大師？要我的話，我仿效佛，我也跑到印度坐在那個上面，抬起頭來一看，成了佛了！這個我們一定要了解啊！2'34"

　　這一小段，師父說：正規狀態對大部分人來說前面是有了相當的程度，所以這一生他就不用做這個基礎了。但是如果我們不認識這個道理呢，就斷章取義的話，就會覺得這個教法講的是錯

誤的、是不合理的，他說的是前後矛盾的。然後師父說：如果你認為是可以這樣仿效的話，他還是選擇仿效佛陀，坐在那個尼連禪河前面，對吧？然後晚上抬頭看月亮，就大徹大悟了。3'20"

以前我在學的時候，也問過說：「佛陀悟到的到底是什麼？」現在學了《廣論》之後，就覺得最重要的是先學會聽聞軌理，好好地聽，學會如法地承事善知識，然後把自己的信心修起來；對三寶的信心、對業果的信心，這些都是很重要的！累積了相當的資糧之後，最好能夠抉擇什麼？趣向大乘，以一個趣向大乘的發心去聞思修空性。3'53"

我們知道我們想要了悟的無自性的道理，是必須經過親近善知識、聽聞教典，而且要廣泛地、多門地集資淨障，才能夠達到那樣的一個結果，並不是想要坐下來開悟，就一定能夠開悟，所以必須要知道循序漸進的道理。4'14"

最重要的是，我收攝一下，先說聽聞軌理的訓練。比如聽法的時候，現在能不能做到不昏沉？說：「精神的時候是可以的，疲憊的時候就要昏沉。」對不對？我們還是無法打敗這個色身給我們帶來的困擾。能做到專注嗎？什麼時候法音響起來，你都能

夠專注，不想你自己剛才緣的那件事，能做到這樣嗎？訓練這麼久了，很多還是不行，多半就是發現原來緣什麼續流，一上課的時候會分神在那個續流裡。所以我會常常在上課的時候跟你們說：「注意喔！別走神、別走神！」就是數數地訓練你回到當下的善所緣上，不要一直流散到其他的事情上。5'01"

　　光是一個聽聞軌理的專注，還有一個聽聞前的發心，我們發現都很難練成習慣，念一遍就覺得是發心了，沒有轉動心意。比如思惟聽聞軌理、聽聞勝利呀，這些看起來好像就那麼一小段，但是到底這一小段的內涵，我們有沒有在我們的身心相續中讓它出現呢？有沒有變成是我們心續裡的——想要有就有？而不是說忽有忽無的，飄忽不定這樣的，根據自己的心情和健康狀況，非常不確定的一種聞法的狀態。如果大家觀察到自己這樣的話，就要好好用功了。因為如果聽聞的時候，在發心的時候不對，後面就都不對了。如果在聽聞的時候常常地走神、常常地昏沉散亂，養成習慣之後，只要一聽法就開始散亂；只要法音響起了，你就想睡覺。這都是需要斷除的惡習。所以大家在自己的相續中觀察到這一點之後，不要留情，要狠狠地破斥當下那個狀態，就是要努力地轉它。6'19"

　　光是要對治昏沉這一點，大家也要痛下功夫！像我以前看到有一個老居士，他在聽法的時候就常常昏沉。昏沉到什麼程度呢？就是坐著聽會昏沉，然後跪著聽會昏沉，站著聽也會昏沉。如果他跪著聽的話，有可能突然睡著了，倒到前面那個人的後背上，就昏沉成這樣！後來他就拿一個濕毛巾頂在頭上，冰冰的濕毛巾頂在頭上，頂在頭上的時候呢，還是會昏沉！好像直接會倒下去。等到一下課呢，他整個人就精神了，哎呀！就好像是生龍活虎的一個人，只要一上課就開始睡。所以他自己一下課就很苦惱，然後說：「怎麼辦呢？」只要說：「迴向！」欸！他馬上就開始全部都清澈了。那你說這就是一個業障，大家都知道這叫業障。他為此苦惱，但是就是每天都這樣。後來他拚命地祈求啊、懺悔呀，好好地供佛。大概是過了多久之後？應該不到一年，他這個毛病就改了。後來聽法最精神的，就是這個老居士，眼睛都會雪亮地盯著帶班的班長。然後他回答問題都很積極，舉手舉得很高。他就對治了自己昏沉，這是我眼見的這樣的一個居士。7'43"

　　現在我都不知道大家是在什麼地方聽呢？你千萬別覺得：「啊！我在這兒聽，反正老師看不見，我小睡片刻。」這不可以的！或者說打個盹，這都不可以的！現在如果你的眼睛快粘起來

了，趕快把它睜開，然後不許昏沉。聽課的時候要注意！因為我們一定要注意：你養成一個習慣，你不去對治的話，一旦它是個惡習，就會越串越大、越串越大，甚至很多生都這副樣子，這是太可怕了！一旦把我們的一個小小的習慣，放在多生多劫這樣的一個歷程中去看的話，我們就不能忽視它。因為小的過失如果不努力斷除的話，累積成習慣就叫惡習了，所以不能輕視！8'32"

廣海明月

——道次第廣論講記淺析
第三卷

集資淨障
馬上行動

線上音檔掃描

講次 0121

學進去的關鍵在淨罪集資

那我們接著聽一下新版《廣論》，師父對於「今勤瑜伽多寡聞，廣聞不善於修要」還有一段解釋。在聽聞的時候注意不要走神，認真地聽！0'19"

換句話說，你先對這件事情不了解，現在你了解了。那我們現在「相應」也是一樣，先文字了解，後來文字的義理了解，後來義理當中的內容了解，要層層深入。我們通常容易犯的這個毛病，才學得一點皮毛，那自己以為：啊！行了。所以真正要想學這個的話，藏地的祖師們也好、印度的祖師們也好、漢地的祖師們也好，沒有一個例外，告訴我們：最重要的濃縮起來兩句話——淨罪、集資。就是我們的障礙，這個如果沒有除，不可能學得進

日常老和尚開示音檔起訖：新版02 22:38～24:31
新版廣論手抄稿頁/行數：1冊 P42-LL7～P43-L7

去；資糧不夠，不可能學得進去！因此現在在這個地方大家有一點要注意：平常我們總覺得好像我是來學的，應該坐在這裡你來教我的。我有這個資糧嗎？所以你們仔細去看看自然是了解，不要以為在這地方好像來做點常住的事情，或者我不願意做不相應的事情。實際上我們有幾個分別：不應該做的是不要做；應該做、自己不了解的這種事情，常常自己不清楚，我們要了解這就是我們最好的集聚資糧，資糧不夠你要想修學佛法是絕無可能，絕無可能！這個不是一個語言上面，我只能簡單地說，當你們慢慢地去深入的時候，你們自然會感覺得很不一樣的內涵。2'10"

好！這一段師父在前面說了一小段話，說：要先文字了解，文字的義理了解了之後，當中的內容要了解，然後層層深入，它是有一個循序漸進的過程的。但師父又說我們的現行是什麼呢？我們通常會容易犯個毛病，這什麼毛病呢？才學了一點皮毛，就以為：啊！行了。就是把佛法想得太淺了。2'48"

接著師父講了藏地的祖師、印度的祖師、漢地的祖師，提問大家一下，說：「沒有一個例外，告訴我們：最重要的濃縮起來

兩句話」是什麼？應該是四個字：淨罪、集資！3'08"

　　師父在講到「今勤瑜伽多寡聞，廣聞不善於修要」的時候，在新版《廣論》裡邊一下子就跳到了「淨罪、集資」。我們會覺得：喔！講到這裡了。大家可以想一想，師父接著要告訴我們什麼問題？說我們的障礙如果沒有除的話，不可能學得進去；資糧不夠，不可能學得進去！注意！為什麼學不進去？「今勤瑜伽多寡聞」是不是也沒有去聞？可能是聽不進去。然後「廣聞不善於修要」，他聽了很多之後沒有往深了學，是不是也是學不進去？學不進去就是深不下去的意思，對不對？也廣不下去、也深不下去。3'55"

　　那麼廣不下去、深不下去，究其根本的原因到底是什麼呢？我們可能說：「啊！沒有善知識，應該親近善知識。」但是大家都知道值遇善知識要不要福報資糧呀？要的！聽善知識的話，也要資糧！所以深不進去的原因、廣不下去的原因是什麼呢？沒法聽聞，所以要淨罪集資，說障礙不除是沒辦法的，資糧不具是沒辦法的！4'27"

　　我們可以觀察一下我們自己：當我該修的法修不出來，像出

家人背書啊、小孩背書背不出來，還有廣論班的同學一段時間就沒心力了；當沒心力的時候，或者說我對所學的內容感到有點堅持不下去，這個時候我們會不會現起：實際上我障礙未除、資糧未具，是這個原因？還是我們會說：「家裡事情太忙、太笨、身體不好」？或者說：「我對這個沒興趣，我的興趣在其他方面」等等、等等？我們會給自己找很多的理由，但是是不是很少想到障礙未除、資糧未具？5'15"

就是有的時候我們表達說：「哎呀，我業障啊！」但是「我業障啊！」就完了嗎？「業障」之後得消除業障、得淨化業障。而且師父說藏地的祖師、印度的祖師、漢地的祖師沒一個例外的，就是所有智者如是說，只要學不進去就這兩件事，四個字——淨罪、集資！5'40"

像以前也有這樣的事情，廣論班的居士開始學得是很歡喜的，每天背著書包像上學一樣來到廣論班的教室，大家一起快快樂樂地學習。可是過了一段時間，有位女居士她的公公婆婆一起生病了，八十多歲的雙親一起住院了，她非常非常地擔憂，每天在醫院裡陪護著，來回送飯。廣論班的同學聽到了之後，就去支援她，也安慰她焦灼的心。6'19"

　　過了大概一個月，她的雙親出院了，她又回到了廣論班上課，以為這下可以順利地上下去了。又上了一段時間，她的小兒子出了車禍，還好聽說只是腿骨折，但是作為母親的她非常擔心，沒有心思來上課，整天擔心她的寶貝兒子。廣論班的同學又去關心她，也有相互認識的骨科醫生打電話給她，大家齊心協力。總算她兒子的腿是保住了，後來健康地出了院。出院之後，她在家裡照顧了幾天兒子，又回到班裡上課了。7'11"

　　學了一段時間，哇！她的孫子出生了。這是一個對家庭充滿奉獻的女居士，她又決定在家裡看孫子、不來上課了。孫子慢慢地看了一段時間，然後廣論班的同學就建議她：「你可不可以一週休息一天來上課？其他時間看孫子。」因為每次上課的時候，大家看著她空著的座位，想到她那麼歡喜學《廣論》，卻有這麼多困難，大家一方面非常佩服她對家人的奉獻之心吧！一方面也很想幫忙她把廣論課堅持下來，因為那是她很想學習的。7'56"

　　那時候，我們在廣論班裡就推行比如說在佛前供水、供七碗水，在佛前供燈，還有集體拜三十五佛，那時候還念《度母經》、阿彌陀佛佛號，然後還有人誦《華嚴經》、《廣論》。總之，在學《廣論》之外，大家還會做很多的集資淨障的法。尤其

是要特別地對家人很感恩，要改掉自己的壞脾氣，要對家人多關心、多感恩。因為看到學《廣論》的同學個性上的改變，多半家人就會支持他來廣論班。8'41"

我記得有一次，好像廣論班有幾天沒上課，有一個先生就來找到我說：「唉呀！廣論班怎麼會停課了？」一停課，他太太在他們家客廳來回轉、來回轉，轉得一上午他自己都不能安心。他說：「她一上廣論班之後，她脾氣就變好了，這樣的話，我也就是可以享享福。」他就說他非常支持太太上廣論班。9'05"

當然也有的先生會認為上廣論班耽誤家務了，那既上廣論班又要管家庭的一個女居士她就很早起來，為家人煮飯、洗衣服，然後她還要供水、供燈、聽課，就會忙碌一些。儘管如此，很多廣論班的同學還是克服了各種各樣的困難，互相幫忙，把《廣論》堅持聽下來。其實堅持聽久了，有的時候家人也會加入，家人加入之後，也是對家人的一個很好的奉獻吧！因為由於自己努力學《廣論》，家人跟著找到了皈依，找到宗大師教法，所以這也是對家人的一個巨大的貢獻。9'46"

就像剛才我講的那個女居士，她終於在大家的勸慰和幫忙之

下，也是做這些加行，她家裡的事情也沒耽擱，廣論班也堅持下來了。所以後來她就一直跟班，她很感恩這一段大家對她的幫助，她說：「那個時候，任何一件事都會使我有一個理由，就是我沒有時間去學《廣論》，或者我完全完全地沒有精力。在這種狀態下，大家相互幫一下，就過了這個關了。」為什麼在這個時候會有這麼多人幫忙她呢？這也是一種福報啊！對不對？所以在廣論班裡大家相互幫忙，一起淨罪集資，把學《廣論》這件事堅持下來，對我們的生命畢竟意義太深遠了！10'46"

線上音檔掃描

講次 0122

用集資淨障的新觀點看待困境

　　還有一種，師父在下面解釋說：在常住，平常我們覺得我就是來修行的、我就是來學的，反正我坐在這就是來教我的。然後師父就反問說：「有這個資糧嗎？」就是學法有這個資糧嗎？我們現在也可以觀察自己為常住承擔一些事情的時候，我們就會說：「哎呀，我想要天天聽法呀！不要承擔這些事情啊！」可是常住這麼多人在一起，就是要有人煮大寮、有人掃院子、有人要關顧研討班……。很多很多事情法師如果不去忙碌的話，實際上很多人是沒有辦法的，所以必須得大家一起忙碌！0'39"

　　如果說一忙碌的時候就覺得是耽擱修行、沒有時間聞法，心裡憋一股怨氣，而沒有把它當作是集資糧的機會，這樣的話，很多時候忙了很多事情，是不是就白辛苦了？所以師父在揭示我們

日常老和尚開示音檔起訖：新版02 22:38～24:31
新版廣論手抄稿頁/行數：1冊 P42-LL7～P43-L7

說：「不要以為在這個地方好像做點常住的事情，或者我不願意做我不相應的事情……。」師父在說我們心中的那種不解或者怨氣——覺得我不該是做這個、我應該是這樣的，我為什麼要這樣呢？實際上修行不是這樣的，就在當下的緣起點上，認真地在為大眾付出的時候，努力集資淨障。1'23"

所以師父說了幾種事情，說不應該做的是絕對不要做的，但是應該做、自己不了解的事情，常常自己是不清楚的。我覺得這個點大家可以考慮一下：應該做、自己不了解的這種事情，常常自己不清楚，我們會有這種感覺嗎？我們會不會覺得應該做、不應該做我是知道的，應該做還有我不了解的嗎？我應該做這件事，我不了解嗎？而且關於不了解這件事，自己是不清楚的。那到底師父指的是什麼事情我們不了解、我們不清楚？這件事應該做，然後自己不了解這個應該做的事情；然後對自己不了解這個應該做的事情這個狀況，自己不清楚。這好幾重喔！2'09"

這是說哪件事情啊？還記得前面聽過的嗎？就是：「我們要了解這就是我們最好的集聚資糧！」應該做的這個事情恰恰可能是我不太喜歡做的、我認為是不應該做的，但是這恰恰是我們最好的集聚資糧。為什麼要集聚資糧？資糧不夠修學佛法，師父講

了四個字：絕無可能！絕無可能！我們想要善所緣在心中生起來，我們想要正念一直都在，或者我觀想什麼、提持什麼馬上就來。如果乾觀想也觀想不出來，怎樣也是沒法清晰地現起，比如說佛陀的尊身，或者我想要聽聞軌理具足也現不起來，這些所有的狀況，師父讓我們樹立一個見解——資糧未具、障礙未除！師父這「絕無可能」說兩次喔！資糧不夠，想修學佛法，絕無可能！絕無可能！3'15"

然後師父接著說：「這不是語言上面講的。」我們說：啊！我缺乏資糧啊、我有業障，這不是這樣學著師父說一說就會了解的。師父說這是簡單地說，當我們深入下去的時候，我們自然會感覺到很不一樣的內涵。那麼對於集聚資糧和淨化業障，我們到底能夠體會到一個怎樣不一樣的內涵？學了《廣論》這麼多年的同學，不知道當下大家在想什麼？還有法師們在想什麼？3'48"

這裡邊我再講一下。通常我們學不下去的時候有兩種反應，一種是什麼？怪外境，對吧？「如果環境不是這樣的話，我就能學下去。」、「如果他不是那樣老是看我不對，或者對我說了一些傷害我自尊的，或者讓我非常不舒服的話的話，我覺得我在這環境裡還是不錯的。」或者「我跟某人關係好，我還是不錯

的。」這是一種什麼？原因出在外境上。還有一種人就是覺得我自己笨啊，我自己怎麼樣、怎麼樣啊！就是從自心的角度，他會覺得是自己不夠。但無論是覺得外境不夠，還是覺得內心出問題，他的癥結點都在於什麼？資糧未具。4'36"

那這是不是給我們一個嶄新的思路？當我們遇到困境的時候，我們會常常糾結於這個環境怎麼是這樣的，和我想像的完全都不一樣，為什麼不像我理想的那樣呢？心裡就產生了劇烈的求不得苦，心裡就是七上八下、放不下。會不安、擔憂，怨自己的時候會覺得沮喪，有的時候會覺得很孤單，或者很害怕接下去會發生什麼。當這些種種的心情現起來的時候，我們能不能對諸如此類的心情和感受給它一個見解──實際上，你不用想那麼多、怪那麼多事情，好好積資糧、淨化障礙就可以了，除掉障礙就可以了？5'23"

以前有些同學就說：「哎呀！我現在《廣論》學不下去了。」有的人說到中士道就學不下去了，還有的人到上士道學不下去了。說就是業障啊，什麼家裡事情……講一堆。我說：「應該沒那麼複雜，好好地供養三寶，看你會不會提起心力？」集資糧嘛！好好地供養三寶。甚至班級裡舉辦一個小型的供養法會，

大家都從家裡拿點蘋果呀、拿點橘子啊，甚至有的人拿碗供水呀，拿一個燈在佛前供一盞燈，我們去對殊勝境做供養。還有的人念密集嘛、旋繞，還有的就是大家在一起拜三十五佛懺。供養過幾回之後，有一些人真的就好起來。他說：「莫名其妙！我心情好起來了。」6'05"

還有一直放在心上想的一件事情：哎！才下眉頭又上心頭，就是擺脫不了那個人，就是擺脫不了那件事，你就會發現就像一個網一樣，他把心完全塞到跟那個人有關的事情裡，他就是抽不出心力來。但是一旦認真地去緣念三寶、祈求三寶的加持，比如說念密集嘛、念三十五佛，還有人念《二十一度母經》，這樣念，念一段時間之後，他就發現：「欸！好像我好點了。」6'33"

所以當自己感到心力不濟的時候，切記！不要瘋狂地向自己的頭上貼超多的標籤：「我這個不行！那個不行！怎樣、怎樣、怎樣……」，發了太多對自己的負能量的這些心念，全部都是打擊自己的。這樣打擊完就更沒力氣學了！本來是遇到困難了之後，應該自己給自己加油；可是我們遇到困難之後多半都是否定自己，釋放更多的負能量讓自己沒法消化，然後自己把自己搞得

非常地煩惱。是為什麼呢？就是因為我們對於「學不進去」這件事，沒有一個正確的看法，沒有一個正確的知見。或者說：「那感覺是很真實的，我沒能力呀！」可是感覺上真實的東西，經過正理觀察之後，你會發現事實不是那樣的。我們的感覺，尤其是凡夫的感覺，有太多的欺誑！7'28"

所以，對於學不進去這一件事，沒有建立正知見，就沒有辦法去解決它。當我們感到學不進去的時候，就只能跟著感覺走。那感覺是什麼？就是真的不能學了。可是好不容易「人身難得今已得、佛法難聞今已聞」，碰到學不下去這個障礙，沒有辦法解決嗎？師父教我們就四個字——集資淨障，這便是解決之道啊！8'01"

所以，師父這麼說，藏地祖師這麼說，漢地祖師這麼說，印度祖師這麼說，所有的智者都是這麼說的。那我們是後學者，是不是要聽一下祖師們的看法？然後跟自己的那種感覺上比較真實的東西對比一下。是不是願意把自己這種見解堅固地認為自己不行，或者以為外境有問題，從這兩個方向一直在這折騰不出去的這種狀況，用集資和淨障這兩大問題攝起來之後，集資、淨障，就馬上行動就好了！淨障就拜三十五佛！其實你懷著淨化業障的

動機去做很多很多事的時候，都是在淨化業障啊！比如說孝順父母、承事師長，或者做善事，甚至掃地，你懷著掃掉業障的想法，就是在淨化業障。8'51"

線上音檔掃描

講次 0123
集資淨障增長心力

　　我們用了很長的篇幅去評論環境的過失，用了大量心靈裡的自我抨擊的聲音去打擊自己，但是這些東西對我們「學不下去」這件事到底有沒有幫助呢？是不是有價值的一個探索？當然我們會說這是探索為什麼我學不下去？但這個方向探索下去，要多大力氣可以把整個環境都改變？或者我用什麼樣的觀點，會一下子認為我是很強的？看起來就是不強。所以從這兩方面都是碰壁的。0'37"

　　那我們不如就老老實實地聽所有佛菩薩他們異口同聲的這個觀點，說：「不要想那麼多，就是集資、淨障！就這兩件事做得不足，你不要給自己貼那麼多標籤！」如果你把這兩件事做足了，你就行了！任何人都是，不是說你不行，所有人都是這樣

日常老和尚開示音檔起訖：新版02 22:38～24:31
新版廣論手抄稿頁/行數：1冊 P42-LL7～P43-L7

的！如果資糧不夠、業障沒有淨化的話，就是學不上去！所以這是能夠學進去的條件，你只要圓具這些條件就好了，不用對自己發出那麼多慨嘆、悲傷，又是很多很多自我否定的那些言論，都會蹉跎時日，而且給自己添了太多的傷心吧！1'26"

所以從這樣的觀點，我會覺得師父這個理路給我一種很亮麗的感覺，讓我們在重重困境的圍困之下，突然看到：欸，我輕裝就可以上來！我不用去一直背負著環境這樣、那樣的，背負著我對我自己那種諸多的看法，我只要去集資、淨障就可以了！有的時候佛法我們覺得艱深、覺得深邃，但佛法教給我們的解決困境的方式，是如此地簡潔明了，非常地清晰，一點都不含糊。你做就是了，做就會有結果！2'03"

很多年前吧！有一次我也覺得：哎呀！對我的修行非常不滿意，陷入了一個很深的苦惱。苦惱了一段時間，我在想：苦惱下去也沒什麼進展啊！那還是老老實實地祈求吧！所以我就去供養觀世音菩薩，用僅有的錢——一個學生嘛，一個小學生有多少錢——買了一串項鍊，然後就供養觀世音菩薩。2'28"

其實你也不用買項鍊，不用學我一樣。我買了之後供養他，

然後我就開始認真地念觀世音菩薩，祈求加持。過了一天，第二天我就覺得：欸，我好像不一樣了！面對還是那樣的困境、還是那樣的狀態，我突然覺得我變了，我覺得那個困境很小呀！我很有心力。然後自己去照鏡子的時候，發現自己眼睛變亮了。為什麼？心力變強了嘛！當你心力變強了之後，你就會發現這個障礙一步就可以踏過去了！甚至已經過了！其實就是心力。心力是什麼？集資、淨障就可以長心力。3'07"

所以這個非常簡潔、實用的、讓我們「學不進去」這件事情可以解決的辦法，不知道大家聽了之後什麼感覺？你們會不會覺得聽了是要實踐的？要實踐的話，其實定期一段時間，廣論班就可以一起拜三十五佛懺。像那個時候，我們也是沒有固定的教室啊，就在居士的家裡邊，人也不是很多，在沙發上拜的、在地板上拜的，反正到處都是，有個地方大家就拜佛。人擠人拜不開的時候，就是彎腰一下，因為前面已經都站滿了磕不下去，但是他的心也是誠心誠意地拜三十五佛。看有一些居士真的是很有善根！3'48"

像在僧團拜三十五佛的時候，出家人，哎呀！衣服都濕透了，一天就濕透好幾輪啊！有一些修行人的心力真的是很猛的。

看到這樣的修行人如果學不下去，真的我是心裡很擔心，也有一些難過。但是如果能夠聽進去師父的這一番話，那你說我們哪有什麼難點？難點集資、淨障就好了，然後就會穿越！4'15"

所以我會覺得這是一個非常大的希望，我們知道了集資、淨障可以穿越困難，而且我們有能力集資、淨障。如果我們能對師父講的這句話，說：「最重要的濃縮起來……」就像一個口訣一樣，集資、淨障，然後就一切都能解決。這精髓喔！精髓喔！師父在「今勤瑜伽多寡聞，廣聞不善於修要」裡邊，就切入了這個要點。為什麼你不能廣聞？為什麼你聞了之後不能修要？其實就是資糧未具、障礙未除，只要沿著這兩點就可以了！4'56"

所以師父給我們的方法是非常有力的、可以直接操作的！非常希望大家聽了之後，能對現在遇到的困難有幫助。比如說我們誦《般若經》，看起來天天誦、到時間就誦，好像參加法會挺歡喜，可是不知道淨化多少看不見的業障。還有去服務啊、當義工啊、聽法呀、承事三寶呀，還有供養法會呀，甚至去幫助需要幫忙的人，甚至我們去救一隻流浪狗……，這所有的一切如果都迴向聞思修的話，那我們沒有一天是在浪費時間的，我們所做的一切都是為了淨罪、集資。5'45"

線上音檔掃描

講次 0124

將集資淨障納入生活

　　談到供養三寶，也不一定要花很多錢，比如說七碗淨水，在佛前供水，然後一炷清香。像有的居士定期喜歡供水，要供一百零八碗，供很多；還有的就是每天七碗。像以前有一次阿喀來到我們那地方，他先去佛堂。先去佛堂看什麼呢？我認為阿喀要去佛堂禮佛，然後我發現他特別留心佛堂到底供水供得怎樣，連著三天，小阿喀都先去佛堂看有沒有供水。我在佛堂門口迎接阿喀的時候，發現阿喀進去的時候會走路很快，看一看到底有沒有供水，等到他出來的時候就突然很放心，連著三天，看三天之後，第四天他就沒看了，因為他發現：喔！我有供水。1'00"

　　雖然供水這件事，看起來就是家家都有清水，每天你拿著這樣的清水倒進七個水碗裡，到天黑之前要把它撤下來，然後把碗

日常老和尚開示音檔起訖：新版02 22:38～24:31
新版廣論手抄稿頁/行數：1冊 P42-LL7～P43-L7

擦一擦扣起來，就這樣一個動作。但是很多善知識其實非常非常地關注，因為這就是集資糧啊！在供養的時候你要專注，比如說你要對皈依境認真地供，養成習慣就是天天供。你想：世上的水那麼多，家裡邊的水是很多的，可是我們卻沒有時間在三寶前擺上七碗水供養，這就是沒有養成習慣。1'40"

那麼怎麼樣養成這個習慣呢？開始做就是了！找一個小本，然後列上「供水七碗」，今天做了就打勾，沒做的話就去佛前懺悔一下。或者你覺得懺悔的話你有內疚感，那你就總結一下：這一週供了三天，喔，下週要供四天，或者哪天全部沒有一天缺的、都要供水。供水供成習慣之後，其實到佛前的時候，你就會把很多憂慮的事情、沮喪的事情好像瞬間清空了一樣。你就面對佛菩薩，端著這個水壺，小心地把那個清水注入到供水碗裡；在這之前你要把供水碗擦乾淨，然後一碗一碗這樣注。注的時候你是非常專注的，你一直盯著那個水柱，因為它會有一個要求，是說：不能太滿，太滿會驕傲；還有不能不足，不足會資糧不足。所以標準說法就是：那個碗上面就差一顆青稞那樣的距離，就是一個米粒吧，不要供到快溢出來了。2'39"

供完之後再供燈，然後再供香。之後你一定不會馬上就走，

還會在旁邊注視著佛菩薩。然後你可以對佛菩薩祈求，比如祈求今天我做什麼希望上師三寶加持我，讓我所做的一切都能成為正法的資糧，不要用不如法的方式去成辦這些事情，也不要以現世的利益去做這些事情；希望我能夠發起菩提心的隨順啊、希求空性啊！你看到佛菩薩就會提正念，看到佛菩薩就會感覺到有希望啊！比如說看觀世音菩薩，有的人一見觀音菩薩就笑，因為觀世音菩薩就是用那種非常非常慈悲的眼睛在看著我們。在面對著佛像的時候，佛陀說我們要對這個佛像像他一樣的話，我們就會得到佛陀的加持。雖然每天就這樣一個短短的可能五分鐘或者三分鐘的供水，但是你想想累積起來會累積多少資糧呢？3'37"

其實以前不方便的時候，就是用一個很小很小的觀世音菩薩的像，或者釋迦佛的像，或者資糧田的像，很小的一張貼在那個地方，下面擺幾碗水就可以了，也不一定非得特別大。但是有條件的話，你可以很莊嚴地布置佛堂。最重要的是我們的心意！我們能否意識到每天不集聚資糧的話，就像大把的黃金和白銀白白流掉一樣；清水到處都是，可是你把它獻給三寶那就是自己的資糧，你不獻的話，今天就過了，過了就沒了，這是非常真實的事情。4'15"

　　供水完了，或者你去佛堂之後，通常大家都會禮佛。「禮佛一拜，罪滅河沙。」或者有的人佛堂放著《三十五佛懺》，迅速地就可以念一遍；沒有時間拜，念一遍也行。就像宗大師說：「睡前如果不念《三十五佛懺》，我無法安心入睡！」連這麼偉大的善知識都如是說，我們豈敢每天不淨化業障呢？淨化業障，對我們最好的幫助就是《三十五佛懺》，噶當派的祖師說：「你今天念《三十五佛懺》了嗎？沒念呀？那你登地了嗎？」所以每天念一遍也是非常非常值得的！5'03"

　　所以希望大家能夠重視集資、淨懺，把它納入到我們生活的這種程序之中。其實也就是幾分鐘就完成了，你可長、可短，關鍵是養成一個習慣。我再說一遍，就像大把黃金、白銀的供養，清水就可以了，就像黃金、白銀一樣，獻給三寶就成為我們的資糧。5'30"

　　在佛前走過，都想合掌鞠躬一下，或者看佛菩薩一眼，或者禮拜一下，每一次禮敬都是在淨化自己。而且在佛前禮敬的時候，會注意到讓自己的心清淨一下。在那一刻，其實我們也會被療癒，被佛菩薩的笑容療癒，被自己的這個行為療癒，內心裡也會感到清涼和愉悅；有的時候會對這一天的工作，或者一天要應

對的事情，也有一個正念的提持；有的時候還會有一個強大的歡喜心的攝持。想一想：我多有福報啊！又遇到佛菩薩，能夠生起信心；而且我有供水碗、我有供水壺，我就每天都可以供養；能夠值遇大師的教法，能夠有師父、上師三寶的攝受……一想這些事情大概就會很開心了！所以生活中再發生一點大大小小的事情，有點不順心的事情，或者別人出口傷了自己，但是想想三寶，然後自己想想說：啊！這些小事也不必在意。其實歡喜也是很大的進趣菩提的一個力量。6'45"

廣海明月

——道次第廣論講記淺析
第三卷

沿著業果正見
思考生命問題

講次 0125

佛法的深厚內涵一定講「業」

好！那我們現在再聽一下新版《廣論》的下一段。

　　那個而且這種事情也不是文字相。我願意講一個非常簡單的故事給你們聽：前天我出去到台中，因為有一個同學出了車禍。然後這個車禍是非常厲害，差一點命送掉，那個腿上的肉整個的不見掉了，那說不定有可能這個腿都要廢掉。要我們平常的時候，當然會抱怨這個、抱怨這個。當然除了這個抱怨那個車子撞他以外，還要其他的抱怨。一般人來：「什麼？我學了佛，沒有保祐我，怎麼反而還要受這個障礙！」我們很多人都會有這樣的現象。我們把佛法看成功就像今天世間上面大家做小販的：我給你三塊錢，你給我三塊錢東西，我給了你十塊錢，你得給我

日常老和尚開示音檔起訖：新版02 24:31～28:12
新版廣論手抄稿頁/行數：1冊 P43-L8～P45-L4

十塊錢的東西。我們把學佛法想成個現前的交易一樣，好像我今天供養了你三斤香蕉，等一下你就應該來加持我，讓我發一個大財，就這麼荒唐法！對佛法的深厚的內涵都不清楚。佛法正規地講都講業，這個業前面是非常的深厚的因緣，絕不是眼前的。1'38"

師父在這段裡講了一個車禍的同學，這個車禍很嚴重啊！說腿上的肉都整個不見掉了，而且這個腿可能都要廢掉。一般的狀態下應該抱怨那個撞他的，怎麼不小心把他撞成這樣，產生了這麼深刻的痛苦。這是一個抱怨，抱怨撞他的車子。還有一個抱怨誰呀？就抱怨佛菩薩：「我都學佛了，你還不保祐我，讓我受這麼大的苦！」這一下抱怨就是抱怨成這樣子。然後師父分析這種心態說：把佛法看成是做小買賣的，給你三塊錢，你給我三塊錢的菠菜；我供養了三斤香蕉嘛，等一會兒你要來加持，加持讓我發個大財。所以師父說：荒唐，這麼荒唐法！2'29"

接著說：「對佛法的深厚的內涵都不清楚。」那我問大家：佛法的深厚的內涵，到底從哪裡去講呢？還記得剛才師父在講什麼吧？就是在講「業」。師父說：「這個業前面是非常的深厚的因緣。」講了「因緣」兩個字，說：「絕不是眼前的。」然後在

前面又加上了一個：「我們把學佛法想成個現前的交易。」其實在這一段裡，師父在點醒我們：我們沒有生起前後世的概念，什麼都是用現世的角度在考慮，沒有生起這個生命的相續是一個不斷的過程；它是從此生趣往來世，現在所感得的結果前世是有因緣的。這樣的想法一旦沒有貫通，凡是有什麼事情發生的時候，都局限在此時、此刻、此人、此境這樣去觀察，所以他的生存範圍，還有思考的範圍、時間點都是非常狹窄的。3'41"

佛法深厚的因緣、內涵，它一定是拉到無限的過去到無限的未來這樣一個時間軸上，去看待這一個人生命所感得的這一切因，或者說結果，或者說苦樂。都是在一個很長的時間軸上去觀察這件事情，並不是就眼前發生什麼，就認為說是那個因。有在聽嗎？多半找因是要往前找的，不是說：「啊！剛才你說我什麼，所以我這什麼。」那只是一個勾起的緣罷了！更深的因可能在過往，可能在很久很久的一個過往。4'23"

師父在這裡邊更加深一點地揭示出我們沒有前後世的概念，就會這樣去抱怨。為什麼這樣抱怨就是沒有前後世的概念？那沒有前後世的這個概念到底會產生什麼呢？因為眼睛看著、耳朵聽起來，就是那個車子撞了他，他這麼劇烈的痛苦就是那個車子引

生的。或者說：「欸！佛菩薩不是可以救，為什麼沒救我？」所以這是很眼前的思考。但是從很深遠的角度去觀察的話，那這件事到底是什麼因緣呢？在佛世的時候，一有什麼事情，弟子都去問：「佛陀，這是什麼因緣啊？」然後佛陀就講個過去的事情：為什麼會今生這樣呢？前世有什麼什麼事情，所以說這一生是這樣。所以根本不是局限在這麼小的一個時間點和範疇和人事物的角度上，去考慮這件事的。有注意到嗎？所以師父說的深厚的內涵，還有前面深厚的這個因緣的理解，一定是涵蓋了一個生生世世無限生命的前提在裡邊，然後才會談到深厚。5'33"

再聽下一段。5'36"

我所以特別講這件事情，因為一般普通人很多人會常常抱怨：「我學了佛，怎麼不靈光啊？」實際上，我去看那位同學，那位同學不但不抱怨，而且說：「啊！師父真對不起你，還勞你駕，這我業障很重啊！我淨了我的罪障啊！」那我聽了是非常讚歎！佛法本來告訴我們這是業，今天了解了這個業以後，應該清楚這一件事情的所以發生，跟眼前學佛不學佛是沒有關係，以前如果你造了這個業，這個業一定會感果。現在我們了解，造了這個因就感

果，沒有感果之前這個業一定不會消失。6'33"

　　進一步來說，當這個業感果的時候，是不是同樣又要造業了？譬如說，我以前傷害過某人，那麼今天這個怨碰上了，我會被他傷害，這一點大家懂不懂？請問現在你被他傷害的時候，你採取什麼態度？通常情況之下，他來傷害你，我也不知道為什麼莫名其妙他傷害我，我會覺得：「咦！我也是好端端的，為什麼你今天要來這麼傷害我？」乃至於完全不知道，我們會不會抱怨？我想我們會抱怨。所以學了佛以後，告訴我們叫「觀業忍受」，到那時候我安心忍受；那這樣一來的話，前面造的業到此為止，你眼前不會再受。可是我們平常都是受不了，自己會抱怨，三字經一大堆。所以這個時候，一方面前面造的業到現在感果了，不錯，是不是那麼同時又造業了？同時又造業，然後呢將來再感果，所以永遠地輾轉，越纏越緊。7'47"

　　因為是基於「今勤瑜伽多寡聞，廣聞不善於修要」，後面師父講了這一段。我們就可以觀察，師父認為我們聽聞了之後，如果能在身心上有受用的話，那應該就是有修要；那麼修要最重要

的業果見，在對境的時候就要現起。現起的時候，看！這個同學做的就是師父很讚歎他。去看那個同學，那個同學不但沒抱怨，還說：「啊！師父，真對不起你！還勞你駕呀，這是我業障很重啊！我淨了我的業障。」看他講的這些，真的是我們也要很讚歎啊！8'25"

前一段時間有一個法師也是出了車禍，她幾乎也是對我說了一模一樣的話。她說：「老師，很感謝你接了師父的棒子，讓我在這麼辛苦的時候心有所依呀！」她心裡生起了滿滿的對三寶的感動，沒有去抱怨那個撞她的人。她被撞得已經不能走路了，很辛苦的，肋骨撞斷了好幾根啊！但是她沒有去抱怨那個人，也沒有給我講她多痛苦，就是在表達滿滿的感恩哪！還講了她覺得透過這次車禍，自己對三寶的信心增加了，覺得她得到了三寶的加持。你看看，這麼痛苦的境！連醫生都覺得驚訝，她能夠這樣子脫險活過來。而且問她疼不疼的時候，她說不怎麼疼，醫生都感覺到非常非常驚訝！9'18"

線上音檔掃描

講次0126

熟悉業果思路，讓心靈動飛翔

　　師父說：佛法告訴我們這樣是業，所以清楚這件事所以發生是以前造那個業，在那個業沒有對治之前，它一定會發生。如果我們去了解這一切的話，認真地去觀察就會發現：實際上當很多不愉快的事情發生，我們不由自主地去抱怨別人或者抱怨環境，這個抱怨的來源是什麼呢？我們會認為是這個境或者是別人使我痛苦，不是因為我過去的苦因使我痛苦的。所以很顯然，一直是向外找造成生命痛苦的原因。一直是向外找的話，因為找錯了，所以這個因一直就拿不掉，拿不掉就一直痛苦。那麼佛陀來告訴我們這個道理，說這個苦果——現在感受的苦，是從不善生的，是從過去的因生的，淨化那個不善，就不會生苦果了；種下善因就會感樂果。一下子要說種下善因會感樂果，會不會說：「看那個人那麼善良，這一生好像也不怎麼樣，好像很倒楣的樣子。」

日常老和尚開示音檔起訖：新版02 26:00～28:12

新版廣論手抄稿頁/行數：1冊 P44-L3～P45-L4

我們又把它局限在此生去看，善因好像馬上就會感果，總是不能在一個前後世的相續裡邊看待因果成熟的這件事情。1'23"

在這一段，師父又再強調一下：我們到底能不能用那麼長的時間軸去看這件事的因到底是什麼？我們不習慣這樣向後去找，為什麼呢？因為都忘記從哪裡來。如果不學教典，不藉借教理之燈的照耀去看一下到底是什麼原因的話，我們是很難進行這種理性的觀察的。所以師父這個提醒，如果是你的話，你會不會覺得很困難？但是如果有居士做到了、有出家人做到了，那麼為什麼我就不能朝著這樣的思路去想呢？這樣去串習、串習、觀察、觀察久了之後，你這條思路就很熟了，熟了之後就會朝這個路去看。就像一條路你走熟了之後，你就會常常去走那條路，這是一樣的，思路也是一樣的。2'17"

在這一段讚歎了這個同學之後，師父又觀察說那個果成熟了，在成熟果的時候又繼續造業。造業的時候，師父說當我過去的比如說什麼原因，現在感得我被傷害；當我被傷害的時候，師父講了幾個字：「你採取什麼態度？」看了這句話，不知道大家怎麼想？「我採取什麼態度？」你會不會想：「我能採取什麼態度？有選擇嗎？」當我們感覺到自己被傷害之後，有幾種反應，

有一種反應是什麼？直接反擊，對不對？因為那個傷害我的人，或者那個環境是什麼，我就反擊它就好了。有一種反應是感覺到傷心極了、絕望，就產生對自己的不諒解，或者對他人的不諒解。3'01"

　　但是這都不是一個積極解決問題的方式。積極解決問題的方式是什麼？就是我必須要知道：不可能是別人莫名其妙地傷害到我，所以我們還是去尋找為什麼？我應該採取什麼積極的態度改善生命？比如說當我同樣地還擊那個傷害我的人的時候，如果是懷著瞋心的話，那就造了很大的惡業，這個輾轉下去是沒有窮盡的。用這樣的方式去還擊，那我們還擊別人讓別人痛苦，別人會老老實實待著嗎？他會再還擊回來，所以你還會感到痛苦。這樣子你還擊我、我還擊你，你還擊我、我還擊你……，就是一個沒有窮盡的輾轉，越來越強、越來越強，就纏繞在這裡面。必須得有一方能夠理性地觀察，在對方強烈的態度和激烈的言詞下，怎麼樣拋開情緒的困擾，去看到事物的真正的原因。4'01"

　　看到真正的原因之後，我們或許是會感受痛苦的。在感受到痛苦的時候，我們會知道「這是我感受到痛苦了」，但是我們不會想去報復別人，我們會想到：在感受痛苦的時候，其實我也可

以得到內心的成長，我也可以在這個時候訓練對真理的認知和熟悉度，甚至訓練我作師所喜。被傷害的時候，我能不能行善呢？我的心是不是被傷害了之後，就只能選擇報復、造惡業？我還是有另一條路？我還是可以行善，我的心還是自由的。萬一被傷害之後就永遠失去了飛翔的能力，癱在地上就只能造惡業，這就是很辛苦的。4'45"

　　師父在這裡面給我們講業的時候，我們會發現業是如此地靈動的一件事情，不是像一個釘子把你釘在那兒不能動，它是非常靈動的。為什麼？因為心是靈動的，聽了真理的召喚之後，就會自然地朝著那個可以飛翔的角度去努力試飛呀！像小鳥在試飛的時候，一開始牠都從一個高處好像掉下來一樣。牠媽媽帶牠飛的時候，有的鳥就從那個窩裡掉下來就在地上跑，好幾天你會發現：欸，花叢裡怎麼一隻鳥在那兒蹲著？牠長得很大，以為是一隻大鳥，看牠那個毛都鬆鬆的、絨絨的，黃嘴還沒有退掉，就知道這是一隻小鳥從窩裡掉出來。為什麼掉出來的？牠學飛，飛不上去了，就發現牠躲在花叢裡睡覺。當然牠媽媽還會來找牠，過幾天還要繼續教牠飛。有的鳥很快就飛了，有的鳥就好像學了一個多禮拜還不會飛。有的鳥學了好像兩個禮拜，然後發現怎麼還在花叢裡蹲著呀？最後牠還是飛起來了，因為發現牠在屋簷上蹲

著了，就知道牠飛上去了。所以這有一個練習飛翔的過程。

5'52"

線上音檔掃描

講次 0127

用業果見透視苦受根源

　　怎麼樣在自己感受痛苦的當下能夠不思緒迷亂，能夠頭腦清醒，能夠知道我感受痛苦的當下我不能造惡業？那麼不能造惡業的方式是什麼？比如說：不能口出惡言、心中不能出惡念，把這個控制好叫持戒，持戒就是得清涼嘛！後世就會有很多很多暇滿人身等等那些殊勝的果報在等待著我。所以我這一刻的堅忍，師父說：「觀業忍受」，這個忍不是只是一個忍耐痛苦不發作、徒勞的過程，它後面有一個忍辱的非常喜樂的果報在等我呢！並不是現在白白地痛苦就這樣就算了。0'42"

　　所以當我們常常去思考這些，就會激勵我們：當我們感受到被傷害的時候，我們先控制住不要去反擊。有的時候在彼此講話的時候，自己選擇沉默一下、憶念一下正念，不要對方傷害自己之後，馬上就還擊；沉默一下再想一想，再控制一下自己的憤

日常老和尚開示音檔起訖：新版02 26:00～28:12
新版廣論手抄稿頁/行數：1冊 P44-L3～P45-L4

怒，再一點點練、一點點練。有的時候會覺得這過程是很辛苦的，因為不習慣嘛！其實一開始練，哪怕一分鐘，能比過去多一點點的控制力，再控制兩分鐘、再控制三分鐘……，這都是非常了得的成績。因為馬上就火冒三丈，馬上就要出言傷害別人了，但這個時候都能控制自己。師父說這個居士在受了這麼大的痛苦下，他心中沒有瞋恨，他在感謝三寶，感謝三寶為什麼？他可能是感謝三寶、他能活著吧！能見到師父！善知識的攝受力也是很了不起的！1'37"

在這個地方，師父說：「『觀業忍受』，到那時我安心忍受，那這樣一來的話，前面造的業到此為止。」就是不會再產生苦果了。如果你眼前不忍受的話，受不了再抱怨，前面的惡業感果之後又去抱怨、又去傷害別人，又覺得我這個惡業是別人給我的，而不是從我的苦因生的。又一次錯亂認識，然後我再錯一次！我認為是別人造成的，我打擊了別人，可是到時候我還痛苦啊，因為造惡業了，到時候又成熟為痛苦！所以這個週轉是沒有窮盡的。2'16"

那麼，怎麼能讓苦受停止，或者讓這個週轉停止？就必須用正確的方式來把苦因拿掉，我們就不會感到苦果，因為這個目標

大家才來學佛。所以我們會發現，佛法會教導我們用清醒的理智來面對自心，不要成為情緒的奴隸。說得簡單，不要成為情緒的奴隸——傷心的時候就傷心、憤怒的時候就憤怒、沮喪的時候就沮喪，都是！但是關鍵這個感受來的時候，我們是否還有理性的、還有正念正知的觀察力在旁邊看著？雖然看起來是他傷害了我，我就成這樣了，但真正傷害我的是我過去的苦因啊！3'00"

一旦我們慢慢地、習慣性地想到真正傷害我的是苦因，我們就會想法去淨化苦因，會去造集樂因、造集善因，這樣的話事情才能解決呀！對不對？才能夠解決。不然我們一直浮在表面上，跟那個外境、跟那個貌似來傷害我的人、跟他理論不停，我們根本沒有在真正的問題、真正的苦因和樂因的那個地方去下手解決問題的話，實際上很多痛苦就是這樣白白過了，無法達到沒有苦的那種生命狀態。3'38"

所以師父在這裡邊說：「一定要修要」，就舉了業果見。業果見是非常重要的見地，透視了我們二六時中所感受到的苦受，它真正的根源根本不像表面顯現的那樣，就是人、事、物困擾啊，不是像顯現的那般，它有更深刻的原因，是要追尋的。4'00"

　　所有的智者都是這樣說的：「是不善生起了痛苦，善因生起了快樂。」那麼不妨我們去實踐一下！因為按照我自己的方法已經這麼久了，也沒過得怎麼好，那麼不妨沿著佛陀的正見去思考一下自己生命的這些問題，可能會得到一個真正的解決。4'22"

　　至少這個居士遭受了這麼大的痛苦之後，他還擁有那麼強烈的感恩心；就像那位法師，她自己那麼感動，自己還能笑出來。看著她遭受車禍的人嚇得都笑不出來了，她自己還能笑出來，而且還是非常地開朗。在這麼強烈的一個傷害下，她還能不失開朗，這是一件很了不起的事情！4'46"

廣海明月

——道次第廣論講記淺析

第三卷

抱怨與感恩的
兩條心路

線上音檔掃描

講次0128

面對逆境體驗無常

我們就來聽接下來這一小段。

　　結果那位同學他覺得：「啊！這是我的業。」所以他不再抱怨。不但不抱怨，他還告訴我：「以前我學《廣論》，《廣論》上面說無常、無常，好像很有道理，可是對這個無常兩個字感覺得總滿輕鬆。我今天碰見了這個事情，才曉得無常是這麼個無常相！心裡真是膽顫心驚，誰都不知道我這個性命能不能保持到下面一分鐘。」他說他「啪！」一下子撞上去，人就昏倒了，根本一點都不知道，等到醒過來，已經很長一段時候在醫院裡躺在那裡了。他現在有機會醒過來，假定「啪！」一下撞上去給車子壓在他身上，他醒得過來嗎？醒不過來。所以他說：

日常老和尚開示音檔起訖：新版02 28:12～30:01

新版廣論手抄稿頁/行數：1冊 P45-L5～P46-L3

「啊！我現在才曉得無常原來是這個樣。」所以他不但不抱怨而且還感激。1'03"

這兩個差別大家分得清楚吧？我們平常遇到一點點事情就抱怨，講了很多道理。這個道理幹什麼？增長自己憍慢，然後還要造很多惡業，我們到底是學什麼啊？唉！所以我就深深地感覺到這個特點。這個叫什麼啊？相應，也叫相應。所以我剛才講那個相應，看看我們現在相應在哪裡？我們是相應在增長煩惱，還是我們相應在真正地淨除罪障、積聚資糧，這個對我們才是真正重要的。所以我但願我們在座的每一位同學學這件事情的時候，應該真正懂得這個。1'55"

師父在這裡重複車禍那個同學他的話，說：「這是我的業。」然後師父說他不再抱怨，不但不抱怨，還講了他對無常的一種覺受。在講到無常相的時候有兩個對比，還記得吧？第一個對比是什麼呀？「《廣論》上面說無常、無常，好像很有道理。」聽的時候應該是覺得很有道理，「可是對這個無常兩個字感覺得總滿輕鬆的。我今天碰見了這個事情，才曉得無常是這麼個無常相！」師父接著用了幾個字，說：「心裡真是膽戰心驚，

誰都不知道我這個性命能不能保持到下面一分鐘。」2'56"

　　有沒有看到遇到這麼大車禍的這個同學，師父去看他的時候，他直接跟師父報告，好像是聞法的體會一樣，講了對無常的一種覺受。所以就出現了——平常聽來的時候是覺得滿輕鬆的，可是實際上真正遭遇到的時候是膽顫心驚。而且膽顫心驚到什麼程度呢？誰也不知道我這個性命能不能保留到下面一分鐘。我想那個居士把這樣的一個覺受報告給師父的時候，師父除了疼惜他之外，一定是很高興的。3'40"

　　師父從前面的抱怨說不再抱怨，而且集中在講無常的問題——前面在講業，現在講的是無常的問題。然後師父說「啪」地一下撞上去就昏過去了，如果車子壓在身上的話就醒不過來了，所以他說：「我現在才曉得無常原來是這個樣。」接著有一個心態，師父說：「他不但不抱怨而且還感激。」受了這麼大的苦和驚嚇，感激之情從何而生呢？大家可以想一想。4'24"

　　像我以前也聽到一個居士親口跟我說他也遭遇到車禍，他的車也是在路上走，走著、走著，也是被對面來的一個車不知道怎麼回事就把他撞得在馬路上一百八十度旋轉。他都不曉得怎麼回

事的時候，就覺得：完了、完了！等到他自己心裡有念頭的時候，他在想：我現在是活著還是死的？我現在是中陰嗎？他睜開眼睛看看的時候，覺得都是空白狀。幸好他完全沒有受傷，但是他坐在車上是不能動的，沒法動。後來那個司機最先緩過來，他下車去看，那個車整個前端都被大車削掉了，所以他們的車就剩一半停在路上。後來因為這件事，他大概半年到一年都不太敢坐車，寧可用走的，萬不得已才去坐。車禍前一秒鐘是沒反應的，後一秒鐘就來了，所以無常的迅速啊，就是這麼可怕法！5'35"

而對於他心裡所想的事情，如果那個時候沒有想到無常的話，多半無常到來的時候，就像師父用那幾個字，是極度地膽顫心驚的，因為很難應付啊！在這麼強烈的一個對境下，有認真修學佛法的人，他在這個時候就提起了他的正念：這沒有什麼好抱怨的，這就是生命的一種現狀，那叫無常，以前只不過我還沒有遭遇它、我還沒有反應它罷了。6'08"

173

線上音檔掃描

講次 0129
改掉抱怨的老毛病

　　師父接著幫我們分析了一下說：「這兩個差別大家分得清楚吧？」那我先問一下是哪兩個差別呢？就是抱怨和什麼？和法相應。師父說：「我們平常遇到一點點事情就抱怨，講了很多道理。這個道理幹什麼？增長自己憍慢，然後還要造很多惡業，我們到底是學什麼啊？」注意這一段喔！我們平常遇到一點點事情就抱怨。這一點點事情都是什麼呢？跟這麼大的車禍的事情比起來，肯定是芝麻綠豆的事情：人與人間的摩擦呀，甚至是誰多幹了點活、誰少幹了點活，誰臉色不好……，都是這些摩擦。碰到這點事情的時候，心裡的波濤就起來了，不再平靜。不再平靜幹什麼呢？就抱怨。尤其是學法了之後，因為總得講原因嘛，抱怨的時候還要講出很多道理。這個道理肯定都是說對方的，或者說自己所在這個環境不好的，所以才讓我自己感到痛苦，或者事情

日常老和尚開示音檔起訖：新版02 28:12～30:01
新版廣論手抄稿頁/行數：1冊 P45-L5～P46-L3

才出了錯誤，都是由於這些等等、等等的原因。1'22"

　　講了很多道理，這些道理到底有沒有去除自他的痛苦呢？有沒有讓問題得到解決，而且也讓事情朝著好的方向去發展呢？看起來都沒有，只是做什麼了呢？增長了自己的驕慢。因為所學的道理拿來說別人，成為抱怨的一個理由，所以增長了自己的驕慢。驕慢是苦因啊！師父接著說：「然後還要造很多惡業。」師父說：「這也叫相應」，相應什麼呢？「增長煩惱！」1'55"

　　前面那個人遇到了這麼大一個事情，他心中現起的是這個，趕快跟師父報告他心裡有什麼什麼狀態。而平常沒遇到什麼事情的修行人，卻一點點事情就朝外面去觀察過失或者找別人的麻煩，所學的法都拿來做所謂的照妖鏡了。師父就是在讓我們分得清楚這兩種聽法後的差別，一個是增長煩惱，另一個是淨除罪障、積聚資糧。師父說：「這個對我們才是真正重要的。」聽完之後在對境的時候要做這兩件事，就是淨除罪障、積聚資糧！2'47"

　　師父接著說：「我但願我們在座的每一位同學學這件事情的時候，應該真正懂得這個。」學了經典之後，應該懂得不要拿經

典的高度去到處繩人、到處抱怨。沒學佛前就抱怨，學了之後也不太容易改，還是遇到境就抱怨；甚至有的人從年輕的時候抱怨到年齡很大的時候，好像一輩子都在抱怨，好像毛病滿嚴重的。但是師父說：我們都在學嘛！學了之後開始改就好了。3'25"

抱怨的毛病怎麼改呢？有事情發生的時候，你會看到自己心裡不寂靜，或者起瞋心的那一面。看看都是責怪外境、責怪其他人呢？還是內心也有覺察自己的部分？這部分只要認真地意識到什麼是抱怨的這種行相，當這個毛病又來的時候，自己要知道：哇！來了、來了，又開始了！一個是嘴上抱怨，一個是心裡抱怨，還有一個可能動作上有抱怨。那麼我們可以慢慢地，或者很快地改掉這種習氣毛病，為什麼？因為會造惡業呀、增長驕慢哪！對自己和他人一點好處都沒有。4'07"

如果我們周圍有一個常常抱怨的人，比如說一個團隊，整個團隊的氣氛大概都會有點低迷或者很不愉快。可是如果遇到事情之後，大家都來看自己的問題，然後互相幫助，用一種至少是非常禮貌的狀態來對待他人的話，那這個團隊的工作氣氛也會很愉快的。4'30"

　　我們無始劫來向外看，把所有痛苦的根源都歸結為境那方面出現的，而跟我的心關係不大、跟我過去所造的業關係不大，尤其是跟我的過去生好像沒什麼關係。我們看什麼問題都局限在此生此世的某一個時間點，甚至縮小在剛剛發生的事情，就從剛剛發生的事情到現在這麼短的距離，去計算一下那個人錯在哪裡。我們沒有從無限的過去到現在、到未來這樣的一個時間軸，去看待自他的生命所起的所有衝突或者所有的不如意。我們不習慣這樣看，所以常常擷取那一小段就給它下定義，而且是習慣性地去評判。5'19"

　　一旦我們聽佛法開始意識到這個問題的時候，我相信每一個同學都想積極地改善，為什麼呢？因為這並不愉快！一個抱怨的人快樂嗎？不快樂。抱怨的心情鬱悶嗎？鬱悶啊！憤憤不平嗎？不平呀！他覺得周圍的人對他好嗎？不好！好為什麼要抱怨？就感恩了！那麼對他現在擁有的一切感到滿足嗎？沒有啊！珍惜嗎？可能也沒有。因為這一切都如此地不如意，而且大家好像都不努力、都不改善，所以好像滿苦命的，就是一直抱怨。因為我們生命的苦樂都操縱在其他人的手裡，所以我們用抱怨別人的方式試圖能夠心情好一點，或者希望別人能夠改善，我的生命狀態會好一點，甚至說我抱怨你其實是出於善意。總之會有種種的理

由，我們給抱怨很多條支撐它的柱子，讓這個抱怨的習氣能夠延續下去。6'21"

但實際上師父說：「遇到一點點事情就抱怨。」這一句話就這麼幾個字喔！「我們平常遇到一點點事情就抱怨。」這句話師父在這裡講了，但是我們怎麼樣能夠把這句話放在自己身上觀察一下？什麼是一點點事情？然後就抱怨了嗎？抱怨的行相是什麼？在心裡出來、在眼裡出現、在口中出現、在自己的動作中出現。然後我講道理了嗎？講了什麼道理？講這些到底幹什麼呢？我們會認為用這個道理說服別人，甚至規勸別人行善，世界會從此和平，我們大家會過得很安樂。師父說：「增長自己驕慢。」觀點都跟我們感受的是相對的！我們會覺得這樣的話大家都會造善業了，我用抱怨的方式規勸別人或者解決問題的話會很好。師父說除了增長自己驕慢，「然後還要造很多惡業，我們到底是學什麼啊？」這句話是反問自己的。就像我現在反問：「我在學什麼呀？」7'27"

我再說一遍：「我們平常遇到一點點事情就抱怨，講了很多道理。這個道理幹什麼？增長自己憍慢，然後還要造很多惡業，我們到底是學什麼啊？」7'46"

線上音檔掃描

講次 0130

扭轉自心，向著感恩的方向

　　師父在這個居士感人的故事裡，讓我們照見我們自己的現行——平常遇到點事情就抱怨，生命很苦澀的這種狀態，透過師父給我們講的法，意識到這是自己的一個習氣、一個可能需要改善的習慣。那麼你咬牙切齒，從早晨開始就想：看我今天遇到多點兒事情（註1）。首先要觀察！其實當我們遇到一點點事情的時候，我們不會覺得那是一點點事情，我們會覺得這事情非常大！然後就開始了。0'39"

　　那麼怎麼樣覺得這是一點點事情呢？生死事大，無常迅速！如果不念及無常、不念及後世的苦樂，那麼眼前出現的所有事情都是非常大的，因為眼前的這一天的事也很大；可是它和無量生的未來比起來，可能就顯得小多了。比如說飯菜合不合胃口呀？

日常老和尚開示音檔起訖：新版02 28:12～30:01
新版廣論手抄稿頁/行數：1冊 P45-L5～P46-L3

人家有沒有跟你說讓你聽起來很悅耳的話呀？或者說禮尚往來，你送了他、他忘了送給你了等等，這些心裡邊常常起起伏伏的事情，能不能覺察到它是朝著抱怨的方向，甚至在思想那一步是朝著抱怨的方向去思考的？能不能自己先觀察到？觀察到了，就直接給它下定義：這樣抱怨的想法只會增長驕慢，而且造惡業，對我的生命沒有任何好處，對他人的生命也沒有好處。那麼為什麼我不停止這種方式呢？1'42"

所以，這位居士在這場車禍中，他生起了感激的心，在這樣一個很可怕的災難中，他居然生起了感恩心，他沒有抱怨。我前幾節課跟大家講的法師也是這樣的，她也遭遇到很大的車禍，她也是生起了感恩心，說：「能活一天都要好好地感恩三寶！」所以她在養傷、在病床上，乃至能脫離輪椅下地走路的時候，她就錄了一個錄像給我看。大家可以想一想：能走路了！懷著多麼深的感動。可是我們現在對我自己能走路還會很感恩嗎？都覺得這些事情司空見慣的，沒什麼可以感動的。能吃上飯，感恩嗎？也沒有感恩心！衣、食、住、行這些都無憂，感恩嗎？有法可以學，甚至想要看經典的時候有燈，這些事都感恩嗎？可能一切都司空見慣，心裡慢慢地就麻木掉了，好像這些都是無因生的、本來就有，而且永遠不會消失一樣。2'55"

　　師父透過每一個例子，都在讓我們把注意力觀察到我們的內心，去抉擇我們所學習的教理。因為真正的修行一定是建立在我們的內心深處，不是讓我們上來就是評外境的，一定要是看內心。所以這裡邊的重點就是：不要遇到一點小事情就抱怨，如果我不知道我有這個毛病，是沒法改的。那麼我如何知道一點點小事情心思就朝著抱怨的方向去呢？那觀察一下自己嘛！甚至做一個簡單的紀錄：今天什麼事情出現了，欸！我又想什麼了？記錄一段時間之後，你再看一下筆記就發現：奇怪！第一天遇到這事情，第二天、第三天遇到不同事情，我的心好像都是朝著那個方向。一週的話，看一個簡單的紀錄，你就可以知道：原來都是朝那個方向——就是抱怨的方向！那麼你就可以扭轉它了。3'51"

　　記錄一段時間再往回看的時候，就會發現還是有一些變化，甚至變化很大的。像僧團的法師們常常堅持寫觀功念恩日記，有的是寫厚厚的好多本，有的是從小沙彌的時候就開始寫。你會看到他說開始先觀察旁邊的小朋友，就從借個橡皮呀、借個尺子啊，這樣的事情開始感恩。然後說教務法師怎麼約談我、關心我，然後感恩。慢慢地、慢慢地就發現這個出家人，在常住裡他就會看到越來越多他值得感恩的事情。然後他就跨越了他的班級，然後跨越很多班，甚至看到常住很多大的法師。在他並不是

很了解大法師在做什麼的時候，他能從眼前的這些好像看起來星星點點的事情裡，看到我現在有這樣的順緣、能學法的福報，實際上是很多很多人的奉獻成就的。一旦一個人活在很多人的奉獻之中，並且用他的心真實地感受到這一點的時候，其實怎麼生驕慢啊？因為我們的一舉一動，我們的衣、食、住、行，都是很多人的奉獻，所以只有好好學法去報恩了。這句話說起來就是這樣、是很容易的，但是要把它做到，真的要下一番功夫！5'12"

講到這裡的時候就真的很感恩師父，他那麼了解我們，那麼了解我們的習氣毛病，然後又給我們指出當下一步要怎麼辦。而且指出兩個方向：一個是抱怨的，一個是什麼？感恩的；一個是遇到境界就開始拿法去講道理、增長驕慢的，另一方面就是遇到這麼大的事情，看！「喔！原來無常是如此地膽顫心驚！」跟那個輕輕鬆鬆的形成天壤之別。所以從這樣對比的角度，讓我們看到：輕輕鬆鬆所感受的無常，和真正地體會到一點點無常的樣子的時候內心的強大的一個轉變。也看到了我們在最痛苦的時候，信仰對我們的支撐力。6'01"

所以能遇到這樣一位善知識，如此細心地呵護著我們的三業，一步一步地帶著我們在修行的路上，像學步一樣一步一步帶

著我們走，真的是太幸運了！對此我覺得我們真的應該懷著感恩和萬分珍惜的心情，把師父講過的法、把《廣論》好好地、認真地聞思，然後用在自己的身心上，聞、思、修，用在自己的身心上。6'33"

（註1：「多點兒事情」指小事情，整句話指觀察今天自己遇到的事情其實都是一些小事。）

講次 0131

層層深入法理，勿長煩惱驕慢

我們再接著聽一段：

所以在這地方，修行本來是要把我們學的道理要去跟它相應，可是現在呢？「多寡聞」。要修行一定要懂得道理呀！我們現在懂得了很多道理，如果說不能真正在跟它法理層層深入，只有停滯在增長煩惱、憍慢上頭；反過來，假定我們能夠不停滯在憍慢這個上面，我也一定能夠真正地深入。這兩者當中，沒有什麼第三條路。有很多人糊裡糊塗，那根本不相應，這也是白浪費時間。這是一種，所以「今勤瑜伽」的呢，很不幸，不了解道理！0'50"

日常老和尚開示音檔起訖：新版02 30:01～30:46

新版廣論手抄稿頁/行數：1冊 P46-L4～P46-LL7

這一小段大家熟悉嗎？師父講了幾條路啊？「沒有什麼第三條路」，對不對？沒有什麼第三條路，是幾條路啊？兩條路。哪兩條路呢？就是「修行一定要懂得道理呀！」對吧？因為修行本來就是我們學的道理要去跟它相應，「可是現在呢？『多寡聞』。」就不行了，因為修行要懂道理。然後「懂得了很多道理，如果說不能真正在跟它法理」，注意！「層層深入」。這個「層層深入」，就好像一個宮殿，我們從大門進去，然後一個一個門越來越深，就會看到宮殿裡邊的莊嚴，或者每個大廳的富麗堂皇，層層深入。然後師父說：如果不能在法理上層層深入的話，只有停滯在增長煩惱、驕慢上面。沒深就會停，停了就會增長煩惱、驕慢。1'54"

反過來，假定我們能夠不停滯在煩惱、驕慢上面，我們也一定能夠深入。「這兩者當中，沒有什麼第三條路。」哪兩條路？要麼不能深入，停了！停了就是停在那兒什麼都沒變嗎？不是這樣的，對不對？停下來的時候，依舊沿著老習慣增長煩惱、增長驕慢；如果我們沒有停，我們能夠真正地深入的話，那就不會增長煩惱、增長驕慢，而是什麼呀？如法地淨除罪障、積聚資糧。師父說只有這兩條路！2'35"

　　大家可以看到師父對修行的觀點一向都是這樣的，說：要嘛修信，要嘛就是沒有信心。不可能有個中間的路線！學習像逆水行舟，不進則退。對吧？修行也是啊！為什麼呢？因為我們無始劫來熏習的這個煩惱習氣它是非常非常強的，也是非常熟練的。因為我們心一定要對境啊，眼、耳、鼻、舌、身都要對境，對境它不可能沒有反應，我們不是木頭人，一定有反應。反應的時候，如果不會正確的反應，一定會錯誤的反應；或者說如果你不會像經典上那樣如法的反應，那就會用老習慣來反應它。所以增長驕慢、增長煩惱和淨罪、集資這兩個方向，要嘛它、要嘛它，沒有第三條路！3'24"

　　那麼為什麼師父會這樣告訴我們兩條路，就是讓我們選擇，對不對？為什麼我們會選擇要費這麼多辛苦聽聞和修行？因為我們已經受夠了煩惱的折磨，也受夠了自己對付煩惱的各種方式，我們會發現都不靈，自己生存得還是很不理想，所以我們才求教於智者，求教於三寶、善知識。然後用這樣的教理看一看我解決問題的方式，甚至是我觀察問題的方式到底對不對？沿著我原來那個方式觀察的觀點，我的生命沒有什麼改善；現在學了教理之後，我用教理的方式，注意！用教理的鏡子來照自己的心、照自

己的行為，然後去改善它，如果這樣的話，就不會糊里糊塗了。
4'23"

　　因為我們終究會明了自心，每一天從每一件事上明了。這件事出現的時候：「啊，我又開始抱怨了！」抱怨到一半突然想起來了：「我是不是又在抱怨了？」自己問一下自己。如果意識到自己又抱怨了，那能不能有力氣停下來，還是已經像洪水一般停不下來了？那麼過後可以知道那是抱怨嗎？可以去跟聽自己抱怨的人表示一下歉意嗎？從這樣的角度來切入學習《廣論》課後的鍛鍊的話，這會是我們自心之旅的一個非常驚訝的發現。一旦我們把注意力集中到內心的時候，其實我們也沒有那麼多時間去滑手機呀，去看著各種各樣重複性很高的事情，因為新聞每天是看不完的，全世界這樣、那樣的事情也是看不完的，但是實際上我們心裡的事情也是看不完的。5'20"

　　如果能把注意力集中在內心去觀察，就是心裡的擾動或者不擾動，我們都去觀察擾動的時候什麼樣、不擾動的時候什麼樣。就像在海邊撿貝殼，一個浪沖上來，有的時候就沖上了一些好看的貝殼，但是如果帶著沙子的話，那個水和沙子一起出現，你是看不到水裡邊有漂亮的貝殼的。一定等那個浪退去，水慢慢平靜

之後，你會發現：欸！這個清清的海水裡邊有漂亮的貝殼。所以每一個生命的浪沖過來的時候，我們到底是只能看到泥沙，還是能夠收穫寶物？像大海可以出生很多寶物一樣，修行可以得到非常精美的經驗和喜悅呢？6'06"

不管我們遭遇的是什麼事情，我們是否能在正在遭遇的這件事上像找到寶一樣？這個心裡一定要用觀察力，讓自己翻滾情緒的那個浪平靜。怎麼讓它平靜呢？深呼吸是一種辦法。還有當你注意到：「我在生氣、我在悲哀、我在非理作意！」當有一個正知力現起的時候，其實朝向負面的那個東西它就會有一定的遏制力，關鍵是要覺察，覺察到自己生命的一個方向，也就是思想的方向到底是怎樣的。所以師父說有兩條路，就是苦、樂嘛，一個走向解脫；一個如果不回頭，就是走向無盡的輪迴。6'50"

所以還是很感恩師父啊，在第二輪的《廣論》裡，把如此好像很難琢磨的一個道理，用這麼直白的語言講給我們聽。而且把真理嵌在一個這樣怵目驚心的例子裡面告訴我們，說真正體會到的時候它的心態是那樣的；沒有體會到的人，芝麻綠豆的事就抱怨個不停。這兩者的差別，我們心裡自然有一個天秤去秤量一下。7'20"

線上音檔掃描

講次 0132

隨分隨力，依靠環境增上

好！我們再來聽一段。

那麼正規地來說，剛開始應該廣學多聞，不幸的是「廣聞是不善於修要」，學了很多道理呢，修行不善巧。本來是應該懂得了很多道理，然後呢，照著道理去努力地行持。這個努力行持也並不是等到我念完了再哦，剛開始時已經講過，當我們在學的過程當中，隨分隨力。那也許說：「我現在還沒有懂，怎麼叫隨分隨力？」雖然書本上、理論上不太了解，可是周圍是不是每個人都有——從家庭當中的父母，到兄長、到師友，那他們多多少少會告訴我們。我們應該隨分隨力地在這個圈子裡當中，接受好的這種概念，儘量地把那個壞的漸漸地淨化，這是我們做

日常老和尚開示音檔起訖：新版02 30:46～32:39
新版廣論手抄稿頁/行數：1冊 P46-LL6～P47-LL7

得到的。特別是學《朗忍》這樣的一個教授，後面非常強調這個特點。那我們能夠做到了，就漸次能夠改善增上，如果做不到，我們始終會停滯在那錯誤的階段。1'22"

那個錯誤的階段，下面就說：「觀視佛語多片眼，復乏理辯教義力。」我們對於佛告訴我們的話，先我們根本不知道；就是知道了，學到了以後——多片眼，我們從一個角度去看。實際上佛要告訴我們的是一個無限地廣的一個面，或者是我們根本沒學到，或者學到了我們會停滯在我們自己這個階段，所以對這件事情看不清楚。1'59"

這一小段我先提幾個問題，第一個問題是：師父說「正規地來說」，正規地，剛開始應該做什麼呢？四個字，叫「廣學多聞」，正規地學習佛法。但是接著話鋒一轉，「不幸的是『廣聞是不善於修要』，學了很多道理」，接著怎麼了？「修行不善巧。本來是應該懂了很多道理」之後「照著道理去努力地行持。」接著又說這個努力行持也不是等我全部都學完了我才開始，然後師父就引出了下面的觀點叫「隨分隨力」。2'46"

注意喔！這裡邊揭示出：第一個是剛開始要廣學多聞，對不

對？剛開始的時候有一個麻煩，就是「今勤瑜伽多寡聞」那個毛病在那兒候著。然後開始能夠學很多之後，又有一個毛病叫什麼？不善巧修行——懂了很多道理，應該照著道理去修，可是卻「廣聞不善於修要」。第二個又攔住了！3'07"

那麼我們修要的時候，是不是等到所有的法都聽完了再去呢？師父說不是這樣的，隨分隨力就可以了！那有人又說了：「如果隨分隨力的話，我都沒懂，我怎麼隨分隨力？我都不懂呀！」然後師父說：雖然經典上、理論上的還不太了解，就是不是很透，可是周圍——師父提出了這個觀點——每個人家裡邊都有父母、兄長、師友啊！提到環境了。這裡說了一個什麼道理？除了從經典上學，還有從哪裡學啊？從周圍的環境上，父母、兄長，然後到師友，說：「隨分隨力地在這個圈子裡。」注意！下面的抉擇點，那我們在這個圈子裡要做什麼呢？接受好的這種概念，盡量地把壞的漸漸地淨化，而且師父接著說：「這是我們做得到的。」「特別是學《朗忍》這樣的一個教授，後面非常強調這個特點。」4'05"

在這裡完全是在講「今勤瑜伽多寡聞，廣聞不善於修要」，在「不善於修要」這個部分，說道理沒懂，那麼我們依靠的是周

圍的善友，對吧？師長、父母、同行，依靠這個環境。那麼依靠
這個環境做什麼呢？就是接受好的這種概念，把壞的習慣慢慢地
淨化。請問什麼是壞的習慣？很多、很多！但是從上面我們聽下
來的時候，師父主要講的這壞的習慣是不是抱怨？好的習慣是什
麼呀？跟著教典然後來修行，比如說對父母親也不要抱怨，對師
長、對同行、對兄弟都不從抱怨的角度，師父說這個是我們隨分
隨力可以做得到的。4'51"

　　講到這裡，我們就觀察一下：我們對一個家庭、對一個事業
單位、對一個團體……，請問我們的觀點是從抱怨的角度去的，
還是從淨化自己的業障、增長自己資糧的角度去觀察的？如果開
口就抱怨，反映了我們對這個問題的觀點，對不對？就是我們的
一個習慣，它是沒有淨化的習慣。如果是這樣的話，學了這點，
其實我們可以看一看，看一看周圍的人有誰在抱怨？你要不要
學？要不要學？「有道理呀！他的抱怨跟我一樣啊！我們倆是好
朋友，我們有事沒事就在一起喝杯茶、抱怨一下，把家裡的、單
位的、團體的所有事情都抱怨一下。」而且抱怨完了還要傳遞給
更多的人，大家都覺得這是合理的。師父在這裡明顯地已經指出
這種抱怨只會增長驕慢、造很多惡業，不會讓我們這個家庭或者
事業、團體能夠走得更好。5'56"

講次 0133

佛子雖逢難，善增罪不生

一定要接受好的這種概念！你接受的訊息要學會去揀擇，因為這裡邊已經涉及到向周圍的人學習，對不對？向周圍的人學習，你吸收什麼樣的觀點，可能會變成什麼樣，對不對？比如說從吃有機和不吃有機的角度、從你的健康的角度，有的時候像分水嶺一樣。思想也是，要接受什麼？無毒的思想、有機的思想，然後把那個有毒的思想去掉。從這樣一個觀點來看，處處師父都在教我們抉擇。0'32"

當我們有一個疑問出來：「欸，一開始修行要怎樣啊？」不能閉門造車，要廣學多聞；廣學多聞之後，不能不善巧，要結合自己的內心來修行。沒懂那麼多，怎麼修行呢？隨分隨力！你懂了的這些，也可以修行。那麼跟周圍的環境學習的話，會聽到很

日常老和尚開示音檔起訖：新版02 30:46～32:39
新版廣論手抄稿頁/行數：1冊 P46-LL6～P47-LL7

多很多的概念，怎麼辦？接受好的概念，去改掉壞的毛病，不是照單全收。尤其是抱怨這件事情，不能像傳染病一樣，一個傳一個、一個傳一個。因為抱怨不會讓這個世界變美，不會讓家庭變美，也不會讓自己的心變得清涼，所以這是我們需要改善的。1'10"

這一點，實際上師父也在指出我們待人接物，還有我們看待很多事情，到底從什麼樣的一個出發點去看待？是從一個大家都在改善、有希望的角度，還是說現在越來越糟啊、什麼什麼……因為我的心是灰色的，所以我看出的世界也是沒有希望的，充滿負能量的言論，只要一張嘴，負能量就很多很多？1'35"

所以從我們看事情的觀點，可以觀察到：師父提醒我們的點，是不是接受好的這種概念？「儘量地」——師父用一個「儘量地」——這裡邊也有一種寬容，也有一種什麼？要督促大家努力喔！努力！「儘量地把那個壞的漸漸地淨化」，用了一個「淨化」，而且說：「這是我們做得到」。師父說：這是我們做得到的，尤其是學習了《朗忍》這樣的教授，後面是非常強調這一點。那我們能夠做到了，就漸次能夠改善增長。注意！如果能夠做到了，一切都慢慢改善；如果做不到，我們就始終停滯在那個

錯誤的階段。什麼階段呀？你可以說：「今勤瑜伽多寡聞，廣聞不善於修要」，也可以說什麼？抱怨、我慢！發生了事情之後永遠都採用抱怨，都說別人的不是；沒有看到自己生命裡的問題——自己的心裡是有苦因的，要把那個苦因拿掉，這一切不如意才會變成另一個樣子在我們的生命裡出現。2'47"

我再強調一下：雖然這一小段在講「廣聞不善於修要」，如何去修要的起點，就是在我們平常每天的生活中，就可以修鍊自己了。怎麼修鍊呢？一定要接受好的概念，盡量地把壞的習慣漸漸地淨化。比如說：孝順父母，恭敬兄長，朋友交要有誠信，對待善知識要修信心等等，它都有各式各樣的標準在裡邊。這個標準就是一個好的概念，所謂的限度、界限，過了這個限度，對你自己、對他人都沒有好處的。3'25"

學了這一小段之後，今天聽了，明天到單位去，或者明天在家裡邊，你特別特別愛對他抱怨的那個人，就可以觀察一下你的心有沒有要改善的趣向？從一個家庭到一個事業單位、到對一個團體、到對整個的世界，我們的看法是從抱怨的角度去的，還是從改善它，從我的內心積極的角度去的？可以明晰地看到在我內心中我是如何選擇的。注意！選擇趣入，不是不得不趣入！我們

是有主動權的，因為我們知道了那樣走的結果和這樣走的結果，
如果我不想要得到那樣的結果，那麼我就不要從抱怨的角度去；
要積資、淨懺的話，那麼就改變自己，讓自己的內心和法相應，
層層深入，拿法來照自心，去觀察、修鍊自己。就是不要在那些
每天發生的一點小事上去抱怨，而是從發生一點小事那個地方，
做什麼？用法鏡數數地來照自己的三業，尤其是照自己的思想朝
什麼地方去的。4'39"

師父說：「這是我們做得到的！」我這句話重複三遍了。
「這是我們做得到的！這是我們做得到的！」給自己打氣，不要
沒出門就說自己一定會輸。尤其是師父說學習了《朗忍》這樣的
教授，後面整本書都在強調這一點，那我們如果能夠做到的話，
就漸次地改善、增上；如果做不到就很悲哀，就會停滯在那個錯
誤的階段。停滯在那個錯誤的階段就等於停在痛苦的階段，我們
生命的狀況是沒法改善的。師父是期待我們能夠積極向上地面對
生命所有的挑戰，「佛子雖逢難，善增罪不生」！5'20"

廣海明月

——道次第廣論講記淺析
第三卷

善巧辯論
趣入教典廣大海

線上音檔掃描

講次0134

盲人摸象是最好的修行指示

所以因為前面這種情況，不是偏於這個，就是偏於那個，所以在這種狀態當中，產生種種的缺陷。所以說「觀視佛語多片眼」，對於佛的道理都沒辦法得到完整的認識，都是殘缺不全的。所以佛在世的時候，就告訴我們一個最好的指示啊！平常我們像瞎子摸象一樣——是的，我們是摸到了象，那時候我們應該有一個認識是摸到了象，可是我們畢竟是瞎子，摸到一部分哪！千萬要想辦法多體會、多聽聞，了解全貌，不要執著自己，這個是非常重要的。0'55"

這一小段已經進入了「觀視佛語多片眼」。師父在這一段講的，大家可以觀照一下自己：有沒有考慮過我們的內心要嘛偏

日常老和尚開示音檔起訖：舊版 3A 06:03～06:57
舊版廣論手抄稿2015版頁/行數：1冊 P69-L9～P69-LL1
舊版廣論手抄稿2016版頁/行數：1冊 P69-L10～P69-LL1

於這個、要嘛偏於那個？就是有某種執著，或者偏於自己的感覺，或者偏於自己的經驗。那麼這種現行的狀態，要對到佛語、對到經典的話，會不會都沒有辦法完整地認識？師父說：「都是殘缺不全的。」所以師父說：「佛在世的時候，就告訴我們一個最好的指示！」其實這應該是個故事，但師父說是一個最好的「指示」，這兩個字喔！那麼指示什麼？說：「平常我們像瞎子摸象一樣」，是摸到象了，可是是摸到一部分哪！這個部分要怎樣在內心中找到相應的點呢？2'06"

關於自己對事物的探索就像盲人摸象一樣這點，實際上我們對自己的感覺、很多事情，並不覺得我們是盲目的，對不對？我們會覺得我們眼睛是雪亮的，我看到的可能才是事情的真相、才是事情的原貌。是這樣嗎？為什麼？因為我眼睛看到了、我耳朵聽到了，就我所蒐集到的信息，我們得出的結論，我們會認為應該是這樣的結論。但是，師父說：「佛在世的時候，就告訴我們一個最好的指示」，而且那指示前面還有個「最好的」，就是盲人摸象這件事。2'50"

所以，這個「最好的指示」是什麼呢？居然是盲人摸象。盲人摸象提醒到我們什麼？就是我們摸到一部分。摸到一部分就罷

了，把這一部分當一部分理解就可以了；可是我們偏偏會認為什麼？大象是柱狀的吧！大象是細長的吧！如果摸到耳朵，那大象就是那種形狀了！所以我們就會用自己感受的那一小部分，以為全部都是這樣的。用《攝類學》辯論的話就是：有顏色是紅的，對不對？那是顏色都是紅的！只要一部分是這樣，那全貌都是這樣的。3'32"

這個「最好的指示」很難記住吧！也很難認識吧！大家覺得呢？我怎樣能夠認識到我對事物的認知是片面的呢？舉個最簡單的例子：對境的時候，我們的內心有沒有生起三主要道的證德呢？如果沒有的話，那部分是不是缺失呢？再退一步講，不要說那個證德，對境能不能現起正念呢？如果沒有正念的話，是不是對事物認知的一種缺失呢？再說一個，凡是存在的，上面都有空性，對吧？都有個無自性的道理。但是無自性的真理、真諦，在凡夫的眼、耳、鼻、舌、身、意上，在境界上能夠顯示出來、能夠洞悉到嗎？是很難的，對不對？比量上證得也是不太容易的。4'28"

所以我們就會發現：當我們面對到佛法的時候，無論是教量還是證量，我們所不知道的、心內沒有現起的、思路上沒有推理

出來的東西太多了！包括如是因結如是果，包括前生後世。我們
用什麼樣的理路去證得前生後世一定存在、因果一定存在？因為
有這樣的前生後世、因為有這樣的因果，所以我大乘發心，生生
世世積聚資糧，可以修出來菩薩行。因為我們的心續是可以因為
緣起改變的緣故，所以苦因才會被消滅。如果是自性成立的話，
那麼苦因將沒法消滅。所以就我們所看到的、感覺到的、思考過
的東西，跟佛陀的一切遍智他所看到、思考的、感覺到的東西對
比的話，那我們很多很多幾乎都是看不到的。所以從這樣的角度
上，比擬說有如盲人一樣，對不對？看不到的。我們看到的那個
地方就是黑暗。5'33"

　　師父在講到這個公案的時候，居然是說：「告訴我們一個最
好的指示啊！」指示後面還有一個「啊！」是很語重心長的呀！
所以接下來師父說：「千萬要想辦法多體會、多聽聞，了解全
貌，不要執著自己，這個是非常重要的。」還要「千萬要想辦
法」。這一般是特別特別關注我們的人，發現我們遇到困難了，
跟我們在一起討論的時候，「千萬要想辦法」，怎麼樣啊？居然
是「多體會、多聽聞」，注意！「了解全貌」，後面還有一句
「不要執著自己」。6'25"

　　為什麼我們就感受到的部分、聽聞到的部分，那一點點東西就當成全貌？就是執著自己所了解的部分。如果在很多的對境上，我們能夠憶念起師父在此處指出的：「我們一個最好的指示啊！」意識到自己有可能會看到事物的局部，並不了解全貌。如果在每一個當下的緣起點上，比如某人為什麼這樣對我？我們只能想到前幾天或者幾個月、或者多少年前的事，前生前世的事情我們是想不起來的，幾乎很少想；以前的因是什麼呀？很少去想的，幾乎就是不現見的部分，那麼對我們現在所做的事情、所感得的結果，我們也是很難去看到的。7'14"

　　所以看不到的真是太多了，太多太多了！正因為如此，所以我們才想法多體會呀！比如你看不到的怎麼辦？你想法用各種辦法、多一點的渠道去了解，然後要多多地聽聞教言——佛菩薩的教言，要了解全貌。而且很重要的一點，就是不要太執著自己已經學會的、已經感覺到的，或者你以為自己已經有的東西，不要太執著！因為我們有的可能不是全貌。7'54"

　　為什麼我們就感受到的部分、聽聞到的部分，那一點點東西就當成是全貌？經典上說：「盲閉慧目」。對什麼盲？對業果盲，導致惡趣；對空性盲，導致輪迴；對菩提心盲然，沒有對一

切遍智生起嚮往。我們看不到的部份，恰恰是我們生命中最最需要的部份，就樂因及樂果。在我們的心對境的時候，由於無始劫來熏染的自性執的習慣，我們會重複地覺得事情顯現的即是本質，而沒有習慣向著空性和業果的方向觀察。觀察，脫離顯現的迷幻，進入事物的本質，擺脫一開始對境的時候的執著，沿著佛菩薩的教言去觀察，才能擺脫舊有的習慣，脫離感官的藩籬，進入真理的自由高空，展翅飛翔。8'55"

講次0135

真理越辯越明

線上音檔掃描

　　不單是自己的對認識方面是這樣，而且自己的理智上面，又是沒有力量能夠善巧地辨別完整的這個佛法的道理。本來這個理解、辨別，應該是說兩點，就是理智的辨別。這個地方用「言」字，這個有它的道理的，簡單地說一下。通常我們作學問常常有一句話叫「真理越辯越明」。是！你一個人也可以思惟、觀察、辨別，可是的的確確不如在學者彼此之間共同論辯、往復推敲這樣好，往復推敲這樣好。我們不要說作學問吧！譬如我們世間平常自己也感受得到，一個人坐在這個地方，也許你覺得沒勁，但是兩個人碰在一塊兒，如果談什麼問題啊，大家辯起來，平常我們常常說「抬槓子」，或者佛門當中叫「沖殼子」。哎呀，這個抬起槓子來，沖起殼子來，是越沖越

日常老和尚開示音檔起訖：舊版 3A 06:57～09:46
舊版廣論手抄稿2015版頁/行數：1冊　P70-L1～P71-L2
舊版廣論手抄稿2016版頁/行數：1冊　P70-L1～P71-L1

起勁，越抬越起勁，這勁就提起來了。1'23"

那麼修學佛法的人亦復如是，我們能夠善巧利用這個特長的話，我們可以產生更深遠的功效。不過這個辯論哪也要有它一套很完整的方法，譬如我們現在經過陳那、法稱兩位菩薩進化以後了所謂因明之學，這就是非常善巧的一個辯論的方法，那這個是在修學佛法當中一個最好的工具。那是所以這個地方所以說，我們理智上面的辨別能力也沒有，修學上面的這樣的學辯的力量也缺乏。因為這樣，自己又不能完整地把握得住佛法的中心，像瞎子摸象一樣；又不能善巧地去辨別這個完整的教義，所以總歸走偏、走錯。因此，對這個圓滿的道路，這個佛指示我們正確的這個，我們就走錯了，所以下面說，離開了智者歡喜的道路。2'49"

大家有沒有聽到這一段師父是不是主要都是在講用什麼樣的方法越辯越明？用什麼樣的方法？是辯論對吧！介紹了一種學習方法。「觀視佛語多片眼，復乏理辯教義力」，如果說缺乏了「理辯教義力」的話，那麼就用辯論的方法把它補起來，所以這一段師父都是在講辯論。是不是這樣？在多少年前講辯論啊？

三十年前講喔！像那時候可能我們連「辯論」這兩個字都想不到，看這一段就覺得：喔，大家在一起討論比較好！所以才在這裡邊說：「一個人也可以思惟、觀察、辨別，可是的的確確不如在學者彼此之間共同論辯、往復推敲這樣好」，然後師父又重複一遍：「往復推敲這樣好。」3'44"

　　這裡邊講了一下我們的習慣，或者說我們的習氣。一個人討論一個問題，和兩個人討論問題，說：「抬槓子」和「沖殼子」對吧？這個師父在《備覽》裡還有一大段在講。說：抬起槓子、沖起殼子，越沖越起勁，越抬越起勁。這個「勁」是什麼啊？歡喜心對不對？和力道，就提起來了。一旦把我們生命裡對某一部分跟別人討論問題那個力道提起來，用在佛法上的時候，能夠善巧地利用這個特長的話，那麼可能就不會「復乏理辯教義力」，就不會缺乏這個特點。4'23"

　　所以從這樣的一個角度，師父居然給我們介紹了什麼？因明啊！陳那和法稱兩位菩薩的因明之學，說是非常好的一個辯論的方法。現在大家都知道了，從《攝類學》開始，對吧？我們就學習辯論的格式、辯論的方法、幾種回答等等。現在想想，如果師父知道我們這麼多人在學習，他應該會非常非常開心吧！三十年

前師父就期待我們能夠這樣地學習。那如果我們這樣地學習，是不是已經學得很好了？不會呀！剛剛開始。那大家沿著這樣的理路學下去就好了！5'01"

這裡邊提出了所謂「因明」，因明的意涵就是指明了原因，而這些量學的論典，也是從正因的角度讓我們明了取捨的主要方法。那麼應該以什麼樣的方式去學習教典呢？師父在《備覽》裡邊有講經典上很多時候都是佛陀和他的弟子問答問題，就是有人提問題、有人回答。後來又講了禪宗祖師也是這樣的，有人提問題、有人回答。有的時候是弟子問，有的時候是善知識問，互相問的。有的時候一個答案，有的人就大徹大悟了。大家也知道果芒派被稱為「多門札倉」，辯論、辯論，辯論的人就從牆出去了，就是他開悟了。但是不是所有開悟的人都可以從牆出去？也不一定！有個這樣的傳說。5'53"

線上音檔掃描

講次0136

以辯論方式學習的好處

　　講一個最簡單的，比如為什麼要用辯論的方式來學習呢？師父在這裡邊提出了一個，說：「越沖越起勁，越抬越起勁，這勁就提起來了。」這個「勁」到底是什麼勁呢？就是你投入到你所學的東西的那種心力，對不對？而現在所有教育最頭大的問題就是喜不喜歡學習？我們喜不喜歡獲取知識，或者說我們喜不喜歡用這樣的方式去獲取知識？一旦很多人對學習失去了興趣、提不起勁來之後，那麼這件事是很麻煩的，真的是教育界的一大難題！0'45"

　　那麼學習佛法也是一樣的，如果我們對學習經典提不起勁來也是一樣的，是面臨很大的困境。如果用這種討論的方式，兩個人開始辯的時候，很顯然你不可能散亂，散亂你聽不到對方的問

日常老和尚開示音檔起訖：舊版 3A 06:57～09:46
舊版廣論手抄稿2015版頁/行數：1冊　P70-L1～P71-L2
舊版廣論手抄稿2016版頁/行數：1冊　P70-L1～P71-L1

題，或者對方問問題你一定要回答；你也不可能昏沉，因為那個聲音太大了，又跺腳、又拍手，你面對一個對手，根本沒法昏沉！所以這兩點是可以去掉。另外你也不可能不專注，你不專注的話，一個問題都答不出來。所以你必須全力以赴投入對方丟給你的問題，或者你問難對方的問題。大家都會在那一刻，把所有生命的力量都用到跟對方討論的那件事上。1'31"

　　像我們僧團的法師們在辯論之前，他一定要認真地準備辯論的內容。比如說準備一道題要去問難別人，怎麼準備呢？一定要先看相關的經論，他肯定不是只看一本書，很多經典上的觀點他都要看，一定要熟悉經論上的說法；然後再加上深入探討的理路，自己想好了之後，到辯論場上去跟其他人辯論。這道題出現──跟別人討論這個主題的出現，不是隨意抓的，他是經過很認真準備的，有很多教理的依據去問難別人的。那麼被問的那個人，他準不準備呀？最好是準備，不準備上去被問就什麼都答不上啊！通常問別人，有的時候他自己有答案，也許他沒有答案。如果對方的回答，答出了一個超出這麼用心準備的答案，超出了他自己的想像，是非常好的一個答案，而且解開了他自己的疑惑──在問難的時候，如果對方的理路遠遠地比你透澈、比你高超、比你絢麗──那一定是留下很深的印象，甚至終生難忘，因

為那印象太深刻了！那個問題可不是信手拈來的，像在水裡撈月亮一樣，不是這樣抓一下、抓一下，他是經過深刻的聞思準備，而且可能很多天的冥思苦想，這樣想出來的。3'04"

另一種情況，就是被對手問難到答不出來，啞口無言，但是你會覺得實在是太好了！為什麼？「怎麼會有人用這麼漂亮的理路，把我問得完全答不出來！就輸得痛快！」那個時候會有難堪的感覺嗎？可能突然在你面前出一道彩虹的時候，不會覺得自己有多狼狽，因為你看到彩虹。所以會在內心中發出對辯論對方理路的一個禮讚，然後這個理路在我們的內心中同樣地留下了非常深刻的印象。對辯論的對手，也會生出了一個深刻的敬意、由心髓深處產生的一個恭敬心。因為你發現：「哇！這理路太過璀璨，我平常完全都不知道！」以後再在僧團裡看到他的時候，你會覺得：「哇！他有深刻的、不知道什麼時候會出現的一個絢爛的理路。」所以你也不敢心裡對他有什麼非理作意。4'17"

還有第二種，拿同一道題去問不同的人，請問會得到同樣的答案嗎？會有不同的答案！對不對？這樣的話就不會總是陷在自己的觀點裡想事情，就是那一條路，你會得到好多條路。能夠從更深刻、更寬廣的角度去看待這些問題的時候，經過反覆地辯

論，對這個問題也會留下深刻的印象。記住！深刻，不是膚淺的。為什麼？因為你跟他討論一次、跟他討論一次、又跟他討論一次，想了幾遍了？就三遍了。你跟他討論完了，你回來不想嗎？「欸，他的觀點為什麼是這樣的？」然後你第二天拿這又去問別人，有可能是三遍，有可能是六遍，有可能是乘更多遍。比如說：「欸，你是如何成立前後世的？」這個問題你多問幾個人，問一遍你就串習一遍、就討論一遍，所以它不是只想一次、只聽一次而已。這裡邊是強調了一個不只是自己日思夜想地用功的方式。這是用功的。還有一個不用功的，師父說：「提不起勁來跟別人討論。」自己用功的，他也需要跟不同的人討論，因為他會聽到更多觀點。5'31"

　　還有一種狀況，就是我們現在僧團也有班級對抗。兩個班都要派出代表，派出兩個人或者更多人，雙方都要精心準備辯論題目。那時候一個人敗了就是他們班敗了，集體榮譽還是挺重要的。所以這個時候大家都會卯足了全力，要衝擊那個辯論題。一個是心力上不會偷懶；再一個，這個時候是僧眾集會呀，在全寺的僧眾面前辯論，在僧眾面前可以得到不可思議的加持力。6'06"

在被問的時候，可能平常沒有想過的理路，大眾集會的時候突然想到了非常精彩的思路，可能是從前沒有想過的。好像一亮，那個理路就在自己的心上出現，或者非常流暢地在自己的辯論的聲音裡邊流淌著非常深刻的、犀利的理路；或者一個非常善巧的理路。這個絕對會有上師、佛菩薩的加持，還有僧伽大眾的加持。所以說：「法會中所變心力，暗中獨思難得生起。」這也是說大家在一起學習、互相討論、在一起辯論，會得到很大的加持力。所以師父給我們介紹的這種學習方法，三十年前就讓我們這樣學習。6'59"

辯論之所以能夠深入有幾個原因，有一個就是雙方都要懷著正確的動機，不是為了爭個是非、對錯。雖然還是有是非、對錯，但它主要目的不是為了競爭，而是希望透過辯論，不要「復乏理辯教義力」，要深入探討佛菩薩、祖師的意趣。這種辯論到最後才不會變成是只爭勝負、人我是非，它變成了大家一起探討真理。探討這一段，你會發現所有的人都在對這一段的理解獻出他的心力，那時候的學習氛圍是非常非常愉快的。當然也有探索的艱辛，但是如果有這麼多人一起在討論這個題目的話，那個感覺有的時候是氣勢如虹啊！真的是很美的喔！7'51"

　　所以師父在三十年前就期待我們能夠這樣學習，我們現在已經開始這樣學習了，會不會覺得很高興啊？居士也開始學了。雖然高班的同學已經學完一輪了，但是我們的辯論還是剛剛起步，所以大家要加油啊！要加油！不要辜負師父的期待，他在那麼多年前就對這樣的學習方式表現出那樣的一個歡喜心。大家在《備覽》裡可以聽到那麼歡喜！在這邊也是很高興的。現在我們學習辯論能夠作師所喜，所以大家真的要好好地加油！8'37"

線上音檔掃描

講次0137

智者說滅諸分別，即是觀察所得果

關於「觀視佛語多片眼，復乏理辯教義力」，大家還可以聽一下新版的《廣論》師父是怎樣講的，很短，不長。0'11"

那麼正規地來說，剛開始應該廣學多聞，不幸的是「廣聞是不善於修要」，學了很多道理呢，修行不善巧。本來是應該懂得了很多道理，然後呢，照著道理去努力地行持。這個努力行持也並不是等到我念完了再哦，剛開始時已經講過，當我們在學的過程當中，隨分隨力。那也許說：「我現在還沒有懂，怎麼叫隨分隨力？」雖然書本上、理論上不太了解，可是周圍是不是每個人都有——從家庭當中的父母，到兄長、到師友，那他們多多少少會告訴我們。我們應該隨分隨力地在這個圈子裡當中，接受好

日常老和尚開示音檔起訖：新版02 30:46～34:28
新版廣論手抄稿頁/行數：1冊 P46-LL6～P48-L8

的這種概念，儘量地把那個壞的漸漸地淨化，這是我們做得到的。特別是學《朗忍》這樣的一個教授，後面非常強調這個特點。那我們能夠做到了，就漸次能夠改善增上，如果做不到，我們始終會停滯在那錯誤的階段。1'29"

那個錯誤的階段，下面就說：「觀視佛語多片眼，復乏理辯教義力。」我們對於佛告訴我們的話，先我們根本不知道；就是知道了，學到了以後——多片眼，我們從一個角度去看。實際上佛要告訴我們的是一個無限地廣的一個面，或者是我們根本沒學到，或者學到了我們會停滯在我們自己這個階段，所以對這件事情看不清楚。2'06"

大家可以看到在新版《廣論》上，師父還是說我們看問題的角度，對不對？佛要告訴我們的是一個無限寬廣的一個面，可是我們根本學不到，或者學到了之後會停滯在我們這個階段，還是過分地在意自己的認識，對不對？沒有像第一遍說的，多聽、多了解、多聽聞，不要太執著自己的認識。差不多觀點是一樣的，有沒有注意到？一樣的。再往下聽一下。2'36"

他現在講的「片眼」，這個一個眼睛，一個眼睛看東

西看不清楚的。你們可以試試看，我們以前做過一個遊戲，這個遊戲是這樣：把一個眼睛閉起來，然後呢，你拿兩個手指頭，就上下的手指頭兜，那自己那個手指頭兜不上啊，你們去試試看。你們有沒有發現哪？你閉上一個眼睛，兩個手指頭兜兜，兜不上。是吧？3'07"

不要等一下有人又是這樣：「啊！我兜上了。」不必，那個都是自己的……。你仔細，就像你張開眼睛，一定兜得起來，可是一個眼睛閉起來的話，你要花很大的勁可能兜得上。眼前這麼簡單喔！手還是我自己控制的，閉上一個眼睛都兜不上了，你現在佛這麼深遠的東西，我們就懂了嗎？所以他說這個「片眼」這道理，是我們最容易的拿我們自己的錯誤的概念去衡量，這是我們的致命傷！也就是說，我們現在具足的能力是這麼地差，直覺的，不行；然後理智呢，「復乏理辯教義力」。我們腦筋當中說，是五根所對固然不行，六根那是要理論上面認識，對於這個教真正的深刻的意義，我們也一樣地不懂，因為沒有好好地在這個理論上面下過功夫。4'22"

好！這一段，師父說「片眼」，不是眼睛都睜開了，對吧？

看問題是看不到全貌、看不清楚的。所以這裡面師父說「我們的致命傷」是什麼？就是「最容易的拿我們自己的錯誤的概念去衡量」。眼前的這一個例子——閉上一隻眼睛、睜開一隻眼睛，然後很大的力氣都對不起來，何況佛法這麼深遠的，我們能一下子就懂了嗎？那我們為什麼會拿自己的錯誤概念去衡量呢？為什麼那樣的錯誤的概念，卻成了一個丈量事情的標準呢？我們認為我們獲得了標準，這樣的標準也沒有去多方地求教、多方地探討和辯論，所以以為自己的就是標準。但是一旦上辯論場，被多方的角度問難一下、討論一下，可能就會減少這種自我感覺良好、自己認為的就是最後的答案的狀態，對不對？我們會保留學習的空間、保留觀察的空間。5'33"

師父在這一點，還是希望我們能夠認識到我們的無明，「盲人摸象」或者「片眼」——把一個眼睛遮起來，都是看不清楚、看不到全貌的。那麼看不到全貌怎麼辦呢？就是要多觀察、多辯論，因為「觀視佛語多片眼，復乏理辯教義力」，這兩點都是要我們下功夫學教典。6'01"

世尊也曾經這樣說過：「比丘與智者，應善觀我語，如煉截磨金，信受非由敬。」所以提到對於經義——經典上的意

思，必須要以量來觀擇。至尊慈氏也這樣說過：「以理思擇善妙法的思惟者，恆常不遭魔障礙。」以正理去思擇，這樣的一個思惟者不會被魔障所障礙。《入中論》中也說：「異生皆被分別縛，能滅分別即解脫，智者說滅諸分別，即是觀察所得果。」我們凡夫到底怎樣能夠獲得解脫呢？就是從觀察得到的結果。說一切聖眾、補特伽羅都共稱：不依據正理，僅追隨著言辭者，就是鈍根的「隨信心行者」；以正理思擇取捨處，才被智者譽為「隨法行者」。因此如果有一種說法：以正理去思擇、以正理去推理的模式，對志求解脫者而言不重要的話，這樣的魔語，具智慧者應當緊閉雙耳。聽到這樣的話應該把耳朵閉起來，因為這是錯誤的、不可以聽的！一定要去廣泛地辯論、多方地觀察、好好地學習，因為這是先輩祖師對我們的一個叮囑吧！
7'34"

廣海明月

——道次第廣論講記淺析
第三卷

走一條最快成佛的路

線上音檔掃描

講次0138

欲得圓滿佛法，需要殊勝教授

　　大家好！又到了我們一起學《廣論》的時間了。在聽聞之前，請大家觀察一下自己的內心，看一看我們有沒有做好聽法的前行？其實聽法的前行是很重要的，因為它會端正我們的動機，而且讓我們對這一節課有一個很深的用心。因為我們知道：能抽出這樣的時間用我們全部的身心一起學習《廣論》，這也要有很多的資糧。並不是很輕鬆、很隨意就可以值遇到宗大師的教法；也不是遇到了之後，我們就能生起信心；也不是生了一點信心之後，我們就能夠堅持十年、二十年這樣的聽聞、思惟和修學。所以這一切都要感恩生生世世攝受、引導我們的善知識對我們悉心地教導！這樣的時光，是無量劫來不知道花了善知識多少心血、我們自己用了多少努力才換得的，對我們來說是很珍貴的。所以一定要用自己全部的身心安立大乘的動機和這樣的法相應，來一

日常老和尚開示音檔起訖：舊版 3A 09:46～10:34
舊版廣論手抄稿2015版頁/行數：1冊 P71-L3～P71-L6
舊版廣論手抄稿2016版頁/行數：1冊 P71-L2～P71-L5

起學習和討論，才不會虛度這樣的光陰。1'35"

　　好！那大家就觀察一下自己：我為什麼要聽聞《廣論》，或者思惟這些教理呢？就是為了令無窮無盡的有情能從痛苦的輪迴裡解脫出來，我必須去成佛，必須發起菩提心，證得究竟的大覺佛位，這樣才能夠幫到所有的如母有情，令他們達到究竟離苦得樂這樣的目標，也令我自己的生命達到究竟地離苦得樂。2'13"

　　好！那下面我們就接著聽師父講的《廣論》。

　　　　那麼要曉得我們真正修學佛法，它需要很多條件，很多條件。圓滿的佛法，通常我們來說，說悲、智，然後說性宗、相宗；次第下面依著上去的話，說聞、思、修慧，戒、定、慧三學，每一個方面都層層構架因果相循，這樣地上去。這絕對不是片面、局部的，這一個要想得到圓滿的引導的話，一定要有殊勝的教授。3'11"

　　這一小段，如果我問大家問題的話，看！又出現了！又出現了什麼了？注意那幾個字，師父又講了！「真正修學佛法」，師父總是在修學佛法前面，或者修行前面加上「真正」二字。就是

發心要來得真切，然後我們要用至誠懇切的心來學習。3'38"

　　說：「真正修學佛法，它需要很多條件，很多條件。」這裡尤其是師父講了什麼？「圓滿的佛法」，在佛法前面又強調了「圓滿」。說：「圓滿的佛法，通常我們來說，說悲、智」，然後舉了「性宗、相宗」；注意！「次第」，依著上去提到了「次第」，「戒、定、慧」，「聞、思、修」等等。然後師父說：「每一個方面都層層構架因果相循」，就是絲毫不亂的，師父說：「這樣地上去」。注意！又出現了！「絕對不是片面、局部的」。前面師父講的那個圓滿的佛法，師父又闡述了一遍——圓滿的佛法，它不是片面的，也不是局部的。4'29"

　　講到這裡，我們就會想：「那圓滿的佛法要怎樣才能得到呢？」「什麼是圓滿的佛法呢？」師父就說：「這一個要想得到圓滿的引導的話」，出現了「引導」，「一定要有殊勝的教授。」這裡說「圓滿的佛法」，然後要得到圓滿的引導的話，一定要有殊勝的教授，就引出了從圓滿的佛法到圓滿的次第，依次第上去，然後層層架構因果相循。如何能夠得到這種圓滿的佛法的引導呢？就是「一定要有殊勝的教授」。所以在下面一段，師父就講了「教授」。5'20"

講次0139

「教授」所指的內涵

　　這個「教授」，這地方要說明一下。教授呢這地方特有所指，就是指經過善知識把這個經論裡邊，換句話說，經論這就是諸佛引導我們凡夫，從凡夫地一直到成佛的最圓滿的這一個內涵，這個裡邊重要的關鍵所在。所以它本末何在，然後大小的次第，以及很多關鍵的地方，這個就是「教授」。譬如說我們常常看一本書，那麼看過了以後啊，並不能夠把握得住這個裡邊的重心，以及它上去的很多關鍵在什麼地方，這不知道；以及性相二宗之間，怎麼樣互相配合，那麼小乘，然後呢上去怎麼樣地層層上去，這裡邊都有它必然相互的關係。你能夠了解了，這個時候它是相輔相成必不可少的；如果你不了解的話，往往會產生種種流弊。1'27"

日常老和尚開示音檔起訖：舊版 3A 10:34～12:59
舊版廣論手抄稿2015版頁/行數：1冊 P71-L7～P72-L6
舊版廣論手抄稿2016版頁/行數：1冊 P71-L6～P72-L5

以我們目前來說，我們常常聽見一句話說：性相角立。性宗跟相宗就像牛的兩隻角一樣，各是各的，實際上呢恰恰相反，性宗跟相宗必須是互相相輔相成。這個就像鋼筋、水泥一樣，兩個——鋼筋加上水泥，水泥加上鋼筋，那個房子才造成功很完整的結構。現在你把它拆開來了，骨頭是骨頭，肉是肉，乃至於說這兩個你不能配合的，這豈不是很糟糕嗎？這個差在哪裡呢？就是沒有得到這個正確的教授，現在要殊勝的教授，你能夠得到了這個東西以後，那才能夠把佛所說的圓滿的道理能夠認識。2'26"

　　這兩段大家可能也都很熟了，尤其是帶班的班長，可能已經都很熟了。在我們聽聞經典的時候，有一種心態是要不得的，就是：「啊！這一段我都知道是怎麼回事了，我聽得很熟。」聽得很熟之後，注意力就會分散，就不會再往深去探究。這樣的話，我們就會停在原有的那個層面上，久了之後就會慢慢地漫不經心吧！或者會不會有一點小驕傲呢？說：「我都懂了！」或者你感覺到索然無味。這些都是學得久的同學特別要注意的！就算對這一段學過一千遍，但是我是否能夠真正地了解師父在這一段裡所講的內涵是什麼？就算是了解了這樣的內涵，那我心中會不會生

起合量的覺受，來跟這樣的內涵相應呢？3'29"

所以我們重複地聽聞一段師父的教言，不要覺得我已經都懂了、我聽過了，或者這是我熟悉的，然後就開始不認真。這種心態久了之後，唯恐成為教油子。雖然教油子這個詞大家很恐怖的、很驚恐的，因為一旦成了教油子之後就很難治，但是要知道我是怎麼變成那樣子的？所以聽聞的時候好好發心，再次地聽聞聽聞過的教典的時候，不要漫不經心，不要以為自己已經了解了，要去往深了探究。還有一種思路就是：「我可能要閉關修，才能把這段修出來。」也不是這樣的，在聽聞的時候就要有層層遞進的感覺，層層遞進。4'18"

所以，在這一段提出了怎樣能夠得到圓滿教法最重要的圓滿引導，一定要殊勝的教授。那麼「教授」，師父說這裡邊是「特有所指」的，指什麼呢？注意！大家可以看一下手抄，是「經過善知識」——出現了「善知識」，「把這個經論裡邊」——又出現了「經論」。然後師父說：「換句話說，經論這就是諸佛引導我們凡夫，從凡夫地一直到成佛的最圓滿的這一個內涵，這個裡邊最重要的關鍵所在。」大家可以想一下這句話，在提到要有殊勝教授的時候，善知識出現了。那麼善知識要做什麼呢？就是要

把經論裡邊的一種關鍵指導給我們，一種內涵讓我們能夠領會得到。什麼內涵呢？就是諸佛要引導我們凡夫；誰引導我們呢？是諸佛；引導誰呢？凡夫；做什麼呢？就是從凡夫地一直到成佛的最圓滿的一個內涵。5'34"

師父用這麼簡潔的一句話，但是這裡邊的內義實在是太豐沛了！而這裡邊每一個都不能缺，每一個！聽的時候不知道你們會不會心生歡喜和感動？因為什麼？這裡邊出現了「善知識」。如果沒有善知識，無法啟發我們宿世的善根，就會變成冥頑不靈或者沒有感覺。有了善知識指導我們，我們才能夠認識十方諸佛，才能夠知道我現在是個凡夫；居然是個凡夫，還能夠從凡夫去修一個道，能夠成佛！所以這裡邊跌宕起伏的很多內涵，都在這一句話裡師父就交代完了。6'26"

線上音檔掃描

講次 0140

性相角立的原因

　　師父就說：那關鍵所在和圓滿的內涵到底是什麼？又講一遍，大小的次第呀、關鍵啊！後來又舉了一個看書的例子，說怎麼樣能夠把握這重心呢？關鍵是什麼呢？然後層層上去有個必然的聯繫，每一個都是必不可少的。注意下面開始引到下一段，說：「如果你不了解的話，往往會產生種種流弊。」0'29"

　　那我問大家一個問題：不了解什麼呢？不了解什麼會產生種種流弊呢？接著就到下一段了。下一段師父就舉了一個例子「性相角立」，說性宗跟相宗必須是相輔相成的，像鋼筋和混凝土一樣，如果拆開來的話是非常糟糕的。然後說：「差在哪裡呢？」為什麼會把應該相輔相成的佛陀教誨弄得好像互相矛盾？師父說：「這個差在哪裡？」還記得師父怎麼講的嗎？「就是沒有得

日常老和尚開示音檔起訖：舊版 3A 10:34～12:59
舊版廣論手抄稿2015版頁/行數：1冊 P71-L7～P72-L6
舊版廣論手抄稿2016版頁/行數：1冊 P71-L6～P72-L5

到這個正確的教授，現在要殊勝的教授。」把圓滿的佛法弄得好像都是前後矛盾、對立的原因，為什麼學人會把它弄成這樣子？就是因為沒有得到殊勝、圓滿的教授！1'28"

　　得到圓滿的教授會怎樣呢？得到這個教授的話，會學到圓滿的教法；如果沒得到怎麼樣呢？他就會把教法裡包含的各個部分互相對立起來，甚至會認為彼此是不相容的，就弄反了。這裡邊最關鍵的部分就是要得到教授——殊勝的教授！得到了之後，師父說：「你能夠得到了這個東西以後，那才能夠把佛所說的圓滿的道理能夠認識。」注意！又出現了「佛所說的圓滿的道理」。師父在這一段數數地提出圓滿的佛法、殊勝的教授。如果沒有殊勝的教授的話，我們就會把佛法的各部分對立起來，自己就互相矛盾，弄不清楚了。2'22"

　　師父講述得很簡潔吧！佛陀最偉大的事業也就是說法事業；我們所有的人都要從聽聞佛法開始領悟真理，開始去修行佛道，所以不重視聽聞是不可以的！那麼我們學了二、三十年以上的人，會不重視聽聞嗎？大家看看內心裡有沒有這種邪執？剛才我舉的：已經聽過了，就不再認真聽了，那是不是不重視聽聞呢？覺得聽一遍就可以去修行了，修行才是必要的，聽聞變得沒那麼

重要，尤其是重複聽聞已經知道的因果故事或者師父的一段教誡。當重複聽聞的時候，我們以為我已經熟悉了，甚至沒有耐心，我只對新奇的、沒有聽過的才有一個好樂心。這就是我們聽聞佛法一個停滯的狀態，是要調整的。3'23"

另外，前面聽聞軌理一定是沒有做好，做好了之後，一個字的佛陀教法進入我們的耳根，我們都會心生感動。因為能聽到一個字的佛法也是非常不容易的，也是善知識花了很久的心血，才把這個傳承傳到我們的耳邊。這一刻不是那麼漫不經心就過了，不是「我知道了」就沒有意義了，就不值得用心了！不知道我這樣講，你們覺得可以嗎？觀察一下內心啊，觀察一下內心！3'57"

所以這三段，都是強調圓滿的教法一定要有一個圓滿的引導；要得到圓滿的引導，要有殊勝的教授。如果沒有得到這種殊勝的教授的話，我們就得不到圓滿的佛法引導。為什麼呢？我們會把圓滿教法裡邊所包含的各個部分完全對立起來，開始自我混戰。不能把它們按照一個道次第非常恰到好處地排好，自己依次地修學，可能會非常混亂。4'32"

　　所以得到這個教授，善知識依照經典引導我們這個教授，是
何等地重要！是何等地欣喜、何等地珍貴！那麼我們現在是不是
正在學習這樣一個圓滿又清淨的教授呢？學習圓滿教法的次第？
所以是何其幸運！一定要好好地珍惜能夠值遇這麼圓滿的教法，
有善知識這樣為我們一點點講，然後我們大家一起來討論，還有
這麼多同學一起學，這樣的時光真是太珍貴了！5'10"

線上音檔掃描

講次 0141

《法華》、《華嚴》之意趣

好！我們來聽下一段。

那麼說到這裡，我順便提一下一件事情。譬如我們經常啊，常常這麼說，大家也了解說，以我們目前佛所傳下來的三藏十二部經典當中，有兩部圓教經典，有兩部。所謂「圓教經典」就是最徹底、圓滿地把佛自己要身證、內證的經驗和盤托出。也就是說從我們凡夫地一直到最究竟圓滿的這個程度，所有的內容都告訴我們的那個經典，叫作圓教的經典——一部是《法華》，一部是《華嚴》。是就它的總相來說，換句話說，就它的最後結果來說，《法華》跟《華嚴》說的都是最後究竟決定成佛。1'11"

日常老和尚開示音檔起訖：舊版 3A 12:59～16:49
舊版廣論手抄稿2015版頁/行數：1冊　P72-L7～P73-LL1
舊版廣論手抄稿2016版頁/行數：1冊　P72-L6～P73-LL1

　　師父在講完了圓滿的佛法要獲得殊勝的教授，然後就講了兩部經典——《華嚴經》和《法華經》，我們都很熟悉的。很多人都誦過《法華經》、《華嚴經》，像我們有一些出家人還會背《法華經》。師父說：這個經典，就是把我們凡夫一直到最究竟圓滿的證德部分和盤托出的。說：「《法華》跟《華嚴》說的都是最後究竟決定成佛。」在這裡邊講了所有的有情最後都可以究竟決定成佛，對吧！那麼，注意！接下來師父要講：《法華經》和《華嚴經》說的都是最後究竟決定成佛，是不是就沒有差別呢？大家往下聽！2'14"

　　可是從另外一個角度來去看的話，這兩個之間就有絕大的差異。《法華》一開頭的時候是授記，乃至於二乘大智舍利弗等等，每一個人都成佛。最後說，不要說證羅漢果了，隨便一個人，他只要有一天接觸到了佛法，留下那個種子的話，他最後也成佛。所以《法華》裡面說：「若人散亂心，入於塔廟中，一稱南無佛，皆已成佛道。」一個普通的人以散亂心，就像我們普普通通，你跑到那個廟當中看見了佛像，啊！歡喜了，說：「啊！南無佛。」念了一聲佛，他最後這個種子也成佛，說明這個，究竟一定成佛！但是這個成佛的時間上來說，那卻是從種下這個種

子到最後圓滿的時候，不曉得要經過多長多遠的無量無邊的阿僧祇劫。那是個天文數字，我們根本無法想像！不要說是個凡夫，就是一個證了果的小乘聖者，像大智舍利弗等等，他們都要還經過很長的天文數字的一個年代才能成佛，所以成佛的時間這麼遠！3'57"

而另外同樣的是圓教的《華嚴》呢？善財童子以「十信滿心」最後以十大願王導歸極樂，就一生取辦。這個差得天差地遠，這個差得太遠、太遠了！假定說這個兩者時間當中說，啊！反正慢一點成佛沒關係啊，那個時候我們在天堂上面享福，那倒不妨慢一點。要曉得這樣的天文數字，那一段時候的話，極大部分、極大部分都在惡道當中受無量無邊的痛苦啊！現在這種痛苦叫我們受一點點都受不了，何況這麼長的時間。所以這個時間對我們是絕端重要的一件事情。這個裡邊兩者同樣成佛，而真正決定的關鍵，如果我們有機會、有能力，以及自己想去抉擇的話，是決定會找那個快速的，絕不可能說慢慢地來的。5'01"

師父說：另一個角度，這兩個之間就有絕大的差異。什麼差異呢？「《法華經》一開頭的時候是授記，乃至於二乘大智舍利

弗等等，每一個人都成佛。最後說，不要說證羅漢果了，隨便一個人，他只要有一天接觸到了佛法，留下那個種子的話，他最後也成佛。所以《法華經》裡面說：『若人散亂心，入於塔廟中，一稱南無佛，皆已成佛道。』」一個普普通通的凡夫用散亂的心，跑到寺院裡看到了佛像，哎呀！歡喜了，說：「喔！南無佛。」念了一聲佛，最後這個種子他也會成佛，看起來成佛太容易了！究竟成佛——這是《法華經》裡提出來的觀點。5'58"

接著師父提出什麼？「但是這個成佛的時間」，注意！「時間」出現了！說：「從種下這個種子到最後圓滿的時候，不曉得要經過多長多遠的無量無邊的阿僧祇劫。」根本無法想像——天文數字！這是一個散亂心的。「不要說是個凡夫，就是一個證了果的小乘聖者」，注意！這裡邊除了凡夫，還有證果的小乘聖者回小向大的話，也要經過天文數字那麼長的時間。所以成佛的時間太遠了！師父說：「成佛的時間這麼遠！」6'47"

那麼《華嚴經》呢？《華嚴經》這裡舉的例子是善財童子十信滿心，以十大願王導歸極樂，一生取辦，說：「差得天差地遠」太遠、太遠了！然後師父說了天堂和惡趣的差異，對吧？說：如果這麼遠的時間都是享福的話，那沒關係！當所有的生命

感到快樂的時候，時間都過得很快，就算無量阿僧祇劫也很快。但是如果絕大部分的時間，都在惡道中受無量無邊的痛苦，而且痛苦的強度是什麼樣呢？就是「叫我們受一點點也受不了的」，可是要受那麼長的時間啊！ 7'35"

線上音檔掃描

講次 0142

做一個「想去抉擇」的聽法者

　　師父又說：「這個時間對我們是絕端重要的一件事情。」注意！時間。有在聽嗎？有走神嗎？聽到這兒會不會又覺得聽過了？但是聽過了你在想什麼呀？關鍵是你的心有改了嗎？有沿著師父講的這個理路改嗎？有注意到「時間」嗎？如果注意到了的話，師父接著說：「這個裡邊兩者，」注意！「同樣成佛，而真正決定的關鍵」是什麼？說：「如果我們有機會、有能力，以及自己想去抉擇的話，」這三個部分，有機會抉擇。0'51"

　　為什麼？聽到了《法華》和《華嚴》，也聽到了善知識引導的教授，有機會了！有機會的時候，有能力否？有能力了。有能力還分幾種，他有能力但是他不想做，對不對？所以有能力又是自己想去抉擇的話，看這條件喔，說：「是決定會找那個快速

日常老和尚開示音檔起訖：舊版 3A 12:59～16:49
舊版廣論手抄稿2015版頁/行數：1冊　P72-L7～P73-LL1
舊版廣論手抄稿2016版頁/行數：1冊　P72-L6～P73-LL1

的，絕不可能說慢慢來的。」注意！這是一個聽聞相應的狀態。我們再一次地聽聞到了《法華》、《華嚴》的這個公案，我們是否是有機會的、有能力的，以及自己想去抉擇的那個聽法者呢？
1'33"

師父說如果是的話，那我們決定會去找那個快速的，絕不可能說慢慢地來！自己可以對照內心一下，雖然這個公案已經聽得非常熟了，但是是否得出師父在此處所指出的那個結論？因為終究是要得出這個結論。如果沒有得出這個結論，這一段可能沒聽懂，需要非常非常認真地做聽聞軌理，重新地聽聞。2'04"

那麼拿這一段話觀察內心，我們可以自己問一問：我有機會聽聞到成佛這件事，而且有機會聽到快和慢兩條路嗎？現在就聽到了嘛！有的已經聽到二十多年了。那麼有能力去抉擇嗎？就是時間長短啊、長時間都在惡趣裡流轉，能不能對我們在惡趣裡流轉這件事成立前後因果，然後從我們相續裡的苦因和苦果、樂因和樂果這樣的成熟去抉擇？最大的問題是：自己想去抉擇嗎？
2'47"

像我們平常買個房子、買個地、買個東西，都會想找物美價

廉，花很少的錢得到最好的、最滿意的一件物品。那麼當我們用全部的身心想要去成佛的時候，我們也想要找一條不要那麼費力氣的路，尤其是不要在惡趣那麼長時間，受那種一秒鐘都不能忍受的痛苦，那麼一定要去抉擇的！師父說：如果有機會、有能力，以及自己想去抉擇的話，是絕對會找那個最快的。師父在以前也講過這樣的道理。3'30"

如果現在的我還沒有想去抉擇的話，那我是差哪一個條件呢？是沒有機會聽？是沒有能力抉擇？還是我不想去抉擇？不想去抉擇到底是因為什麼呢？是因為沒有聽懂師父在這裡邊講的《法華》和《華嚴》的意趣嗎？還是因為我不在意？還是因為我沒聽懂我以為我聽懂了，我沒有再深思？大家可以好好地觀照一下自己，看自己是缺哪個條件，或者我們已經對這一段生起了絕端重要的這樣一個看法。4'11"

絕端重要的看法是什麼樣呢？當你看到這一行文字，你就會不眨眼地盯著、全神貫注地聽著，因為覺得這是無量劫來我生命最關鍵的部分，可以讓我少受那麼那麼多的痛苦，這太關鍵了，我豈能馬馬虎虎地聽聞！就算我一聽聞的當下覺得懂了，可是我抉擇的，有深入骨髓嗎？我有做夢都不忘這件事嗎？我有在來生

也會想起來嗎？甚至在死有到來的時候，我也會現起來：我一定要走大乘，一定要走一個最快成佛的路，一定要發菩提心！有沒有在我們的生命中留下難以磨滅的印象，甚至生生世世都銘記著它？4'59"

因為我相信師父這樣教導我們，應該也是講很多了吧！所以如何用一個相應的心，來回報師父這千古的叮嚀、千古的呼喚？每遇到一個地方師父就開始講了，說：「千萬不要走那遠路啊！遠路太苦了、太苦了！而且時間太長了！」而且師父還列了三點說：「有機會、有能力，你想去抉擇的話」，你怎能不抉擇呀！已經是不知道怎樣的苦口婆心了！不知道講了多少遍，這樣重複地講。那麼對我們來說，是否能把這樣的叮嚀放在心上？因為什麼？怕我們受苦啊！能不能放在心上然後產生定解？這是最關鍵的！5'58"

線上音檔掃描

講次0143
有無圓滿教授，決定成佛快慢

好！我們現在再聽一段。

> 現在這個問題說，那兩者當中，為什麼一個這麼快，是一個這麼慢呢？哪！就是這樣——你有沒有得到圓滿的教授、教誡！你得到了，就是一生取辦！否則的話，對不起，你就是轉這麼大圈子。那麼這個關鍵是沒錯，哪來得到那個圓滿的教呢？要有殊勝教授。哦，所以啊大師看見了這個內涵，又鑑於眼前這個狀態，所以他說：我見已啊，來解釋此大車道。哦！那個告訴我們，這個才是走這一條大乘的圓滿的道路。1'01"

當我們有機會、有能力，而且自己想去抉擇，那麼現在這個

日常老和尚開示音檔起訖：舊版 3A 16:49～17:42
舊版廣論手抄稿2015版頁/行數：1冊 P74-L1～P74-L5
舊版廣論手抄稿2016版頁/行數：1冊 P74-L1～P74-L6

問題：兩者當中為什麼一個這麼快，一個這麼慢呢？喔！原來是「你有沒有得到圓滿的教授、教誡！」大家可以把這句話在腦海裡再回放一下：有沒有得到圓滿的教授、教誡，會決定什麼呢？決定快或者慢。決定快和慢會決定什麼呢？就決定我們少受很多苦，還有一個是多受很多苦。如果平常討論問題說，做這個生意，受了很多苦可能結局還不怎麼好，我們一定不去做的；或者我們選一條路去哪個城市，說那條路非常地辛苦，而且可能中間還會遇到很多不吉祥的事情，那我們一定不會走，因為我們都想離苦得樂，而且還想快速地離苦得樂。所以這裡邊最重要的問題居然是有沒有得到圓滿的教授、教誡！得到了什麼樣呢？一生取辦！得不到的話，師父說了：「對不起，你就是轉這麼大圈子。」我們是在惡道中轉的喔！是無量無邊阿僧祇劫，而且受的痛苦是一秒鐘都受不了的痛苦，要受那麼長的時間。2'34"

接著師父講出了什麼呀？說要得到圓滿的這個教法，一定要殊勝的教授。然後師父就說：「哦，所以啊大師看見了這個內涵。」看到了什麼內涵啊？快速成佛的路啊！還有那條遠路。然後又看到了現在修行者現存的這些困境，或者說弊端，或者說錯謬、苦楚。宗大師看到了這個內涵，所以他說：「我見已啊，來解釋此大車道。」師父用如此親切的語氣為我們訴說大師的心意，然後說：「那個告訴我們，這個才是走這一條大乘的圓滿的

道路。」所以「見已釋此大車道」的那個偈子，居然在這麼長的講述之後突然出現！3'45"

不知道讀到此處大家什麼感受？雖然我也讀好多遍了，但是還是感激涕零。如果沒有大師解釋這個大車道，我怎麼辦呢？就算大師在六百多年前就講了，如果師父不是費盡千辛萬苦得到這個教授來為我們講，我怎麼辦呢？而且剛開始講的時候還沒人願意聽，剛開始組建班的時候，講、講、講就剩師父一個人了，講、講、講就是師父一個人了。4'29"

我們可以自己想一想。我以前遇到一個居士，他說他廣論班裡有三十個人，開到半年的時候全跑光，一個都沒有。他非常非常傷心，就再也都不當班長了。如果一次又一次悉心、非常努力找來的人，然後你給他講，都跑光了，還能夠堅持講嗎？師父遇到了這麼美的教授，他心裡這麼珍愛，然後想把它告訴這些同學，可是開始是沒人喜歡聽的。師父就是穿越了那樣的困境，一直走到我們面前，所以我們才能夠聽聞到這樣的教授，才能夠認識到：喔！有圓滿的這樣一個教授，有近路、有遠路，最關鍵的問題就是要獲得這個殊勝的引導。5'26"

　　想一想：如果沒有師父這樣矢志不移地堅持，我們豈能等到內心信心的善法的花開放？如果善知識用如此的慈悲心來等待我們、來引導我們，那我們應該用什麼樣的心去回報他們呢？就是把他們千辛萬苦求來的這個教授，好好地珍惜在心上。首先要認真地聽，不能對聽法馬虎，不能因為聽聞好幾遍了之後就心生麻木，就不重視聽聞軌理，甚至對說法師、對師父給我們講的也不珍惜了，這都是在內心裡要破斥的、要對治的。一遍又一遍地聽了，才能夠如量地生起那樣的感動和那樣的定解，這才是對的！6'30"

線上音檔掃描

講次 0144

重視聽聞軌理，珍惜聞法勝緣

　　這幾節課我都特別強調「聽聞軌理」，因為聽聞軌理是非常重要的一個修行。事先要思惟聞法勝利，再思惟正在聽法的過程之中我應該注意什麼；要思惟到令心轉動、令心轉變，轉變為非常非常希求聽到佛法，然後感受到聽聞佛法千載難逢的「機會」，師父講的是「機會」！這個機會珍惜到什麼程度呢？就是盲龜遇浮木那樣的機會，一百年牠出來一次，浮木在大海上漂，那個烏龜恰巧把牠的脖子伸到那個軛木孔裡邊，是這樣的機會喔！這樣的機會有沒有能力聽呢？耳朵是可以聽的，而且智力正常、是有能力可以思考的，然後又想思考──這樣的機會！1'03"

　　一旦得到這麼難得的條件，如果聽聞軌理做不好，我們被一些雜亂的心思所干擾，而對於每一節課師父要講的要義，就在心裡輕輕地散過去，甚至完全沒有痕跡的話，那有什麼損失比這個更大呢？1'23"

　　講全廣的時候，我都是觀想我們坐在一個大的教室裡，我們一起學。很想看到大家的眼神是怎麼樣的，有沒有專注啊？有沒有歡喜啊？有沒有領會啊？而你的坐姿是怎麼樣的？因為有一種坐姿就很容易昏沉。另外，聽法的時候最好坐直，一直駝背的話，久了之後也會疲憊。有沒有打起全部的精神來聽呢？如果有一天我們真的在一個大教室裡聽的話，我就會看到大家的眼神，看到大家的坐姿，那時候我可能就會提醒你們。每一次提醒的時候，都是在訓練聽聞軌理的專注力，不要散亂！為什麼要強調聽法的坐姿呢？因為那種坐姿比較容易提正念，身體一歪了之後其實不太容易提正念。禪定的時候為什麼都要七支坐，坐得那麼好呢？就是比較容易提正念，而且對身體比較好。2'30"

　　所以在聽聞的時候，前行的準備一定是非常關鍵的！不要因為現在把音檔打開就可以聽，前行就不做，不做久了之後就浮浮泛泛地、散散漫漫地去聽，甚至平常就是特別不專心，很隨意就聽了。這樣聽久了就會養成壞習慣，聽法也不那麼珍惜，這樣對自己損失就太大了！2'55"

　　所以，學得越久的同學，越是要注意最基礎的、前面的，比如說思惟聞法勝利。這一點大家一定要放在心上去思考，思考到

內心真的很感動,感覺到千載難逢,「我坐在這裡能夠聽聞宗大師的教法,能夠聽到師父以這麼清晰親切的、容易趣入的方式講解《菩提道次第廣論》,至少在字面上能聽得懂,然後我們就可以深入。」要認識到這個機會像盲龜遇浮木那樣,心裡要生出萬分珍惜的感覺。3'43"

這樣來聽的話,就不會輕易地錯過師父講的每一個字,而且也不會覺得這個我懂了、那個我懂了,會深刻地感覺到這是沒聽懂的。因為每一次聽聞的時候我們都會聽到更深一點的內涵,抉擇自心的時候、往內心裡看的時候,都會看到更多的邪執,看到過去沒有看到的東西。發現每一次自己都有看到、都有破到自己過去沒破到的邪宗的話,怎麼能說過去那個是懂了呢?4'23"

聽完之後要好好地迴向,一定要迴向無上正等菩提,就像把一滴水放進大海,這個善根會永不乾涸。而且認真地做了聽聞前行之後,我們真的可以收穫到法喜——因為聽聞佛法內心裡很喜悅。這種喜悅就是因為思惟這些真理產生的,它完全地由理性的正理抉擇,產生內心的歡悅或者內心的深度感動。4'57"

聽著師父的語氣,聽著師父字字句句對《廣論》的解釋,我

們認真地做了前行之後是會感動的，是會碰觸到師父慈悲的心意——師父所傳遞的諸佛慈悲的心意！你感受到一點點那樣的慈悲的時候，生命的狀態就會變得柔軟、變得調柔，還有舒適。甚至你看不過去的事情，就因為聽聞了這樣的教法之後，不知道為什麼，心裡突然就柔軟下來了，看不過去的也看過去了，過不去的都過去了；或者沒有勇氣行善的，也突然獲得了勇氣。因為我們感受到了佛菩薩對我們千古慈悲的心意，感受到了這樣一位師長以這樣的願力和行持，以這樣堅忍的毅力在引導著我們。而且他說：「只要你不放棄，我願意陪你走完最後一程！」佛菩薩的願力喔！佛菩薩的誓言就是說到做到！6'10"

廣海明月

——道次第廣論講記淺析
第三卷

向無始劫來的
煩惱出征

線上音檔掃描

講次 0145

提起對煩惱的警覺心

　　大家好！很高興又到了我們研討《廣論》的時間。今天想利用一點時間，跟大家講一下最近常常跟法師們討論的一個主題，就是關於煩惱蓄積的問題。談到蓄積，有很多種積累，比如說積累財富、積累知識；沒有人願意累積煩惱和痛苦，但是煩惱在不經意中是會累積的。累積了這種東西，慢慢地變強或者被境界很強烈地挑戰之後，就會成熟為猛烈的苦受，所以煩惱是不可以累積的。0'50"

　　觀察一下我們每天的生活，會發現可能有很多小小的不愉快，比如說聽到了別人說一句不中聽的話，或者別人做了一件你覺得不太合理的事情，乃至林林總總的、大大小小的一些不好的心情。這些不好的心情有的時候就好像讓它過去了，或者為了不給別人造成麻煩就自己忍了。這種忍的方式，或者放著的方式、轉移的方式，是不是讓那種煩惱不再增長呢？大家都會發現忍一次、兩次、三次，乃至第幾次的時候就會有一個爆發，就會發現

自己突然很生氣了。但是實際上那是一個小小的境界，可能就是最後那根草，然後原先忍耐的東西全部都跑出來了。1'48"

基於這種狀況，就討論到煩惱應該是隨時出來就要隨時用正念之矛讓那個煩惱削弱掉。那麼怎麼樣讓煩惱不要蓄積，而是疏導它呢？比如說這一天的生活之中，我們要發現什麼叫「煩惱」，就是開始不愉快了。那在這個不愉快的時候用蓋的行不行呢？比如說：啊！屋子裡邊進了一條蛇，然後你拿個布給牠蓋上或者不注意牠，是不是危險性就消失了呢？2'28"

對於我們的心來說，可能一早起來就要對煩惱處於一種警覺的狀態，比如說皈依發心，要認真地、殷重地祈求佛菩薩，說：「我這一天二六時中，一定不能作『作已增長煩惱』的那種惡業，因為將來會忍受苦果。」那麼怎麼樣去及時地發現我在生煩惱？怎麼樣養成立刻、立刻就發覺的這種良好習慣呢？就是早晨要有個預備，就要準備一會兒我可能會碰到這樣的境、那樣的境……。可能我們沒法想像這一天到底會遇到什麼事情，所以我們只能準備，著上正念、正知的鎧甲，準備去忍受境界之刺。3'20"

對於有準備的心來說，我們就知道：「啊！看，那個又來了！」什麼又來了？那個境界又來了。同時也發現自己的非理作意呀、感傷啊、沮喪啊、孤獨感啊，或者很多負面的東西也都湧出來了。湧出來的時候，我們可以讓它停止；停止了之後，要去觀察一下：到底是境界那方面出問題呢？還是我心中的非理作意在出問題？通常都是兩者配合。讓我們變得越來越痛苦的作用力，還是要以心為主，否則全部都交給境界、交給他人的話，那我們的生命永遠將失去掌控力，朝著快樂的方向是不可能把握到的。4'08"

　　所以要看一看是不是自己在朝著非理作意的方向了。當我們說：「你又非理作意了！」好像是一個對自己的負評，但是卻是一個發現。如果發現自己在非理作意的話，那就想想非理作意的結果——會造惡業，造惡業的結果就是自己會痛苦、他人也會遭殃，所以這個時候就要把非理作意的續流想辦法停下來，或者讓它變弱。4'39"

　　那麼如何讓煩惱不要像蓄水池一樣一直蓄積的辦法，就是截流啊！如何截流呢？就是在每一次心對境的時候，不要再用非理作意的方式增長煩惱。因為人生有很多的痛苦、不如意、求不得

等等，諸多的麻煩，很多的境界不是自己希望遇到的，有的時候是很突如其來的，有的時候是意想不到的，種種不如意。那麼如何提起警覺的心，不要被瞋恨的火燒掉了自己的功德林呢？對境的時候能夠提起一個警覺的心，就變成是非常重要的事情。5'32"

　　當大家討論到這個問題的時候，會發現我們用忍的，就是對境的時候先不要發作，比如說不要對別人口出不敬，也不要用眼睛瞪別人，先把這些忍了；但忍了之後，是不是在內心裡真的能夠消融掉呢？可能又會變成一種不愉快、胸悶，或者生悶氣的方式，就把它留下來了。留下來那個東西並沒有好好地處理，因為它有的時候在意念上其實還在自言自語，或者說自己內部還有一個聲音一直在非理作意，續流還沒有停下來，但是身、口是防住了。身、口防住了也是一件很不容易的事情，但如果能進一步地把非理作意的意樂部分能夠防住，才能夠不蓄積煩惱，對吧？6'30"

　　那麼如何去防範呢？從我們聽聞的教典中會得到正念、正知，所以每天的聽聞就很重要。為什麼呢？因為當我們有了很大量正念、正知這樣的正能量的輸入之後，才能會在六根的門頭豎

起一面明鏡，在對境的時候照到非理作意的存在，能夠照清楚這就是非理作意。照清楚是什麼？就是我們能夠覺察到意念的正在進行式，非理作意一開始，然後就覺察到了。有些人是非理作意一段時間覺察到了，可是前面的非理作意到底是什麼？有人記不清楚，有的人能記得很清楚。總之越早追蹤到它越好，而追蹤到它那面明鏡一定就是從聞法上得來的——聞法、憶念正念，然後獲得正知，這樣得來的。所以它是要常加訓練的一個功夫。

7'35"

線上音檔掃描

講次 0146

正念就是手中的光亮

　　每天的晨起發心很重要，要讓自己有一個警覺心：今天不管遇到怎樣、怎樣的境界，我的心都要朝著正念的方向去串習，要制止非理作意，因為非理作意會帶來痛苦。當發現那個境界又來了，來了之後隨眠的煩惱被攪起來了，發現之後立刻就停，這樣就不會蓄積；如果停不下來就會蓄積。0'34"

　　如果及時發現了，需要處理一下。請問蓄積的這種不愉快的情緒，怎麼處理啊？它是一種苦受啊！怎麼把這個苦受處理掉呢？就是不太痛快的這種心情怎麼處理掉呢？要轉啊！怎麼轉呢？有很多種方式，比如說聽《廣論》、聽全廣是一種方式；有的同學是拜三十五佛，拜完就覺得很開心了；出家就承事善知識啊、承事僧眾啊，在家就承事父母啊，或者為大眾做一些事情。總之要從那個非理作意的續流轉到一個善的續流上。而那個善的續流要很強，這個時候才放著，不要還在非理作意的續流上的時候你就不管、就休息了，因為它做夢可能都在增長。1'24"

　　所以這一段時間大家在探討這個問題，尤其是小朋友都開始注意到這個問題的時候，就很小心對境造意業這個部分。一旦開始小心警覺這個部分的時候，我們會發現：到底苦樂的那個權利是放在誰手裡的？我們一開始修行的時候都發現是境界做主、他人做主，如果他人說幾句很歡喜、感恩的話，我們就會高興；說幾句不中聽的話，就會不愉快。我們的心情是非常非常浮動的，非常容易被境界之風吹動，是完全沒有自在的。2'13"

　　在完全沒有自在的這種現狀和習慣下，我們要得到一點主動權，通常都有一些困難。但是只要開始了之後，就不要一直打擊自己，比如說今天發現我開始警覺的時候已經晚了、已經很難自控了，就不要接著又給自己貼一堆標籤：我不能修行啊、我業障重啊、我笨啊、或者我煩惱盛啊……，一大堆標籤就貼出來，這個時候就是跑題了。不要跑題，繼續地觀察，然後耐心地去尋找原因。2'49"

　　在上百起、上千起貌似失敗的心對境的安立之中，我們會觀察、會把它列為例子，我們會發現：欸！我覺察到煩惱的速度比以前要快了，雖然我還是控制不了，但是我覺察力變快了、變敏銳了，洞悉煩惱動向的這個慧眼已經變得很清澈了、看清了。然

後我會發現煩惱不會有那麼多理由，而正念卻有很多理由了。總之，在看到自己煩惱很多，幾乎是一對境就產生煩惱的時候，請大家不要輕易地打擊自己。因為這就是我們開始準備出征了，要征服煩惱——無始劫來的煩惱。3'35"

所以一開始的時候要朝正向的作意鼓勵自己，哪怕我有一念覺察，我有幾念提正念，然後接下來全部都是非理作意，那幾個正念就是光亮，就是我手中的希望，要朝著那個地方鼓勵自己。一定要堅持下去，不要蓄積非理作意，不要蓄積負面情緒。怎麼做到呢？先要覺察，然後設法停止；如果停不下來，能夠越快覺察也好。如果停不下來全部，我可以停下來少部分，或者那個很濃的量變淡、沒有那麼強、變弱，這都是一個進步。4'22"

總之，希望大家能夠朝著進步的方向總結自己。每天如果覺得造了一些惡業，或者你觀察到有很多惡業，那麼晚上就念一遍三十五佛。如果沒有時間拜，念一遍也是功德無量。把三十五佛念一遍、懺悔一遍，然後再休息。每天持之以恆地做下去，一定一定會有收穫的！4'47"

　　把最近我們討論的這個很鮮明的議題供養給諸位，希望大家
也能從中受益！4'57"

廣海明月

——道次第廣論講記淺析
第三卷

《廣論》是修行
人的指路明燈

線上音檔掃描

講次 0147

大車道是佛陀最深切的悲心

　　大家好！又到了我們一起研討《廣論》的時間了，今天想繼續研討師父講的舊版《廣論》。在討論之前，希望大家能夠好好地端正自己的發心，用一個大乘的意樂：我是為了能夠成就究竟的正等覺的佛位，來聽聞《菩提道次第廣論》。那麼為什麼要成就那樣一個佛位呢？因為只有成就那樣的佛果，才能夠令所有的有情從痛苦中解脫出來。我們先安立這樣的動機，為了這個而作聽聞。0'46"

　　也可能在開始聽課的時候你很辛苦，就是工作呀，或者身體不舒服、很疲憊。如果你現在很疲憊的話，可以深呼吸一下，調整一下自己的呼吸，這樣的話可能就不會那麼有壓力，不舒服會

日常老和尚開示音檔起訖：舊版 3A 17:42～18:47
舊版廣論手抄稿2015版頁/行數：1冊　P74-L6～P74-LL5
舊版廣論手抄稿2016版頁/行數：1冊　P74-L7～P74-LL4

有一種緩解。然後慢慢地把你的心放在法義上，放在說法的這個
音聲上。其實身體不舒服或者疲憊，聽一聽不一定會更累。像我
自己的經驗就是當我很不舒服的時候聽師父講的《廣論》，每次
聽都會覺得比不聽的時候要舒服。因為聽的時候可能是忘記了，
但是有的時候可能是得到一種加持，就會感覺到身體都很舒適，
心情也很愉快！1'40"

好！那我們現在就來聽一小段。1'46"

平常我們常常說大乘而不用「大車」，那個地方大車
是有個原因的。在《法華經》上面這個羊、鹿、牛車那個
譬喻呀，佛就告訴我們，佛出世真正的目的都把最好的東
西給一切眾生。所以比喻當中說不同的根性引誘他，但是
最後都是同一的大白牛車。所以這個「大車道」就是表示
這個才是真正最圓滿、最徹底、最究竟、最正直的。現在
到大師就見到了前面的這種不理想的情況來解釋：啊！原
來這個才是最殊勝、究竟、圓滿的道路。從這地方我們就
了解本論真正的內涵，實在是無比的精采、無比的圓滿！
2'54"

在這一小段裡提到了「大車」，又講到了「《法華經》」。諸位有多少人讀過《法華經》？可以去試著誦一遍。很多鳳山寺的法師是會背《法華經》的。3'15"

這裡面那個著名的譬喻就是不管是羊車也好、鹿車也好、牛車也好，最後佛陀都希望我們能夠乘上大白牛車，就是能夠走上大乘成佛之路。那麼在這裡邊師父說：「佛出世真正的目的」，注意！「佛出世真正的目的都把最好的東西給一切眾生。」這裡邊提出了誰呢？是佛陀。那出現在世間，什麼是真正的目的呢？就是要把最好的給誰呢？一切眾生。4'05"

所以這裡邊就涉及到最好的東西，和接受這個最好的東西的人——就是一切眾生。那麼何謂最好的東西呢？這個最好的出現之後，眾生真的會認識它的價值嗎？比如說從來沒有見過，會覺得這是最好的嗎？佛陀認為的最好的，可是眾生就會認為這是最好的嗎？那麼怎麼樣彌補中間的距離呢？所以師父說：「比喻當中說不同的根性引誘他」，就是要找出我們眾生能夠相應的點，讓我們對這個產生好樂心，然後跟著佛走走，發現：喔！最後那個大白牛車才是最殊勝的！4'57"

　　佛陀會根據不同根性的有情因材施教，雖然他已經找到了最完美、最殊勝的，但是在我們都不認帳的狀態下，佛陀還是想了辦法。我們通常幫一個人，說：「我這個是最好的，你認不認？」「不認！」那拂袖而去，只能說你不識貨！但是佛陀沒有因為我們不認識就拂袖而去，而是繼續像慈愛的母親一樣。我們身體需要什麼？好的食物，可是我們因為口味——我們小的時候都犯這種問題——就是不吃，然後媽媽就很焦灼，想各種辦法讓我們吃對我們身體最好的東西。它這裡邊就是因為不同的根性，所以設置了羊車呀、鹿車呀、牛車呀，然後告訴這個小孩：「很好玩啊，快來吧！」然後大家很高興跟著去了。所以再一次地想念佛陀的悲心、憶念佛陀的悲心。5'56"

　　師父在這裡邊接著又說了「大車道」，說：「表示這個才是真正最圓滿、最徹底、最究竟、最正直的。」師父是這樣解釋的，看起來是在詮釋一個大乘道。我也聽過師父對大車道的另一種解釋，可是在第一遍的《廣論》裡，師父只是就《法華經》的部分，解釋了這個要走大乘。6'20"

　　這個「大車」其實它是指龍樹菩薩與無著菩薩，他們以聖位菩薩的行相，不需要依靠他人所寫的解釋而善巧地解釋佛語的密

意,開啟了中觀和唯識兩大宗派,好像拓了兩條大車行的那個道一樣——大道,所以稱為大車。「大車道」是指兩位大車所說的道,佛陀親口授記了這兩位能夠無誤地解釋佛陀的密意,所以後學一定要依靠大車的解釋才能夠了解佛陀的密意。而宗大師就是依據傳承的教授,解釋了大車所說的道次第。其實大車和大車道有一個這樣的意思,但是師父在此處就從《法華》的角度解釋了這個問題。7'16"

師父在這裡邊解釋大車道,表示這是真正圓滿、徹底、究竟、正直的。那麼怎麼樣是真正圓滿、最徹底、最究竟、最正直呢?我們真的得去學習龍樹菩薩和無著菩薩的論,才能夠了解佛陀的密意到底是什麼。7'39"

接著師父說:大師看到了前面那種不理想的情況之後,就「釋此大車道」。看看!佛菩薩面對困境的時候,他的選擇永遠是積極進取的,去找方法解決這個困境,而不是看到了:「啊!修行人都有這麼多困難。」然後坐那兒哀嘆啊、抱怨哪!沒有選擇這種行為,而是選用見到這樣,所以來解釋大車道,讓大家認識到這才是最殊勝、究竟、圓滿的道路。然後說:「從這個地方,我們就了解本論的真正內涵。」為什麼說是無比地精彩、無

比地圓滿呢？因為它詮釋的是佛陀最好的那條路、最好的那條路。給我們選的是非常地精彩、非常地圓滿，如果我們沿著大車道去了解這個的話，就一定會了解到佛陀的密意。所以師父在這裡邊發自內心的讚歎、發自內心的感恩、發自內心地珍惜本論的精彩和圓滿，引領著我們好好地學。9'03"

線上音檔掃描

講次0148

無法融會各宗各派的困境

　　大家好！又到了我們一起研討《廣論》的時間了。請大家端正一下自己的動機，把自己的續流從平常忙碌的那些事情上轉到聞法上。觀察一下自己為什麼要來研討《菩提道次第廣論》呢？應該用什麼樣的動機才能跟這樣的法相應呢？就是一定要再安立：為了利益無窮無盡的有情，我必須希求佛果、成就無上正等菩提，將來才可以利益無量無邊的如母有情。那麼成佛的因到底是什麼呢？因一定要先知道，要想知道這樣的因就必須要聞法，所以聞法的時候注意要專注，要將所聞的法義結合內心。0'58"

　　今天我們來學習師父講的下一段，這一段師父是從他的經驗來說的。說剛開始學習佛法的時候遇到了種種的困境，最後是接

日常老和尚開示音檔起訖：舊版 3A 18:47～19:48
舊版廣論手抄稿2015版頁/行數：1冊　P74-LL4～P75-L2
舊版廣論手抄稿2016版頁/行數：1冊　P74-LL3～P75-L4

觸到了本論之後解決了這些困境。可以從這個經驗中，知道《菩提道次第廣論》本身是會解決修行人遇到的困境的。大家可以聽一聽，師父到底剛開始學的時候示現遇到了什麼樣的困難呢？《廣論》又是怎麼解決的呢？好！大家開始聽！1'41"

> 以我個人的體驗來說的話，我當初修學佛法以後，也是遭遇到種種困難。那個大乘、小乘固然是彼此間有種種諍論，乃至互不相容，可是對我們畢竟比較更隔閡一點。南傳是小乘的，我們都是大乘的。但是就以我們目前來說嘛，我們同樣是大乘的，對不起！這個裡邊又有各式各樣的問題。有說性宗、有說相宗，然後呢又是教下、又是宗下，有人講修行的，有人講這個。乃至於同樣的宗下，對不起，它有五家七宗；同樣的念佛嘛，它又有這樣的不同的法門，大家互相彼此間不能相容，我實在是覺得不曉得怎麼辦是好！2'43"

這一小段，師父說自己「當初修學佛法以後，也是遭遇到種種困難」，這個「也是」就是很多人學佛法其實會遇到困境。那麼師父遇到的困境是什麼呢？說大小乘縱然有種種諍論，但是好像還好，主要是大乘內部的；同樣是大乘的，性宗啊、相宗啊、

教下呀，乃至各種法門、念佛法門之間，當我們不會融會貫通的時候，就會發現彼此好像是不能相容的樣子。然後說：「實在是覺得不曉得怎麼辦是好！」比如說看一個禪宗的，然後看個淨土的，再看看天台宗的⋯⋯等等，接觸很多法門之後，聽得很多，但是要自己用功的時候都不知道怎麼辦了。3'43"

像我想起來有一些居士說：「到底是念阿彌陀佛呢？還是念觀世音菩薩呢？」「是念觀世音菩薩呢？還是念地藏菩薩呢？還是念文殊菩薩呢？」甚至觀想佛像要打坐的話，到底是觀想觀世音菩薩呢？還是觀想文殊菩薩呢？這問題好幾年都決定不下來，覺得好像哪個都行，又覺得哪個都捨不下。到最後就莫衷一是，陷入猶豫的困惑。4'17"

像之前大家都聽過一個公案吧！就是有一個人他在思考因果的問題，不知道這因果到最後是怎麼回事？後來他就去問一個修行人，說：「如果是大修行人的話，還落不落因果呢？」那個人就回答他說：「不落因果！」然後就是因為「不落因果」這句話，他得到了五百世的野狐身。這個故事很有名喔！其實他就答錯了一個字，應該答「不昧因果」，就是非常非常有修行的人不是不落因果，好像因果的法則在他身上失效了，不是這麼回答！

而是說他不愚昧於因果，他會對因果了了分明、毫釐不差地精勤持戒。5'11"

就一個字喔！你想想，當我們對一個問題起了疑惑之後，如果是真正的疑惑，就會梗在心頭啊！然後你會一直探索這個問題，可能跟很多人探索，但是你得到答案並不是很滿意，然後自己去看經典、看論典，好像看得疑雲更重了，一個問題在心裡有的會鬱積十年。像那個人問了因果的問題，後來給他答的是這樣答的，如果他信了的話，說：「最有修行的人就不落因果」，好像因果法則在他之外了。如果這樣去修的話，也是非常危險的！5'54"

所以當我們很想修行的時候會遭遇到種種困難，師父說：「不曉得怎麼辦是好！」因為對這件事非常認真啊！我們是非常非常認真用生命來求解脫，希求證悟的體驗。可是一旦陷入疑惑，沒人指導、問不到答案的時候，真的是非常痛苦的。6'25"

線上音檔掃描

講次0149

寧可千年不悟，不要一日錯路

那麼再聽下一段。

> 　　一直等到接觸了本論，乃至了解了本論了以後，不但把這個問題整個解決，彼此不但不矛盾哪，而且彼此間都是互相呼應，互相呼應，所以真正的關鍵就是我們沒有了解圓滿的教法。這地方我要隨便一提，譬如說我們現在修行，那麼大家也許誤會了：哦！要我們樣樣學會了以後然後再來。不是這個意思，照樣地你念佛的是念佛，我參禪的是參禪，可是假定你善巧地了解了這個方法以後，你參禪也好、念佛也好，結果是大不一樣。1'01"

日常老和尚開示音檔起訖：舊版 3A 19:48～20:40
舊版廣論手抄稿2015版頁/行數：1冊　P75-L3～P75-L7
舊版廣論手抄稿2016版頁/行數：1冊　P75-L5～P75-L10

　　在不知道如何是好的這種痛苦中，師父說：「一直等到接觸了本論」，直到《菩提道次第廣論》出現了，然後「乃至了解了本論以後，不但把這個問題整個解決」，注意喔！是有「整個解決」這四個字，它解決的幅度是比較徹底的。然後，發現了彼此不但不矛盾，而且是互相呼應的，所以想想那時候該多麼地驚喜呀！大家都知道師父走到任何地方、天南海北任何國家，他的僧袋裡永遠都背著這本論，還有弘一大師的《南山律在家備覽》，還有《般若經》。「所以真正的關鍵」，師父說：我們到底有沒有了解圓滿的教法？如果了解了圓滿的教法，我們就會對佛教內部的各家各派自然有一番圓融的見解。2'14"

　　所以後來師父教我們：不論你是念佛的也好，念佛的就繼續念佛，參禪的就是參禪的，都可以學習本論，都可以了解本論。可是學了和不學有什麼差別呢？如果善巧地了解了這個方法之後，那麼參禪也好、念佛也好，注意那幾個字：「結果是大不一樣！」就是圓滿的教法它所呈現的這個見解、修行的次第，會給予修持不同法門的修行者一個非常大、非常大的指引和幫忙，解除疑惑，並且可以讓我們不停地校對自己的方向精不精準——內心的方向、見解……很多。所以學習本論之後，無論是參禪也好、念佛也好，不論是學什麼法門，結果是大不一樣的！3'21"

　　所以師父一定是懷著非常非常喜悅的心，遇到了《廣論》、發現了《廣論》、了解了《廣論》，然後才把這本論介紹給我們這麼多的修行人，希望我們能夠真正地解決自己的修行難題，而且能大大地增進我們用功的進度。同樣的時間去用功，一旦你了解了正確的方法之後就不會走彎路，尤其是──那句話很有名，「寧可千年不悟，不要一日錯路！」一旦錯了之後就不知道錯到哪裡去了，是比較危險的。4'00"

　　無論我們是學習什麼法門，只要了解了圓滿教法的這個次第，都可以在我們的困境上給我們一個相當精確的指引。舉個最簡單的例子，比如說我以前就特別相應於念死法門，但是到底是怎麼樣念死呢？怎麼樣把念死結合淨土法門這樣去修持呢？那時候會發現各人有各人的想法，大家都沿著自己的想法去念死。可是等到學習《廣論》之後，《廣論》上念死的那個法門──三根本、九因相是如此地清晰，條分縷析非常清楚，你照著修即是了。對不對？很明晰吧！4'48"

　　還有比如說修皈依，到底要如何皈依呢？上寺院裡請師父幫我們皈依，領皈依證，然後回來到底要做什麼呢？去參加法會，或者吃素、做善事，到底要怎麼皈依呢？我們就會理解為「我有

一個皈依師父」；但是三寶的功德到底是怎樣的？如果不學習的話，其實佛、法、僧三寶的功德是不了解的，皈依學處到底是什麼也不是很清楚。但是一旦學了之後，你就會發現很多很多修行的祕密，在《廣論》裡全部寫得非常清楚，而且完全不給人一種玄而又玄的感覺。它非常清晰明了，像一個非常非常亮的燈照著腳下的路，讓我們在那些幽暗取捨的地方，非常非常清楚——向左、向右走、向前幾步走——非常清晰的次第，不會走著、走著就迷惑了。5'45"

一看《廣論》，總有一種心明眼亮的感覺，尤其是學到空性的部分。講到空性的部分，我們就是讀《金剛經》啊、讀《心經》啊，可是到底空性的次第是怎麼修的？到底空性的見解什麼樣是最純粹的？沿著這樣的見解觀修了之後，確實能夠解決生死輪迴，而不會修到斷滅空，甚至因為錯修了這個去墮落了；或者因為錯解空性，結果還把業果見廢除了，認為不需要重視因果，甚至也不需要重視戒律，產生了這樣奇怪的看法；或者一切都空了，什麼都不在乎了，產生了種種可怖的偏差。6'35"

可是一旦學習《廣論》之後，我們會發現：哇！空性的見解、依止善知識啊、積累資糧啊、小心持戒啊，它有一個嚴格的

次第。而且對於空性見解學習次第的討論辨析方面，真的是太多浩瀚的典籍，可是《廣論》就把它鋪設得非常清楚。乃至修習菩提心，我們發了一點心就覺得自己是菩薩了，但是到底是發什麼心？這裡邊就提到七重因果、自他換，尤其是提到「增上意樂」，如果不這麼明晰地指出增上意樂的話，我們其實不了解菩提心真正的定義是什麼。我們會把一個普通的發心，跟真正的菩提心完全混為一談，而且也真的不了解什麼是修習菩提心的次第，比如說七重因果、自他換這兩個傳承，到底去哪裡求呢？聽都沒聽說過！自己閱藏能不能閱明白呢？不一定！就算能，花多少辛苦才能閱出來七重因果和自他換呢？而且它還是建立在出離心的基礎上，自己如果不想從三界裡出離的話，如何對沉淪於三界的有情發出真正的慈悲心呢？7'52"

所以它這個嚴格的次第，真的是每一步都非常清晰，解決了我們修行人多少焦灼、多少探索的迷惘，還有那種怎麼想也想不明白、走投無路的痛苦！真的像一盞燈一樣，陪伴著我們在多少個、多少個修行的岔路口，讓我們非常輕鬆地就走上了康莊大道。8'21"

這都是師父對我們的深恩啊！一旦這樣的一本論在手，捧讀

它的時候，千萬不要覺得這個值遇的因緣是很容易的，然後就產生輕忽，甚至不去很珍惜值遇道次第、值遇師父講說道次第這個因緣，那真是太遺憾了吧！所以大家一定要好好地學習，好好地珍惜能遇到這樣圓滿教法的這一次暇滿人身的機會！8'57"

廣海明月

——道次第廣論講記淺析
第三卷

轉心容易轉境難

講次 0150

是故三界中，恐怖莫甚心

　　大家好！又到了我們一起研討《廣論》的時間了。最近想問大家《般若經》有沒有堅持誦啊？有沒有時間拜《三十五佛懺》？就算沒有時間，可以每天念一遍嗎？有沒有在佛前常常地頂禮？有沒有注意到孝順父母啊？每天要問候或者承事父母親；如果父母不在的話，也可以誦經迴向給他們。總之，生命對我們來說每一天都很珍貴，要用自己的存活之際多造善業，這樣的話，對現生和來世都有無量的利益。0'48"

　　前兩天我們有討論到一個主題：當有事情發生，內心開始不寂靜或者不痛快、生煩惱的時候，到底是轉外境容易，還是轉內心容易呢？我們習慣性地都是希望別人能改，會非常輕鬆地看到別人的過失。為什麼呢？因為這個習慣太熟悉了，一下子就會看到別人哪裡錯了，或者沒有配合我，所以讓我心裡不舒服。看起來只要讓別人不這樣說、不這樣做，或者今天不要發生某種事情，就會過得很舒心，至少不會這麼挫敗。似乎世界上痛苦的原

因，都是在他人、在境界那方面。所以我們無始劫來養成的習慣，就是觀察他人的過失，在境界上糾纏、過不去，沒有去反省自己在煩惱發生的過程之中到底要負一些什麼樣的責任。2'08"

寂天菩薩在《入行論》裡有這樣說：「佛說彼一切，皆由惡心造。是故三界中，恐怖莫甚心。」在三界中最恐怖的到底是什麼呢？是那些猛獸、是毒蟲、是他人造作的災難，還是自然災害等等？當然這些都是很恐怖的，但是在《入行論》裡寂天菩薩說：最恐怖的，實際上是自己的心！在三界中，心是最恐怖的！2'43"

雖然很多人都讀過《入行論》、也背過《入行論》，但是我們是否有足夠的時間認真地去思考一下：為什麼菩薩把最恐怖的因素或者說那個根本列為「心」呢？這樣的看法是正確的嗎？有什麼依據嗎？為什麼他要這樣講呢？因為我們每天都小心著外面、小心著他人對我們的傷害，甚至小心著氣候呀，小心著各種各樣的問題。但是如果最恐怖的是自己的心的話，我們會小心自己的心嗎？3'29"

所以佛菩薩都認為生死輪迴的各種痛苦到底是出自於哪裡

呢？說顯然是出自於內心。出自於什麼樣的內心呢？就是不調伏的內心。因為內心不調伏的緣故，就會產生怖畏。那麼我們怎樣才能夠去除現生以及未來世的怖畏呢？就是要把心中的苦因拿掉。但是由於我們沒有熟練地掌握調伏內心的辦法，所以在對到境界的時候會第一千次、第一萬次地去尋覓境界的過失，會一直著在他人的過失上；時光都浪費了，沒有時間看自己內心的過失、沒有時間檢查自己。因為無始劫來的續流真的是像瀑布一樣，一刻都不停地去觀察境那方面的問題，所以我們就虛度了很多可以檢束內心的珍貴光陰。4'37"

從這點上來看，如果由於我們內心有煩惱、有各種障礙的緣故，產生了種種痛苦，那麼問題的答案就出現了！到底苦惱來的時候是調伏境，還是調伏心呢？那就要看看痛苦的根本在哪裡？如果痛苦的根本在境上，那就去解決境；如果痛苦的根本是心上的無明和煩惱、各種障礙，那麼就應該去解決內心的障礙，這樣就不會痛苦了。5'10"

所以一切不順的，或者說各種各種痛苦，追根究柢都是來自於我們未馴服的這個心續。如果我們對這樣的一個見解能夠在內心中確立，並且常常去串習的話——會不會忘？會忘！忘了再提

起來——那麼每天之中大大小小、林林總總的事情，總是在提醒我：「這種痛苦是源於我未馴服的心。」那麼這樣的作意就可以了嗎？還要轉念！當有一件事情發生之後，我們會發現內心著在境那方面是很嚴重的，很少會把那個力量抽回來，看看自己內心的念頭出了什麼問題，或者說自己的等流有什麼問題，或者動機有什麼問題。因為全部的時間都在計較他人的問題和境界上那方面的問題，就是沒有時間來反省的。6'16"

講次 0151

改變自心，嚐到修習佛法的甜頭

　　如果有時間來反省的話，好像湖水，靜靜的時候才能夠映出天上的星星和月亮，我們內心也是。寧靜了之後，才會發現自己生命中更深一層的問題。所以步調不能太快、太雜亂、太匆促，因為這樣，我們就無法關注內心、無法看那些念頭。在二六時中的工作中、學習中，在家庭中、大大小小的這些事物之中，請大家要稍微放緩一下腳步。放緩腳步做什麼呢？凝視一下自己的心。要記得三界中最恐怖的就是內心了！因為最痛苦的根本存在於內心，所有的痛苦的來源，是我們並未調伏的心。0'59"

　　佛菩薩來到世間告訴我們這樣的真理，我們在內心中能夠樹立這樣的見解，反覆地去練習的話，自然會嚐到修習佛法的甜頭。你會發現：實際上改變內心比改變外境容易多了，因為他人的心是很難把握的。我們如果靜下來看一看自己的心，每天看一看、每天看一看！大事看一看、小事看一看、凡事都看一看！我們就會越來越熟悉自己的心，會熟悉自己對境的那個套路，你會

知道這個事情來了我會怎麼想，是怎麼發生的，然後把它那個方向變成是向內調伏，馴服我這顆未馴服的心；讓良善能夠生起來、寬恕能夠生起來；對他人慈悲，對父母親啊、師長、三寶，甚至一個陌生人、一個他有情，我們都應該恭恭敬敬地對待。這樣的話，就不會產生很多雜亂的、痛苦的這些因。所以每天起來的時候，如果提一下這樣的正念，這樣一天的生活之中我們就會少造很多惡業，因為我們會有一個正知力在關照自己的三業。
2'21"

長此以往這樣地用功下去，自然我們就會習慣於遮止三門的惡業，習慣在身語意上去造作良善的念頭，慢慢地讓我們的善業像瀑流水一樣絕對不會停止，而且越來越增長、越來越增長。這樣的話，我們在現世的時候就會收穫一個平靜的、調柔的、感恩的心；不會用語言去刺傷別人，或者對他人的付出很麻木，或者凡有事情發生都是他人的錯；我們就非常容易反省自己；就會在生命裡發現很多很多美好的、值得珍惜、值得感恩的事情。
3'09"

所以到底事情發生的時候是轉境容易，還是轉心容易呢？也希望你們可以討論一下。我覺得這個討論是非常具有價值、非常

具有意義的！雖然經典上講了很多次了、佛菩薩耳提面命地常常叮囑我們，但是心對境就會迷失，我們就會認為凡是境界那方面都是出問題的。可是三界中最恐怖的莫過於這顆心了，它會出生一切痛苦；當然你好好修行它的時候，它就會出生一切快樂，所以大家要好好地努力！3'53"

另外，當我們開始注意到很多的痛苦、甚至所有的痛苦的根本，都是出自於內心的時候，我們就會發現：在跟他人相處的過程之中，到底是把自己放在重要的位置？還是把他人放在重要的位置？是愛自還是愛他？我們都知道我們有我愛執，所以當有事情發生的時候，自他還是不公平的。我們常常讓他人退居在角落，然後把自己放在一個堂而皇之的非常非常重要的位置。實際上，這就是苦因，佛說這就是苦因。4'33"

如果能夠好好地信受佛所說的話，調整自己以自我為中心這樣的一個習慣，變成是愛他勝自——愛惜他人勝過自己，把這個習慣慢慢地調伏過來。然後把特別愛重自己的這個不調順、未馴伏的部分把它調伏，調伏到非常非常地尊重他人，能夠把他人放在自己生命最重要的位置。《入行論》裡也有講：佛陀是這樣做的，所以佛陀得到了一切快樂；那麼眾生呢？是把自己放在最重

要的位置，所以就成熟了太多的痛苦。所以看一看兩者的結局，
就應該知道選擇什麼樣的思想、什麼樣的行為。5'35"

　　說到此，就是希望我們真能夠把佛菩薩講的教言在內心裡好
好地思考、好好地珍惜，因為能夠聽到這樣一句「愛他勝自」，
真的是非常非常不容易的！如果能夠把愛他勝自列為生命的宗
旨，生生世世實踐的話，我們生命的視野會特別地開朗。在我們
每日的很多很多的觀察之中，我們眼裡自然會看到他人的好、他
人的付出、他人的不容易、他人的艱辛。這樣的話，我們就好像
在黑夜裡不會老是習慣注視黑暗，會習慣去看到滿天的星辰。
6'29"

廣海明月

——道次第廣論講記淺析
第三卷

認識圓滿教法
慎防謗法業障

線上音檔掃描

講次0152

修念佛卻去不了淨土的原因

好！下面我們就聽師父的帶子。

　　我現在隨便說一個例子。我請問，譬如說我們目前來說，這個念佛是最多，實際上呢也的的確確適應我們目前的機，是最善巧的一個法門。在末法的時候，我們要想解脫這個苦惱的最善巧的法門，莫過於念佛是千真萬確，但是祖師告訴我們說這是萬修萬人去，這也是千真萬確的事實，為什麼我們修了半天修不去？這不是一個大問題嗎？當然這個原因很多，那麼，這個地方我簡單地說明一下。說我們所以為凡夫不能去的原因是為什麼？因為我們業障很重，而我們的智慧資糧不夠，所以我們要把業障淨除，然後呢資糧積聚了，那麼然後你拿這個功德迴向，如果夠

日常老和尚開示音檔起訖：舊版 3A 20:40～24:01
舊版廣論手抄稿2015版頁/行數：1冊　P75-L8～P76-LL2
舊版廣論手抄稿2016版頁/行數：1冊　P75-L11～P76-LL1

的話，你就能夠往生，這是很明白的一個道理。1'20"

　　現在我們其他的不談，說現在為了要求念佛，然後我就單單念佛，這個好。可是我們往往產生一個問題，因為剛才說的，眼前事實上面大家沒有圓滿的教授，所以往往啊除了自己走自己的這個一門以外，往往彼此間哪不能互相認識，乃至於排斥。「排斥」，這事情是有非常嚴重的障礙的。1'59"

　　師父在這一段說：念佛是很多的，實際上的的確確適應我們目前的機，但是祖師說這是萬修萬人去的千真萬確的事實，為什麼我們修了半天沒去？師父說：「這不是一個大問題嗎？」原因是很多的。師父舉了其中的一個原因，就是業障重、智慧資糧不足。如果業障能夠淨除、資糧積聚了的話，拿這個功德迴向，自然就能夠往生了，說：「這是很明白的一個道理。」。2'40"

　　可是這是對於不能往生、不能去的原因的分析，就是去的功德和淨化的業障不夠，所以拿來迴向的話不夠往生極樂世界。那麼為什麼不夠了呢？師父在下一段說：「其他的不談。」在這裡邊列舉了一個「排斥」。排斥什麼了呢？自己要走一門深入的這

個法門之後，排斥其他的，師父說這是會產生嚴重障礙的。
3'14"

　　那麼為什麼內心裡會排斥呢？師父說：「眼前事實上面大家
沒有圓滿的教授，所以往往啊除了自己走自己的這個一門以外，
往往彼此間哪不能互相認識，乃至於排斥。『排斥』，這事情是
有非常嚴重障礙的。」所以他那個起因，師父歸結為：因為沒有
得到圓滿的教授，自己就走自己的這個門，其他的都不認識。第
二步，因為不認識，乃至於排斥，排斥是有很嚴重的障礙的。
4'03"

　　那麼到底為什麼在這裡提出了「排斥」，然後提出了這個嚴
重的障礙？難道是排斥會造成往生的障礙嗎？去極樂世界的障礙
嗎？如果這樣的話，問題就太大了！所以接著大家往下聽。
4'25"

　　佛說得清清楚楚，他為了幫助一切眾生，所以啊求各
式各樣的法門。所有的法門它無非是解決一切眾生的種種
方便的這個法，法無大小，本身最主要的應機、應機。而
每一個法都經過佛無量劫捨頭目腦髓，這樣積聚起來的，

所以它有它的無比的價值在。我們現在隨便輕輕易易地否定它、毀謗它了，不知不覺當中造成功這個謗法的障礙。我們修學佛法的人都應該了解，佛經裡面告訴我們，你造五逆十惡，諸佛菩薩有辦法幫忙你啊懺悔解除，你謗了法，對不起！沒有辦法。結果我們現在修行的人自己謗了法了，請問這個是什麼？增加無比的障礙！你說辛辛苦苦地念佛，念佛的功德不一定得到；你隨隨便便排斥別人，產生了絕大的障礙，你這樣的一點點你就能去了嗎？不但不能去啊，而且是積累了很多罪過，所以在這一點我只隨舉一例。5'56"

剛才說「排斥」是源於沒有圓滿的教授，除了自己這個一門深入之外，彼此都互相不認識，甚至產生了排斥。那麼排斥到什麼程度呢？師父在這一段裡就直接引申到謗法這個非常非常嚴重的問題。學了《廣論》的老同學都知道謗法是非常非常恐怖的，為什麼呢？因為「佛說得清清楚楚，他為了幫助一切眾生，所以啊求各式各樣的法門。所有的法門它無非是解決一切眾生的種種方便的這個法，法無大小，本身最主要的應機。」這是師父剛才講的。6'50"

　　那麼「應機」，就是適應各種眾生的根機、心量。為了應機，每一個法都是經過佛無量劫，無量劫！大家要知道無量劫有多長的時間！多長的時間做什麼呢？「捨頭目腦髓，這樣積聚起來的。」就是一個一個積聚起來的無量法門。「所以它有它的無比的價值在。」佛陀是用生命換來的，不是用一生的生命，是用多少生、多少世的生命換來的這麼一個珍貴的法！可是由於我們不了解它的緣故，就認為它沒有價值，只有我現在學的有價值，其他人學的都沒有價值；忘記了其他人學的，也是佛陀無量劫來用頭目腦髓換來的。注意！師父在這裡邊用了幾個字：「我們現在」，注意聽喔！注意聽，不要走神！「我們現在隨便」，師父用了「隨便」，然後「輕輕易易地否定它、毀謗它了。」注意！「隨便」，何等輕鬆的、不在意的一個態度；「輕輕易易地」，幾乎就是順口就來了，眼神啊、心態呀、念頭上，就非常非常輕鬆地否定了佛陀用生命換來的這麼珍貴的法。用整個生命換來的東西，輕輕地、隨隨便便地就毀謗了、否定了它。8'33"

線上音檔掃描

講次0153

敬重法寶，勿生毀謗

　　謗法的業是怎麼造的呢？隨便造的！要像搬石頭一樣那麼沉重地造嗎？不是的！輕輕易易地就否定它了，是非常非常容易造的。而且師父又在後面說：「不知不覺當中造成功這個謗法的障礙。」看這幾個字，用下去是怵目驚心的喔！隨便輕輕易易地否定它、毀謗它了，不知不覺當中造成這個謗法的罪障。師父把我們的現行看得太清楚了！0'41"

　　那謗法的業到底有多可怕呢？新的學員可能不太了解，老學員都知道，提到謗法的業障，臉色都會變喔！說：造了五逆十惡，佛經裡面說諸佛菩薩還有辦法幫我們懺悔呀；但是謗了法，對不起，就是很難喔！1'02"

日常老和尚開示音檔起訖：舊版 3A 20:40～24:01
舊版廣論手抄稿2015版頁/行數：1冊　P75-L8～P76-LL2
舊版廣論手抄稿2016版頁/行數：1冊　P75-L11～P76-LL1

所以師父又回過來說，我們辛辛苦苦地念佛想要往生極樂世界，可是由於沒有得到圓滿的教授，不知道其他的法門也是佛陀用無量劫的頭目腦髓換來的，也是為他有情離苦得樂辛辛苦苦地積聚出來的，有無比珍貴的價值。我們不知道這個珍貴的價值，就非常無知地、無知地誹謗了它，產生了絕大的障礙。師父又講一句：「你隨隨便便排斥別人，產生了絕大的障礙。」1'42"

　　這裡邊有個問題我也在思考：排斥別人就會謗法嗎？我們排斥別人的時候，是否連帶著就會對他所修行的法也持著一種輕蔑的態度？師父說謗了法的，這麼大的一個惡業，「不但不能去啊，而且是累積了很多罪過！」在《菩提道次第廣論》3A的部分，師父就非常勇悍地提出了「謗法」這件事情。2'14"

　　很多人是不太了解有謗法這個問題，甚至當時也不知道謗法有多嚴重。所以當提出這個謗法的問題的時候，很多人就看佛經，說：「謗法會這麼嚴重嗎？」在《地藏十輪經》裡邊就廣泛地列舉了謗法會感得什麼樣的結果。還有在《廣論》後面會慢慢地學到，這是一個極大的、會墮落的、在身語意三門造作惡業的門徑。所以師父在一開始的時候就這樣告訴我們：這個地方絕對不可以去！絕對不可以輕鬆地、隨意地否定他人所修學的法門！

這樣的話，自己就很難懺悔乾淨。3'04"

這個發現是很獨到的！一門深入的人，因為對其他的法門缺乏廣泛的了解，也就自然缺乏廣泛的包容。比如說大家都知道有八萬四千法，那麼八萬四千法我們到底能知道多少法？說禪、教、律、密、淨。這些法門之間，師父說他之前的經驗就覺得：啊！大乘和大乘之間總是有一些很難理解的部分，但學了本論之後就全部地開竅、全部地理解了。師父在此處說：當我們修一法就著一法。著在一個法上產生是我慢嗎？還是什麼？總之就是「他人都不行，我最厲害！」因為這個心態謗法！因為沒有學到圓滿傳承而謗法！3'51"

這些都是要提醒我們在二六時中，對於修持其他法門的修行人真的要普同恭敬。要想他修的法也是佛陀傳下來的，絕對不可以用輕蔑的態度輕易地否定別人，說自己好。自己所學的這個法門好，自己就好嗎？這是兩個問題。那麼他人有點毛病，他人所學的那個法門就有毛病嗎？這也是兩個問題。師父在那麼多年前就提出了：一定會讓我們墮落的這個謗法的業，千萬、千萬不能造！4'26"

在這一小段中，師父說：「佛說得清清楚楚，他為了幫助一
切眾生，所以啊求各式各樣的法門。所有的法門它無非是解決一
切眾生的種種方便的這個法，法無大小，本身最主要的應機」，
然後師父又說了一遍「應機」，重複一下。「而每一個法都經過
佛無量劫捨頭目腦髓，這樣積聚起來的。」大家會不會覺得：
「每個法是怎麼來的我也不知道呀！真的是佛捨頭目腦髓換來的
嗎？」這個很多經典裡都有講。我現在舉一個《大乘大集地藏十
輪經》卷六的部分。我念一下，你們聽一下就好了，以後也可以
回去看整本的經，很多經典裡都有講。說：5'30"

「善男子，是故若欲於三乘中隨依一乘求出生死欣樂安樂
厭危苦者，應於如來所說正法，或依聲聞乘所說正法，或依獨
覺乘所說正法，或依大乘所說正法普深信敬，勿生謗毀障蔽隱
沒下至一頌，常應恭敬讀誦聽聞，應發堅牢正願求證。毀謗三
乘隨一法者不應共住下至一宿，不應親近諮稟聽法。若諸有情
隨於三乘毀謗一乘，或復親近謗三乘人諮稟聽受，由此因緣皆
定當墮無間地獄，受大苦惱難有出期。何以故？善男子，我於
過去修菩薩行，精勤求證無上智時，或為求請依聲聞乘所說正
法下至一頌，乃至棄捨自身手足血肉皮骨頭目髓腦，或為求請
依獨覺乘所說正法下至一頌，乃至棄捨自身手足血肉皮骨頭目

髓腦，或為求請依於大乘所說正法下至一頌，乃至捨棄自身手足血肉皮骨頭目髓腦。如是勤苦，於三乘中下至求得一頌法已，深生歡喜，恭敬受持，如說修行，時無暫廢。經無量劫修行一切難行苦行，乃證究竟無上智果。復為利益安樂有情，宣說開示三乘正法。以是義故，不應謗毀障蔽隱沒下至一頌，常應恭敬讀誦聽聞，應發堅牢正願求證。善男子，如是三乘出要正法，一切過去未來現在，過殑伽沙諸佛同說，大威神力共所護持，為欲救拔一切有情生死大苦，為欲紹隆三寶種姓令不斷絕。是故於此三乘正法，應普信敬，勿生毀謗障蔽隱沒，若有毀謗障蔽隱沒三乘正法下至一頌，決定當墮無間地獄。」8'40"

所以師父在這裡邊說：「每一個法都經過佛無量劫捨頭目腦髓，這樣積聚起來的。」這句話是有經典依據的，不是為了嚇唬我們把它誇大了說的，是在很多經典裡佛親口宣說的。9'01"

線上音檔掃描

講次0154

在心田上種下廣學之因

好！接著我們再聽下一段。

> 　　那就是說，假定我們了解這個大概的，也不要說最徹底圓滿的，有一個稍微深一層的認識，那時候我們曉得：啊，是沒錯啊！修學佛法需要這樣的圓滿的，我眼前哪只是限於目前的狀態，沒辦法真正地深學、廣學，將來我決定要深學、廣學的！所以先因地上面種下一個要深學、廣學的因，所以懷著這個非常慚愧的心情，現在一心一意只有祈求這個大善知識，念阿彌陀佛，你就只管念你的自己，這是一方面。0'52"

日常老和尚開示音檔起訖：舊版 3A 24:01～24:47
舊版廣論手抄稿2015版頁/行數：1冊 P76-LL1～P77-L4
舊版廣論手抄稿2016版頁/行數：1冊 P77-L1～P77-L5

　　剛才在聽這一段的時候，大家有沒有回憶到上一段？是什麼原因我們會容易造作謗法的罪呢？是因為我們對圓滿的教授沒有一個清晰的了解。所以在這一段，師父說：「假定我們了解這個大概的，也不要說最徹底圓滿的，有一個稍微深一層的認識」，就是對圓滿教法有稍微深一層的認識，那個時候我們就會曉得：哎呀，是沒錯啊！修學佛法需要這麼圓滿的，可是我眼前就是沒有辦法真正地去廣學三藏十二部、佛所留下來的這些教典。比如說《大藏經》就那麼多部，還有祖師們、菩薩們所造的論又那麼多，我都沒有體力、沒有時間、沒有機緣去廣學那些法門。那麼這樣想的話，就會對很多很多的法門產生一種珍惜的、很想去學它的心。但是由於現在的條件不能學，所以就產生了一個慚愧心。然後一邊慚愧著，不能說現在不學就算了，應該在因地上面，師父特別講：「所以先因地上面種下一個要深學、廣學的因。」2'21"

　　請問什麼叫「因地上要種下廣學、深學的因」呢？大家想一想。因地是哪裡呀？怎麼種？農夫在土地上耕種，秋天的時候就會有糧食、就會有果實出生。那麼我們修行人在哪裡耕種呢？就是我們的心田吧！心上就是我們的因地吧！所以當我們知道有這麼廣博、深邃的佛法法門的時候，要隨喜和恭敬佛為了無量的眾

生說了這麼多法，我想都把它學會。所以在因地上一聽說之後，他沒有說：「其他的法我都不要、其他的法都不好、就我這個好！」沒有生起這樣一個誹謗的意樂。他直接就轉了！轉成什麼呢？「我要學！我需要！我需要深學、我需要廣學！佛說的這些無量的法門雖然我現在沒有機會學，但不是我不需要的，是我全部都需要的！無一遺漏地全需要的！」所以在內心裡邊就種下了一個廣學、深學這樣的樂因。3'46"

有沒有發現那差別？他不是排斥，不是不認識，就是哪怕有非常粗淺的認識，對到這無量法門的時候，直接產生這樣的一個心念，或者這樣的一個願，絕非是排斥、輕視；直接翻過來的，這就是在因地上種一個廣學、深學的因。注意！是在心念，是在心田上種下這樣的因——我現在不能學，我慚愧呀！但是不能說我慚愧就算了，我要廣發正願！佛所說的所有的教典，祖師、菩薩造的那些論，我全部有一天都要精通，都要學會它！把它受持在自己的心上，然後廣泛地弘揚。4'33"

所以師父給我們的下腳處，有沒有看到是如此如此地清晰！那不能誹謗、不能去排斥別人，到底應該怎麼做呢？師父就說應該這樣想，然後懷著慚愧心種下一個廣學、深學的因。注意！在

下面又提出了：「現在一心一意只有祈求這個大善知識」，又列出了大善知識；「念阿彌陀佛。」然後就只念自己的，這也叫一門深入。雖然一門深入，但他的心是對佛所說廣闊的經論的海洋和虛空敞開了。他沒有封閉、沒有排斥，沒有非常無知地認為那些對自己沒用，甚至對佛所說的那些法造惡業，毀了自己的現在和未來。5'25"

所以看看有善知識指導的當下一步，和沒有善知識指導當下盲修瞎鍊的一步，它的起步點簡直是天上、地下，差這麼遠！那你說他起步點差這麼遠，到目的地又差多遠呢？一定是有一個走到極苦的地方，有一個就走到了最快樂的地方，實現了他的所願。所以在這點，我覺得真的是很感恩師父手把手地教我們修行，讓我們在當下的緣起點上如何同時一門深入，同時又對廣泛的佛所說的教法，能真的在內心裡產生一個禮敬和要廣學、深學的心。每每想到這一點，真的、真的很感恩師父！很感恩師父！6'15"

線上音檔掃描

講次0155

虛心學習，互相讚歎

好！那我們接著聽下一段。

　　另外一方面呢，旁邊的人哪如果在那地方，他弘他的教也好、他學他的禪也好，如果你有了這個正確的認識以後，我想我們就會這樣想：「對啊！這個佛法在世間真不容易啊！佛陀經過無量阿僧祇劫捨頭目腦髓，積累的這個圓滿的教法，流傳在世間。我們作為修學佛法的佛弟子，應該努力去把它弘揚、傳持。而我現在力量不夠，只能念佛，已經感到慚愧，現在看見他卻是能夠弘揚教、他能夠弘揚禪，我讚歎歡喜得不得了！」在這種狀態當中必然結果，說：「是的！將來我也要弘，可是眼前力量不夠，所以我現在念佛。那麼，我眼前單單……如果是每個人像我

日常老和尚開示音檔起訖：舊版 3A 24:47～26:17
舊版廣論手抄稿2015版頁/行數：1冊　P77-L5～P77-LL2
舊版廣論手抄稿2016版頁/行數：1冊　P77-L6～P77-LL1

念佛，那個佛法不是慢慢地、慢慢地只有這個了，別的沒有了嗎？幸好他在這樣努力啊，我就非常讚歎、非常歡喜。我可念我自己的佛！」結果呢，一方面你讚歎別人，增長自己的功德；一方面哪我也讚歎你、你也讚歎我，佛教彼此互相讚歎，於是這個教法也旺，我們也增長功德，不影響你的念佛。1'36"

上一段師父是說對自己的這一方面，然後接著是另一方面。另一方面是哪一方面呢？就是可以看看，弘揚教的、學禪的呀，當我們有了這個正確的認識之後，注意！我要提問題了：說我們有了正確的認識之後，請問是何種正確的認識呢？大家想一想，你們有什麼答案？注意！是產生了這個正確的認識之後，心念轉了，轉成什麼了呢？師父第一句話就說：「對啊！」什麼是對的？「佛法在世間真不容易呀！」為什麼說佛法不容易呢？來源——佛陀經過無量阿僧祇劫捨頭目腦髓積累的這個圓滿的教法，佛陀那時候積累的，現在居然在流傳，稀有吧？珍惜吧？2'48"

那麼我作為修學佛法的佛弟子是應該有責任的，什麼責任呢？應該努力地把佛經過無量阿僧祇劫捨頭目腦髓積累這個法，

要弘揚、要住持、傳持下去啊！這是師父的宏願啊！它是有使命，有責任的。師父要把這種責任傳給我們，現在就在傳給我們。可是，如果看到其他人能夠弘揚教、能夠弘揚禪，就歡喜、讚歎得不得了。為什麼？因為看到佛陀用這麼無量的難行苦行換來的教法，居然經過他人的弘揚還流傳在世間，我還能夠看到這麼美的教法在弘揚著，難道不感激涕零嗎？感激涕零！又說了：「是的！將來我也要弘。」看到他人的好、看到他人做得正確，就是發正願：「我也要如是啊！」3'56"

　　所以這樣想了之後，一方面讚歎別人、增長自己的功德，當我這樣去讚歎別人的時候，師父期待：「一方面哪我也讚歎你、你也讚歎我」，注意下面那句話：「佛教彼此互相讚歎，於是這個教法也旺，我們也增長功德，不影響你的念佛。」這幾句話是什麼意思呢？師父對我們這些弟子們提出了他的期待，就是：我讚歎你、你讚歎我，佛教彼此互相讚歎。如果這樣讚歎了就教法興旺，個人也會增長功德。4'53"

　　做得到嗎？舉個簡單的例子，我們現在在學《廣論》，我們能夠真心地讚美其他的寺院、其他的山頭所做的佛教事業嗎？捫心自問，能夠真心地讚美嗎？別人做到我們做不到的地方，我們

能夠發自內心地讚美嗎？為什麼不能發自內心地讚美呢？學習清淨圓滿傳承教法的弟子們，對於佛陀所說所有的法要一併地恭敬，對弘揚佛陀所說的所有法門的善知識們也要一併地頂禮、頂戴。尤其是在佛法還沒有廣泛弘揚的時候，最初花費了千辛萬苦去化度有情的那些大善知識，現在令佛教呈現出這樣一個局面那些善知識，他們所做的努力很多很多我們是不了解的，怎麼可能因為自己學了《廣論》之後反而輕視他人呢？反而輕視其他善知識的修學，甚至其他佛教團體的修學呢？這個是極度要對治的！6'12"

所以我們應該虛心地向一切大善知識、大德法師們，乃至居士們學習。正因為學到了這樣清淨圓滿的教法，我們才知道每一個寺院、每一個山頭、每一位善知識，都是辛辛苦苦地在推展佛教、在教化有情，每一步走起來都是非常非常不容易的。不要輕易地就說別人哪裡哪裡做得不好，好像只有自己是超勝的。只要這樣地一開口，就知道你沒有好好學習，沒有聽懂師父所教的。6'50"

所以一定要設法讓自己的心銘記師父的教誨，就是佛教要彼此相互地讚歎，一定、一定要恭敬其他的善知識在推展佛法方面

所做的這些艱辛的、難以想像的努力。這是我做不到的,所以我要好好地頂禮其他的善知識能做到的部分,並且我也發願:我要向他們學習,我將來也能夠做到!7'24"

　　要看到其他的寺院、其他的山頭在推展佛教,能從內心深處真正、真正地發出歡喜和讚歎。覺得有這麼多大德、有這麼多大善知識,甚至有這麼多法師還有居士們在努力,佛教是非常非常有希望的!佛教非常非常有希望,眾生就很有希望,這是一件多麼美的事情!所以一定要依教奉行,要讚歎、要恭敬、要發願廣學,向一切善知識、法師,甚至那些為了佛教的弘揚付出了非常多努力的居士大德們,真的要好好地學習!8'12"

線上音檔掃描

講次 0156
提起恭敬法寶的警覺心

你在這種狀態當中，有什麼樣不同呢？前者儘管你念佛，可是因為你謗法呀，造下來絕大的惡業。念得的一點功德被這個惡業抵銷啊，還透三分，反而欠了很多自己還不知道。所以明明是萬修萬人去的最好法門，念了半天念不去。你現在懂得了道理，不要你改變，卻是產生這麼大的功效，第一個。第二個，因為你因地當中已經這樣想：「對啊！我將來一定要求圓滿的佛法，我現在先走這個路……。」等到你一旦到了極樂世界以後，完了以後，去了，那個時候你心裡想一想：「現在到了，現在我要廣學、深學。」你很快地這個因又啟發，所以這條直道又走上去了。要不然的話，你儘管到了那個地方去，你種下去的因，到那時候發出來的芽，你還是會走你的老路子。至

日常老和尚開示音檔起訖：舊版 3A 26:17～27:42
舊版廣論手抄稿2015版頁/行數：1冊　P77-LL1～P78-LL6
舊版廣論手抄稿2016版頁/行數：1冊　P78-L1～P78-LL6

少到那時候，你重新要去懺悔等等，豈不浪費很多時間？所以這一點我們要認識的。不管是你準備走圓滿的路子、不管你走目前哪一門，這個道理我們應該認識。所以這個圓滿的教法，對我們實在太好、太好了！1'27"

好！大家剛才聽師父講的，我想要提一個問題。比如說「你在這種狀態當中，有什麼樣不同呢？」請問：「你在這種狀態中，有什麼樣不同」是哪種狀態呢？還記不記得上一次研討的？哪種狀態呢？大家想一想。是有什麼不同？學了正確的見解有什麼不同？後面師父說「前者」，就是沒改變的時候；「前者儘管你念佛，可是因為你謗法呀，造下來」，注意那兩個字，「絕大的惡業。」因為謗法的惡業是非常非常恐怖的，所以它不只是一個大的惡業，它是一個絕大的惡業！絕大的惡業會產生什麼呢？絕大的惡業會產生絕大的痛苦，時間又特別長，非常地痛苦！2'34"

我們念佛是為了求生極樂世界，得到生命最究竟的快樂，去除所有輪迴的痛苦，可是卻因為謗法造了這個絕大的惡業，師父說：「還透三分」，還欠了很多！我們一邊想要得到快樂，可是一邊還種下了苦因，沒有對佛所說的其他無量的法門產生恭敬，

產生由心底裡的隨喜，反而去誹謗佛所說的法，這個惡業一定是非常非常地可怕！所以最重要的，大家可以看後面那幾個字，師父說：「反而欠了很多」，注意後面還有幾個字，「自己還不知道」。3'23"

那麼這種狀態是一種什麼狀態呢？可能是覺得自己非常用功地修行，自己很開心，甚至還生一點我慢，或者覺得自己的修行的狀態不錯。因為不了解所有佛所說的法都是無量劫佛陀捨頭目腦髓換來，是針對不同眾生的根機救有情的，把它看得好像不應該存在的樣子，甚至是覺得很有過失的樣子，造了這樣絕大的惡業自己還不知道。3'56"

那我現在問大家：為什麼自己不知道呢？是不是不認識謗法罪呀？那麼為什麼不認識謗法罪呢？就是沒有親近善知識聽聞、去了解什麼是謗法罪。所以自己不知道這個問題，最初的原因應該是源於沒有聽聞到；如果聽聞到了還犯的話，那是對自己的三業失察。所以儘管我們學《廣論》已經很多年了、很多是老學員，但是是否我們能夠很好地防範自己的三業？甚至念頭能不能對佛所說的所有的法保持著深深的恭敬？自己平常二六時中所有的行為，對到《般若經》啊、對到《廣論》啊、對到很多很多戒

律呀、對到很多經典,是否能夠有足夠的恭敬啊?4'58"

因為現在好像我們掉到法的堆裡一樣,到處都有經典,好像經典也不是難可值遇的樣子。我們去世界這麼多學《廣論》的中心,到哪兒都有很多《廣論》、很多《般若經》。是不是到哪兒都可以遇到的時候,佛法就好像不是那麼難可值遇,然後對於經典沒有一個非常非常誠敬的心、如對聖顏的心?這些地方大家都可以檢查一下自己,因為最恐怖的是自己還不知道的時候造了很大的惡業,然後那個惡業感果的時候就只能很恐怖地去領受。所以,最好清清楚楚,每天要看著自己的三業,尤其是對上師三寶的對境、對法寶的對境。5'46"

線上音檔掃描

講次 0157

為成佛而發心廣學

這裡邊師父說：「明明是萬修萬人去的最好法門」，為什麼念了半天沒去？說：信、願、行，還有資糧不夠。所以，師父接著說：「你現在懂得了道理，不要你改變」，可以繼續念，「卻是產生這麼大的功效。」什麼功效？因為不謗法了，可以累積不可思議的資糧呀！大家知道一句佛號那就是消多少劫、多少萬劫的生死重罪，在《三十五佛懺》裡都有。如果說能夠常常念，大家都常常念「南無阿彌陀佛、南無阿彌陀佛」，常常念，一念就消八十億劫生死重罪。在《三十五佛懺》裡有講到每一尊佛號它能夠滅除的重罪。0'47"

日常老和尚開示音檔起訖：舊版 3A 26:17～27:42
舊版廣論手抄稿2015版頁/行數：1冊 P77-LL1～P78-LL6
舊版廣論手抄稿2016版頁/行數：1冊 P78-L1～P78-LL6

　　如果以這樣的力度來念佛的話，我們有命存活的念念中，珍惜時光，我們可以消多少罪業，同時又對佛陀所講的所有法門都保持著恭敬隨學的心；對於修學不同法門的善知識或者僧眾還有俗眾，都保持著恭敬心，真的像遍地黃金一樣，我們可以累積相當多的資糧！所以這是「第一個」。1'12"

　　接著師父說：「第二個」。「第二個」說什麼了呢？還記得嗎？這裡邊提到了「因地當中」，注意！提到了「因地當中已經這樣想」，因地當中的想法。有沒有發現師父照顧我們是非常非常仔細的？因地當中——我們都在因地當中，現在喔！現在！我們想什麼呢？正確應該想什麼？「對呀！我將來一定要求圓滿的佛法，我現在先走這個路……。」那時候很多很多居士都在念佛吧！就是在很多很多人念佛的時候師父開始講《廣論》的。所以在因地當中他先念佛，但是他說：我將來要求圓滿的佛法。注意喔！這是三十年前師父講的。說：我將來一定要求圓滿的教法，我現在先念佛；一旦到了極樂世界之後做什麼呢？那時候又開始想：「現在到了，現在我要廣學、深學。」有發現嗎？生到極樂世界之後，這個人的心續也還是那樣的，他在因地裡要廣學，所以到極樂世界他還是要廣學。廣學做什麼呢？請大家回答。2'31"

　　比如說想到去極樂世界就可以了，「啊！阿彌陀佛把我救到極樂世界了！」但師父為什麼還要算一下我們到極樂世界之後去做什麼？這是為什麼？到極樂世界要深學、廣學做什麼？成佛呀！對吧？要成佛呀！為什麼要成佛呢？度盡蒼生呀！所以這還是一個大乘的走法。有沒有發現師父在幾乎可能的每一處，都在提醒我們因地要發廣大心？然後這個心要生生世世相續下去，就是要成佛！3'16"

　　所以師父說：「很快地這個因又啟發」，注意！很快地這個因又啟發，這個速度——成佛的速度。接著又說：「所以這條直道」，這是一條直的，沒有曲曲彎彎朝後走或者完全走反了，直著就走過去了。就是從因地裡你要發廣大心，發一個成佛的心，不要發下劣心，甚至不要在一邊念佛的時候一邊造謗法罪還不知道。接著，如果不是這樣的話，會怎樣呢？說：「到了那個地方」，原來種的什麼因啊？就是不廣學，到那個時候發出了芽，又走到老路，然後那時候還要再懺悔，師父說了幾個字：「豈不浪費很多時間？」4'02"

　　有人說：「到極樂世界，怕浪費時間幹什麼？」想一想有多少有情在地獄道、餓鬼道、畜生道，那有情是誰呀？是如母有情

啊！我們如果能夠快點、快點成就的話，就可以幫忙曾經為我母親的那些有情啊！那個時間是他們受苦的時間哪！4'24"

所以在後面師父說：「不管你準備走圓滿的路子、不管你走目前哪一門，這個道理我們應該認識。」哪個道理呢？就是我們一定要修學圓滿的教法，而且要對佛所說的所有的法門，要知道是無量劫來捨頭目腦髓換來，是為了無量的有情能夠安立正確的次第而講說的，並不是沒有什麼所為、沒有什麼作用，這個道理我們要認識。4'53"

「所以這個圓滿的教法」，師父接著說：「對我們實在太好、太好了！」大家聽師父的帶子的時候，會發現師父真的滿心洋溢著歡喜，好像都一直在笑著講這一段。師父對圓滿教法的那種歡喜心，我們聽著師父的語調，彷彿看到他的笑容，那個加持力就會加持到我們的內心。5'18"

對比一下我們平常在學《廣論》的時候、在學《備覽》的時候，甚至在學五大論、在學《攝類學》的時候，會不會怖畏其難，沒有感受到圓滿教法的莊嚴，然後就沒有那樣的歡喜心？你說：「這麼難，我有什麼歡喜心呢？」那你可以想有很多人賺錢

也很不容易呀，為什麼他有歡喜心呢？因為考慮到勝利呀！比如說學習《攝類學》可以成為一切遍智的因啊！所以我們就不怕難，我們就去學「紅白顏色」等等，學很多、很多。所以能遇到這個圓滿的教法，一定要在內心深處深深地隨喜，想到師父那個發自內心的讚歎，說：「實在是太好、太好了！」6'00"

線上音檔掃描

講次0158

傳持教法，是佛菩薩一向的志願

　　那麼現在大師就把真正的中心告訴我們，說主要的是能夠把圓滿的教法留在世間，你們能夠圓滿地學固然好；其他的人你只要得到了，不管你得到了以後，自己用的用在哪裡，哪一部分都得到好處。所以他把這個圓滿的教法解釋，他自己本身也看見了這個事實，了解了這個道理，他心裡面是非常歡喜。有這個圓滿的教法，整個的那個弊端可以救，整個的佛法可以興，而這個正是佛菩薩一向的他的志願，一向的作法。所以他說：「故我心意遍勇喜。」啊，真歡喜啊！真歡喜啊！這歡喜的情況是遍而勇，遍而勇！這不是說這樣地淺淺的、小小的，因為諸佛菩薩的心量本身這個狀態就是這樣。那麼，這個是他造論的宗旨。1'24"

日常老和尚開示音檔起訖：舊版 3A 27:42～3B 00:24
舊版廣論手抄稿2015版頁/行數：1冊　P78-LL5～P79-L3
舊版廣論手抄稿2016版頁/行數：1冊　P78-LL5～P79-L3

在這一小段，大家可以繼續聽到師父非常非常地歡喜。師父說：「現在大師就把真正的中心告訴我們」，那麼可以想一下中心是什麼？「主要的是能夠把圓滿的教法留在世間」，這句話熟不熟？因為師父一直一直地教誡我們要把法留下來，把圓滿的教法留在世間，他最最在意的事情就是把法留下來──把圓滿的教法留在世間。1'58"

所以師父接著說：「能夠圓滿地學固然好；其他的人你只要得到了，不管你得到了以後，自己用的用在哪裡，哪一部分都得到好處。所以他把這個圓滿的教法解釋，」這個「他」是指誰啊？「他自己本身也看見了這個事實，了解了這個道理，他心裡面是非常歡喜。」誰呀？宗大師，對吧？說：「有這個圓滿的教法，整個的那個弊端可以救，整個的佛法可以興。」注意！為什麼師父這樣地歡喜圓滿的教法？這樣辛苦地把這個法一定要徹底地留下來呢？就是因為整個的弊端都是可以救的，整個的佛法都是可以興起來的。2'54"

興起來是什麼意思啊？就是聞思修啊！僧俗二眾很興盛地學習佛教啊！這樣的話，「正是佛菩薩一向的他的志願，一向的作法。」注意！師父講完了這個時候，突然講到這一句話。不知道

你們會不會覺得是突然？講到「我心遍勇喜」這個偈子，講到圓滿的教法要留下來，整個的弊端都可以救起來，整個的佛法都可以興旺，接著直接說道：「正是佛菩薩一向的他的志願，一向的作法。」佛菩薩一向的志願是什麼？令佛法可以全部興盛，然後可以救度蒼生。3'41"

注意！還有一個：「一向的作法。」這個作法是什麼意思呢？當我們看到弊端，我們有時候會選擇抱怨，有時候選擇哀嘆，然後無能為力，甚至會去說別人的過失——因為某某人所以才有這樣的弊端，我們並沒有意識到我們對這個弊端擁有什麼樣的一個責任。會想要拯救這個弊端或者改善這個弊端嗎？比如說看到哪裡做得不好的地方，我們會想：把它做好就是把佛教興旺起來嗎？師父說這正是佛菩薩「一向的作法」。作法是什麼呢？就是弊端是可以救的。請問佛菩薩用什麼來救這個弊端呢？整個的弊端喔！師父說：「整個的那個弊端可以救！」什麼弊端呢？用什麼來救呢？就是用圓滿的教法。用圓滿的教法怎麼救呢？就是要有人講圓滿的教法，有人聽受圓滿的教法，並且依照所聽受的來結合內心的這樣一個修行。4'49"

所以並不是對著弊端哀嘆，也不是把造成這樣的原因一直推

給別人，自己好像什麼責任都不負，就只負責批評。佛菩薩一向的作法不是這樣的，而是直接把這件事解決。而解決的方式是如此地完美，就是要傳持圓滿的教法，很多的弊端就解決了，整個佛教也會興旺起來。所以悲心和智慧和力量都是極致地圓滿。5'20"

在這樣的狀態下，說：「我心意遍勇喜。」然後師父說了兩遍：「真歡喜啊！真歡喜啊！」歡喜地又說：「遍而勇，遍而勇！」講兩遍。「這不是一個淺淺的、小小的」，又出現了——歡喜心！又開始為我們介紹佛菩薩，「因為諸佛菩薩的心量本身這個狀態就是這樣。」什麼狀態呀？「遍勇喜」！記得《入行論》有偈子吧？「有情若解脫，心喜如大海。」我們的內心又何嘗高興得像大海那樣遼闊無邊，一浪、一浪，像海浪不停息的那樣的歡喜心；但是有情若解脫的話，菩薩就會產生那樣的歡喜心。所以這裡邊再度地說到了諸佛菩薩的心量。6'12"

前面說到了諸佛菩薩的志願、諸佛菩薩的作法，此處又講到諸佛菩薩的心量本身的狀態就是這樣。所以師父一直在給我們介紹佛菩薩怎麼做的、佛菩薩的志願是什麼、佛菩薩的心量是什麼樣。為什麼要一直這樣介紹？就是讓我們心生渴仰，能夠嚮往這

樣的生命境界，能夠把自己從只關注自我的苦樂，只關注幾個人的苦樂，甚至只管自己這樣一個我愛執的爆發狀態，慢慢地引生到嚮往佛菩薩的生命境界，很渴望能把所有有情的離苦得樂擔在自己身上那樣的一個責任感。所以，很想擁有那樣的一個責任感，為了這樣的一個願心或者行心而心潮澎湃。有沒有感覺到師父講這一段心潮澎湃？他為佛菩薩的志願所激動、為佛菩薩的心量所歡喜，這個感受可以透過師父的語調直接地傳遞過來。7'26"

我也在師父身邊的時候親眼看到，比如師父捧到《般若經》、捧到《廣論》那種全身心恭敬的樣子，都是雙手捧著，非常非常非常珍重的樣子。講到大師教法的時候，師父常常都會非常非常地歡喜，有的時候也是很感動！我跟在師父身邊，看到師父在頂禮宗大師、在頂禮三寶的時候虔誠的樣子。比如講到菩薩戒的某一段，師父說他講到菩提心的時候是沒法休息的，因為實在是太歡喜了！哪天講了哪天都沒法休息。8'05"

所以這個一向連貫的師父對於佛菩薩的那個心量、佛菩薩的志願、佛菩薩的作法，充滿了渴仰和充滿了實踐的力度。師父在前面這樣走著、這樣示現著、這樣引導著我們，那麼你我要怎麼辦呢？8'26"

廣海明月

——道次第廣論講記淺析

第三卷

傳承經典
究竟離苦

線上音檔掃描

講次 0159

大師造論校正修行錯誤

　　大家好！又到了我們研討《廣論》的時間了，今天我們會一起學習《四家合註入門》。在學習之前，請大家觀察一下自己的內心：我現在的狀態，是否能夠馬上專注在聞法上呢？是以什麼樣的意樂來學習呢？要用專注的心，為了利益無窮無盡的如母有情究竟地離苦、究竟地與樂，為了這樣的目標，我們必須去成就無上正等菩提；為了成就無上正等菩提，我們需要知道成就無上正等菩提的因；為了了解那個因，所以才要聞法。那麼當下的起步點呢，就是在因上努力，就是聽聞。不要散亂、不要昏沉！因為每天我們在正法上聽聞的時間也不是很多，就這麼少的時間，一定要設法讓自己的心能夠專注。1'09"

四家合註入門頁/行數：1冊　P68-L7～P70-L3

　　好！請大家把書翻到《四家合註入門》六十八頁，看中間彩色字的部分，我先念一下：「❶其次第二、著作之因者：今❶欣樂且勤於〔瑜伽，❶他派雖說四種，然此係指真實瑜伽止觀雙運，及彼隨順內三摩地。〕者率多寡聞，❶而諸廣❶作聞❶者亦不善於修持❶之要，❶當今行者，偏執自所信解講修，故觀視佛語多❶成片眼，復乏理辨教義之❶慧力。故❶遠離智者歡喜道——❶謂得全然圓滿❶教證教法扼要之殊勝教授，見已❶而悲憫彼等，踴躍造論而立誓云：釋此大車道❶次第，我❶傑喇嘛心全然遍勇喜。」2'26"

　　下面我們就可以看講記。那麼「❶其次第二、著作之因者」就是第二科判，第二科就是講到了為什麼要著作本論的原因，是什麼呢？又提了一下當時的狀況，說：「今勤瑜伽多寡聞」，「瑜伽師」，中文是指修行者。這裡面要解釋瑜伽的意思的話，他派雖說有四種，這四種在《四家合註》當中沒有解釋。密宗對瑜伽的說法，即為四種，而顯教道次第的瑜伽是什麼呢？就是指「❶真實瑜伽止觀雙運」，還有「❶及彼隨順」，止觀雙運以及不是真實止觀雙運、只是隨順的「❶三摩地」也是可以的。所以他這個「勤」，就是想要學習並且覺得瑜伽是很好的。這裡面有一種欣樂歡喜，就是非常非常想要。3'35"

雖然是這樣，但是他們「●率多寡聞」，是指他學習的是很少的。當時宗喀巴大師的時代，很多修行者，他們自認為是很大的修行者，可是往往就是缺乏多聞，這是當時的一種現象。那個時候的很多修行者就是非常非常喜歡修習止觀雙運及彼隨順、非常非常愛樂修行，可是對於教典的學習是非常寡少的，缺乏多聞。4'08"

那麼第二種，「●諸廣●作聞●者」，也有一些人聽得很多，但是他們真正在修持的時候，卻沒有很好地理解修持的扼要，沒有達到善巧。「●當今行者」，就在那個時候，行法者、修法者大都是什麼狀況呢？想一想大都是什麼狀況？「●自所信解講修」，對於任何自己所信解的講說及修持，由於「●偏執」，不論是好是壞，都說這個是好的，而沒有遍觀一切佛語，只是少分、少分地觀看之後，就對此產生了愛著。「●故觀視佛語多●成片眼」，對於薄伽梵所說的教義，自己缺乏理路辨析的能力，缺乏力量，內心沒有這種分辨的「●慧力」，沒有能力區分，所以對經教的意思無法各別地去區分。各別區分是什麼意思呢？比如這裡是講這個的、那裡是講那個的，要分得很清楚，可是他分辨不出來，不能體會其中的義理。5'22"

所以整個的修行過程之中，這第二部分也是很重要的。他當時為什麼要造這個論呢？就由於當時藏地有很多教派，各有自認為好的修行方式，但是在宗大師看來，很多都是不理解真正修行的方法和佛陀的教義。有些人看起來自己是一個很好的修行者，但是他修行的方法很多是錯誤的。在這種狀況下，造這部論是非常具有意義的事情，因為如果不造這部論的話，有很多修行的方便、學修的方法都是錯誤的。最可惜的是，很多人自己都不知道。6'09"

我們會發現在這裡邊講了兩種狀況：愛樂止觀雙運及其隨順的人就寡聞；廣聞的人卻沒有達到修行的扼要。實際上這兩種似乎是很用功修行的、很歡喜修行的人，可是很歡喜修行，修行的方法卻是錯誤的，而這個是誰發現的？是宗大師發現的。宗大師發現了之後，要怎麼辦？他校正這些錯誤，來給這些非常愛樂修行、非常用功修行的人一個正確的修行方法，讓大家一生一世乃至生生世世為了修行所流的汗水和淚水不至於白流，這是非常深的恩德！6'58"

線上音檔掃描

講次 0160

觀察自己對修行的定義

　　既然有上面那兩種狀況，接下來看70頁。說：「**故離智者歡喜道——圓滿教要勝教授，見已釋此大車道，我心全然遍勇喜。**」佛薄伽梵的教法，即是教正法和證正法，「**故遠離智者歡喜道**」就是得到全然圓滿教證教法扼要的殊勝教授，是說這樣的教授是一切智者非常歡喜的妙道。什麼樣的妙道呀？它是全然圓滿教證的教法的勝教授。所以，雖然是這麼美的、令智者歡喜的妙道，但是前面講的那些人沒有能力看出來。注意！沒有能力看出來，很想看出來，但是能力不夠。因此大師要宣說大車道，也就是全然圓滿教證教法扼要的殊勝教授，即是最殊勝的教授，也是智者所歡喜的妙道。當看到上述的修行者不具備這些之後，宗大師就想要寫這部論。1'21"

四家合註入門頁/行數：1冊　P70-L4～P74-L3

接下來最後兩句是「⊕踴躍造論而立誓」，雖然狀況已是這樣，大師就不再有所顧慮，而立下誓願說要解釋這個大車道。「釋此大車道，我心全然遍勇喜」，大師自己對此十分地歡喜。1'41"

再翻到73頁，這後面有一些我問仁波切的問題。在聽的時候我就一直糾結這個「瑜伽」到底是什麼？在想相似的瑜伽為什麼可以歸結為瑜伽裡邊？瑜伽——這個止觀的次第、量都是非常明晰的，相似的為什麼還可以歸到瑜伽裡邊？所以一直在問仁波切這個事情。在73頁看到仁波切講的那段。又說一遍：「今勤瑜伽多寡聞」，在藏文裡「今勤瑜伽」就是指他在這方面非常努力的修行，沒有說完全就是一個瑜伽者，還沒得到，但想在瑜伽方面努力的這些人對此有興趣，尚在修行過程中。藏文中「今勤瑜伽」，對於什麼精勤呢？對「瑜伽」精勤。那麼他們想要得到什麼呢？他們想得到的就是瑜伽，原文上也是很清楚的。看！仁波切又說一句：「是很清楚的，想向瑜伽努力的這些修行人，意思就是這樣。」又說一遍！2'56"

而註解是指趣向於隨順止觀雙運這點，並非完全具足止觀雙運，但在內三摩地、止的部分努力的修行人。「隨順」是表示沒

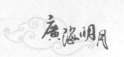

有做錯。而且他們大多數都寡聞,這說明很多人就是這樣,剛開始的時候,不重視學習佛教的教理、教言,不重視學習;有的是學到以後,開始修的時候,學修不能結合,在修的過程中方法也有很多錯誤。這些都是當時出現的一些問題,宗大師看到了這些情況之後,他想把大車軌這個道講出來。3'41"

當時在跟仁波切請問的時候,仁波切講了一下出現的問題:雖然很樂於修行,可是卻不注重學習佛教的教理和教言,不注重學習。其實這種現象現在應該也是滿普遍的,大家可以觀察、觀察。如果沒有聽聞道次第,沒有師父這樣給我們詳細地講解《廣論》,我們並沒有發現學習佛教的教理和教言會是這麼重要的一件事情。我們今天能對這樣的法義進行聽聞,能有這樣的善根,還有歡喜心堅持聽聞——比如現在正在聽的「你」——都要感謝師父的深恩。4'32"

現在我想提一個問題:為什麼想要修行的人,他會落入這種不重視多聞的現象呢?為什麼想修行的人不重視多聞呢?為什麼提到修行的時候會不重視學習教理呢?大家可以想一想。當我們說到一個人非常有修行的時候,我們的心裡會出現一個什麼樣的影像呢?是不是會出現他在打坐?你們是出現他在打坐嗎?這是

一個非常有趣的現象，為什麼說一個人非常有修行就是他在打坐呢？而不是他在學教理呢？好像我們認為非常有修行的人就是在那兒端坐，能夠生起禪定。甚至能夠在禪定中證悟空性這樣的想法可能都沒有，只要生起禪定就是很有修行。5'48"

我們可以觀察一下自己的心，觀察一下自己對於修行的定義。打坐——很多人就是在修禪定。那麼修禪定的時候，有沒有注意到是為了解脫生死要修習空性、修習無我，還有前面達到空性的很多次第？所以就可以發現當我們想到修行的時候，我們想到的是片段呢？還是全圓的道次第呢？6'19"

線上音檔掃描

講次 0161

「今勤瑜伽多寡聞」即是我內心的邪宗

　　如果說什麼是修行的話，一定是一個全圓的道次第；全圓的道次第，那一開始的功夫一定是親近善知識，然後聽聞教典，一定是從這兒開始的。而且一定是要聽全圓的道次第，跟隨有傳承的善知識。所以多聞、學習教理和教典，這個是極其重要的一件事情。因為如果不學習，我們將不知道怎麼修行，修行的次第和數量都不了解。0'34"

　　在我們現起一個人端坐在那裡，非常莊嚴地修禪定的時候，那前面他一定有一系列的道次第在進行。比如說他去尋找善知識，跟善知識聽聞教典，一定會浮現出很多教典的樣子，那個修行人在非常努力地聽聞啊、背誦啊、辯論啊、切磋……。把次第和數量弄清楚之後，即使是修禪定也要有善知識的指導，所有的

一切都將在詳細地學習教理，明辨其中的取捨之下才能夠進行。
1'13"

　　這時候就可以觀察一下：當我們想到一個修行者的時候，我們是不是心裡還有很濃厚的那種「今勤瑜伽多寡聞」的習氣？那麼這種習氣是怎麼來的呢？任何習氣應該都是培養出來的。那麼我們為什麼會培養這樣的習氣呢？不只是一生會泡在這樣的習氣裡面。這樣的習氣要怎樣能夠得到徹底的改正呢？宗大師沒有造這本論的話，我們是沒法自救的，因為不知道。宗大師造了這本論這麼多年了，我們也未曾知道，如果師父不是把這本論捧到我們每個人的眼前，就是送給我們了，我們也讀不出來味道。如果師父不是這樣非常慈悲地用我們能夠理解和歡喜的方式一直在講給我們的話，我們也不可能學進去，甚至堅持十年、二十年的學習，一直在聽聞、思惟。2'18"

　　所以在學到「今勤瑜伽多寡聞」的時候，好像是因為當時的修行人出現了那樣的狀況，然後宗大師悲憫那些人寫的論，但是我們後世的這些人這個毛病會比那時候的人少嗎？我說的是要觀察自己。所以要特別特別注意：如果這樣下去的話會離智者歡喜道，會離圓滿教要勝教授，會離開那些的。就是怕我們離開智者

歡喜的道,所以宗大師才為我們寫了《菩提道次第廣論》。就像宗大師說的,想念他的弟子們,就去閱讀他的兩本論。其中一本就是《菩提道次第廣論》——野風送來的遺囑,這是非常非常珍貴的智慧寶藏!3'13"

有了這本論作指導,然後有了師父這樣非常入心的講說,我們就可以校正自己在修行上的偏失。比如認為修行就是止觀,而沒有看到聽聞是很重要的,不知道聽聞是樂於修行的人非常非常重要的一個步驟,而且是不可逾越的一個步驟。3'40"

所以,今天我自己和大家能夠再度再度地在《廣論》裡邊學到善知識的這個教授,我實在是覺得非常非常地幸運!因為可以看到現在還有很多沒有學到的人,可能還是這樣子。就算我們學到的人,不認真的話,我們對修行的理解依然是很偏狹的,沒有數數地去對治自己好樂瑜伽卻不重視多聞的這個缺點。4'11"

比如說一學習,我們學不會的時候就會很焦灼,然後就想:「哎呀!我什麼時候去修行啊?我學《廣論》什麼時候去修行?」好像聞思的時候就不是修行。聞思的時候是修行必經的一個階段,我們必須得詳細地聽聞教典;但詳細地聽聞教典的時間

如果一長的話，我們就會覺得好像沒有時間修行，而忽略了這正是修行的一個次第，而且是非常非常重要的部分。4'45"

所以我們是否能夠對於聽聞教典，貫注像對於修禪定、對於修止觀那樣強烈的嚮往，而且在聽聞的時候就生起強大的歡喜心，覺得我就是在修行、我是在修行「聞」的修行——聽聞的修行。能生出這種腳踏實地、自我感覺得到行進在這個圓滿道次第、正確的次第上的一種踏實感，而不要覺得我聽的時候我沒有在修行。5'17"

所以我們在學習《攝類學》啊，或者學習《廣論》，發現內心中有的時候會生起覺得這沒有在修行的見解，就要想一想我是不是落入到了「今勤瑜伽多寡聞」這樣的一個見解？非得認為去打坐，或者去念儀軌才是修行；在學習教典、在背誦教典的時候，甚至在辯論的時候，這都不是修行。可能都是這些邪宗在發酵吧！所以大家要注意，面對「今勤瑜伽多寡聞」這個問題，並不是說我們知道了這件事就可以了，我們要向內心中觀察：我現在是不是依然還是這個宗？6'00"

如果是這個宗的話，我們將被《菩提道次第廣論》所救拔，

被宗大師的悲心所攝受。是否可以在內心中確認這樣的次第？確認只是歡喜止觀是不可以的，要對全然圓滿的道次第，這些殊勝的教正法、證正法進行扎實穩健、經年累月的聽聞、思惟，然後去辨析其中的取捨——需要特別清楚地辨析出來，這是需要花下時間的。6'45"

線上音檔掃描

講次0162

「觀視佛語多片眼」的習性

好！請大家把《四家合註》翻到74頁。再看一下仁波切回答問題。

說：「觀視佛語多片眼」是指什麼呢？不全面地去看的意思，就是片段，有些佛語會看、有些就不會看到。假設不遍觀佛語的話，過去經典中宣說了很多各別不同的了義、不了義，有些說補特伽羅有我，有些說補特伽羅無我，不可以只片面地說：「佛宣說補特伽羅有我。」所以對於佛語要全面地學習，不這樣做的話就是「片眼」。不能因為這之前他有說過，就非得固執不可。所以要學的話，就必須全面地學。但是仁波切在這裡邊說：有些人不全面學的話，就體會不到。看前面寫的是「有我」，這是佛講的，是對的。但是為什麼要講「有我」呢？到後來又寫的是「無我」，那不全面看的話，只抓住一句就是「片眼」。1'15"

四家合註入門頁/行數：1冊　P74-L6～P74-LL4

在這一部分，可能很多同學也會遇到這種狀況，覺得：欸，佛講的教理好像前面、後面是矛盾的。學得越多的同學有的時候會越容易發現這一點，因為他心中無法會通——佛為什麼要這樣講、為什麼要那樣講？所以一旦我們沒有了解全面的說法的時候，我們就會固執在某一個時期或者對某一類有情講的那個法。在這樣的狀態下，我們很顯然就會犯下對佛語沒有究竟了解這樣一個缺失，所以仁波切在這裡說：「這就是片眼。」2'06"

　　比如說我們會認為修行最重要就是修定，對於佛陀講的修定的教理就非常仔細、非常認真地學，但是前面怎麼發起出離心、怎麼發起菩提心，甚至親近善知識、修行因果、暇滿人身的難得易失，這些都沒有聽聞，甚至惡趣苦都沒有聽聞，也沒有去重視閱讀。比如說我們看佛經的時候，自己閱《大藏經》會特別去閱讀「三惡趣苦」嗎？我們會特別特別去閱讀「深信因果」的那些教典嗎？乃至我們會極其極其重視地去閱讀「如何如理親近善知識」這樣的篇章——在《大藏經》中？很顯然，我們會一直找怎麼樣修定、怎麼樣能夠得定，乃至四禪八定全部都修起來是什麼的狀態，我們就只專注在這個部分。3'15"

　　所以為什麼會「觀視佛語多片眼」？是和自己的習性有關係

的。因為我就比較喜歡學這個部分，學那個部分的時候就沒有感覺，甚至是反感；甚至覺得這是我不需要學的、多的，我不需要學的，我只要學我比較相應的、比較有歡喜心的。所以每個人要找每個人相應的部分，可是為什麼我們沒有去相應全圓的道次第呢？為什麼我們沒有一種力量去跟佛陀講的所有的法都相應呢？只相應一部分，這是為什麼呢？一部分美不美呢？是很美的。但是彩虹之所以美，就是赤、橙、黃、綠、青、藍、紫都有，它不是單色的。我們的心為什麼沒有去相應一種全圓的呢？4'15"

就像我們平常的習慣，比如說想一個什麼問題，就容易栽在那個問題裡出不來了；做一件什麼事情，也會栽在那件事上出不來。好像是看什麼著什麼、想什麼著什麼，很難穿越正在緣的那個事情上，很難穿越當下的緣起點，看到遠方、看到虛空。所以佛陀講的教理浩瀚得像虛空一樣，如果沒有善知識把全圓的道次第在我們面前展現的話，我們並不想仰望虛空，我們只想看著腳下這塊路、從這兒到那兒的一點路弄清楚就可以了，我們並不想瞭望虛空。5'09"

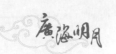

線上音檔掃描

講次0163

養成樂於多聞的習慣

　　如何去領略虛空的浩瀚和美妙，這一定要善知識教我們，我們才會想要抬起頭、嚮往那浩瀚的虛空、嚮往那遼闊，而且不去排斥遼闊，想在內心中承載那個遼闊。能夠生起對佛法全圓道次第歡喜的期待，這種心量的擴展，完全是透過佛陀講的教理、善知識的教誨，我們才擴展內心的。0'38"

　　比如說我們現在學五大論，學到第一本《攝類學》的時候，一開始就會撞牆，四種回答、辯論……，就有很多問題撞牆。到中間的中級理路、高級理路就不知所云了。學、學、學到《現觀》的時候，那個像海一樣的教理就湧進來了，要讀的書非常地多，那個時候就會嚇到，這麼多、這麼多的教典都要學，而且要在既定的時間內把它看完，還有辯論題、還要背書、還要大考……。這些問題似乎是很有壓力的，可是如果不學的話，我們並不了解佛陀教理細緻的差別，乃至那些祖師對這個教理解釋的細緻差別都是不了解的，那這樣就沒有壓力嗎？這樣就去修行

了，這樣沒有壓力嗎？學、辛苦、累，有沒有壓力？是有的。不學彷彿沒有壓力，因為不知道有多少無知的，就不會感受到無知的壓力。但是一旦學了之後就發現：哇！這些細緻的差別全是不了解的，必須詳細地辯論、詳細地取捨，經年累月地思考、跟善知識求教、反覆地看那些教典。1'51"

像我一直說性華法師把《現觀辨析》看了三、四十遍，看三、四十遍要多長時間啊？像一部論也是反覆地看好多遍，這是要花下時間的。但是如果沒有用這樣的時間，我們就很難懂這個論它詳細的所詮，乃至其中的差別。所以如何做到不片眼？就是要聽聞全圓。聽聞全圓，就要拿出那麼大的精力對佛所說的法進行全面的學習。2'27"

這樣的學習有壓力，什麼都不學的狀態，那不是更大的壓力嗎？因為那會有愚痴的壓力呀！所以在學習的時候，我們不只一次地會進入：欸！這到底是講什麼呀？似乎前面一片黑暗，完全看不到光亮。但是就在這樣的狀態下反覆地看、反覆地聽、反覆地討論，有的時候就會出現微光，有的時候會出現亮光，有的時候就會全亮了！因為我們的心在學習教典的時候會變得明晰、會變得細緻，而且它也會變得非常地專注。3'05"

學久了之後，再看到很多教典的時候就不會怕。你會發現手邊沒有那麼多教典倒覺得心裡發慌，看到很多書的時候反而不會怕，想把它一本、一本地看了。其實這也是一個習慣的養成，養成習慣就好了。「今勤瑜伽多寡聞」，他就是那樣的一個習慣。那麼廣聞也是一種習慣，養成了之後其實就樂於廣聞了，就會覺得天經地義，修行怎麼可以不廣泛地學習教理呢？我們會覺得不廣泛學教理是一件非常奇怪的事情。3'45"

　　當你內心發現自己已經開始認為學習教理是天經地義的修行的第一步，並不會認為學習教理在浪費修行時間的時候，其實是否也聽了宗大師的話、聽了師父的話，調整了內心的邪執，可以安住於諸大善知識所喜的正確道次第上？如果這樣的話，自己內心為什麼不歡喜一下呢？雖然聞思很辛苦，但是我終於改過來那個習氣毛病，我終於樂於多聞了！而且認為多聞就是修行本身，這是多麼欣喜的變化，所以請大家隨喜一下自己吧！4'23"

線上音檔掃描

講次 0164

見已釋此大車道，我心全然遍勇喜

　　上節課講到74頁，仁波切對於「觀視佛語多片眼」的「片眼」所指的是什麼。接著是：「復乏理辨教義力」，佛薄伽梵所說的教義，要用各自的理路去分析，再再地觀察、思惟是不是這樣？從理論上分析道理的能力，就是這裡邊的理辨教義力。注意！這個「理辨教義力」的「理辨」，是指各自的理路去分析，然後去觀察是不是這樣；它是一種能力，從理路上分析道理的能力。那麼要有從理路上分析道理的能力的話，是不是我們得先獲得理路啊？你那個路是不是理路，還是亂七八糟的路、不是一條理路？正確的理路不是邪妄分別。0'55"

四家合註入門頁/行數：1冊　P74-LL4～P76-L5

341

　　接下來到75頁的時候，說：「圓滿教要勝教授」，圓滿佛薄伽梵教法中一切扼要的最勝教授，比如像《廣論》這樣的道次第，這是所有智者歡喜道。大師觀見他們相續中遠離了智者歡喜之道，因此如《箋註》中所說的，大師要造此論。在六百多年前，宗大師觀察了那兩種修行人——今勤瑜伽多寡聞、廣聞不善於修要等等這些，相續中沒有智者所歡喜的道，遠離了智者所歡喜的道。注意喔，那都是非常用功的修行人喔！卻遠離了智者歡喜道。所以宗大師見此要釋此大車道，然後他心遍勇喜。1'48"

　　接下來仁波切說：科判實際上挺重要的，《箋註》的科判有兩家：一個是遍智妙音笑大師箋註的科判，另一個就是巴梭法王箋註的科判。妙音笑大師的科判——第一個是皈敬；第二，立誓宣說；第三，敦囑勵聽；第四，由辨識所詮之門而明如何講聞此法，四科。接著應該是巴梭法王的科判——此中分為：一、前行趣入講說之方便；二、正敘所說；三、宣講究竟之理。那麼我們已經說完「皈敬」和「立誓宣說」，這就是依照妙音笑大師的科判來說的。那麼依照巴梭法王的科判上來說，「皈敬殊勝天及根本傳承上師」也講完了，第二個「由明希欲造論因相之門而立誓造論」這是第二科。最初「前行趣入講說之方便」分了四科，已經結束了前兩科。2'46"

如果宗大師沒有造這樣一本論，清淨教法是很難住持在雪域西藏的。是為了非常重大的意義，所以大師造了此論。為什麼呀？可以從之前的偈文中知道，當時西藏的佛教是怎樣的？雖然佛陀的教法曾經興盛過，遍布著許多宗派。但事實上，真正地能夠清淨地修行解脫和一切遍智之道的法，真的不多，是很稀有的！這不是在批評其他的宗派，那時還沒有所謂的「日窩甘丹派」——這個「日窩甘丹派」就是格魯派的意思——宗大師並不是說其他宗派不行。那是什麼呢？是因為我們修行的方式有很多錯誤，所以才這樣說；是為了修持全圓的教法，而造了此論。因此，由於悲憫這些修行人，想以大悲之門為他們宣說正道，大師才說要著作此論。所以「見已釋此大車道，我心全然遍勇喜」，內心非常地歡喜，並且對這些人懷著強烈的大悲，而著作了此論。4'02"

線上音檔掃描

講次0165

堪為清淨論典的條件——「所為等四法」

現在請大家把《四家合註入門》翻到76頁，看第二段。在第二段裡仁波切講了「所為等四法」。說在造任何論的時候都要具備四法，如果不具備這四法的話，造論就沒有意義了。那麼大家知道那四法是什麼嗎？就是「所詮、所為、究竟所為、係屬」這四個。任何一本清淨的論典，如果不具此四法的話，就不是清淨的論典。注意！這裡邊說清淨論典必須具備這四法，如果不具備就不是。0'59"

那麼現在逐一解釋一下：「所詮」是什麼呢？如果從《廣論》這本論來說，所詮到底是什麼？就可以從前面說過的「圓滿教要勝教授」的「勝教授」，和「見已釋此大車道」這個「大車道」，來了知本論的所詮。那麼「所詮」到底是什麼？是總攝一

四家合註入門頁/行數：1冊　P76-L6～P77-L5

切佛語心要，由三士道次之門完整宣說的道次第，就是本論所詮，這是第一個。所以很顯然它是總攝了一切佛語的心要，一切佛語喔！一切佛語的心要。那麼一切佛語的心要到底是什麼？由三士道次之門——三士道完整宣說的道次第，沒有遺漏，就是本論所詮。這是第一個。2'04"

那麼第二個「所為」是什麼呢？「所為」要分的話還分「現前所為」和「究竟所為」兩者。那麼「所為」到底是什麼呢？那時候雪域有很多修行人不懂修行的扼要，然後修行不完整，為了將這樣一切導入正道，於是就造了此論，這就是「所為」。就是為了把不懂修行的扼要、修行不完整的那些修行人的修行導入正道。寫這本論的目的非常明顯。那麼在修行的時候，或者有缺漏，或者是片面，這前面都已經說了，為了獲得全然圓滿教證教法扼要的殊勝的教授，就是「所為」。所以「故離智者歡喜道，圓滿教要勝教授，見已」，是為了悲憫這一切人，為了令教法清淨，這個是「所為」。在字面上，除此以外就沒有再顯示其他的所為了。3'16"

那麼間接的所為是什麼呢？將一切具緣的所化機依三士道次第引導而正確修持，這也是所為。原來是當時的那種狀況下修行

人所走入的歧途，為了將他們導入正軌所以造的。也是為了將一切所化機依三士道次第所引導之門而正確地修持，所以它的對機是很廣泛──一切具緣的所化機。3'55"

「究竟所為」是什麼？就是依著這個「所為」，安立一切所化機於圓滿菩提，最終會成佛。依三士道次第修行後，現證究竟無上圓滿正等菩提，這就是究竟的所為。因此宗喀巴大師說：「我心全然遍勇喜。」仁波切又講了一遍，說宗大師是非常非常歡喜的，為什麼呀？你看到這麼清淨的所為，到究竟所為──安立一切所化機於圓滿菩提道，這是一個非常非常令人振奮和歡喜的事情。4'38"

最後解釋了「係屬」，是指依著所詮成辦所為，依著所為成辦究竟所為，這就是係屬。在論典中並沒有明文。4'51"

線上音檔掃描

講次 0166

喧雜浮躁的時代，更需傳承經典

　　以前有一些老師來討論問題的時候，問說：「現在的人很難專注，長時間的專注都很難做到，就習慣看那些片斷的，比如說滑手機，或者影音、影像這樣一些東西。對於紙本的書好像已經很難做到專注，何況是鴻篇巨著，那麼到底出路是什麼？」那時候我的觀點依然是傳承經典，正因為是在這樣一個被影像和聲音完全包圍的時代，過分地喧雜，更需要沉澱下去的力量，所以更加顯示了經典存在、傳承的重要性。0'51"

　　大家如果常常習慣於對一個問題探討得不深入的話，久了之後很多東西都會隨之不深入的。比如信任也不會深入，對內心的觀察也不會深入，當人和人之間彼此有了矛盾，也不深入地去化解矛盾，再建立出更深的信任。所以出現一次問題之後，信任就

四家合註入門頁/行數：1冊 P76-L6～P77-L5

347

會缺失一塊，就被打折一下，並沒有做一個及時的修整，到最後把信任的積累分數全部花光了之後，人們就無法建立信任了。信任是要在挫折、失敗和一次次的磨難中，在內心中堅強地建立出來的。你說信任是對其他人的信任嗎？有的時候也是對自己能夠行善的一個信心。1'42"

所以，正因為是在現在這個時代，經典的傳承更具有非凡的意義。看剛才仁波切講的：「所為四法」是一個清淨論典它之所以稱為清淨的必要條件，它的要求是非常清楚的——所詮到底是什麼。不是一個東西看著很高興，然後很高興地度過此時就可以了；它對現在還有究竟的未來，它都有一個一向連貫的利益。不是僅僅現在歡樂地度過此時就可以了，一定要對現在和未來有正確的饒益——我們的心續能夠斷惡修善，這樣才能夠離苦得樂。所以它引導我們的內心走向幸福、走向圓滿、走向會越來越離開痛苦這樣一個究竟的目標，是非常直接的、非常直接的；沒有什麼相違的因、沒有什麼相似的因在裡邊，就是直接面對、直接解決問題。2'48"

所以論典在這個時代更有它存在的意義，並不是很多都浮躁了，所以論典好像沒人學。沒人學，我們這麼多同學都在學嘛！

正因為是這樣一個時代，我們更需要這種深刻剖析什麼是苦、什麼是苦因、如何斷除苦因、什麼是離苦得樂之道；我們更需要清晰準確地對內心做深刻地剖析，對很多現存的現象進行深刻地分析，然後去找到解決之道。解決之道就是在心上要滅除煩惱、在心上要滅除無明，透過轉心的方式達成內心的愉悅和安寧，甚至永遠的快樂。3'32"

所以我們在這樣的時代能夠聽到這樣的一本論，而且是師父講，然後仁波切講《四家合註》，我們現在在一起學，我實在是覺得——不敢說我心全然遍勇喜，但是每次到學全廣的時間我真的是非常、非常地高興！不管我們能不能面對面，不管你在什麼地方聽，我都覺得我們坐在一個大課堂裡一起學習《菩提道次第廣論》、學習《四家合註入門》，這真是一件非常有福報的事情！讓我們的心從喧喧嚷嚷、平常的生活中，從一些瑣碎的、煩煩惱惱的不愉快，卡卡的很多事情中抽身，把我們的心力抽出來在這個論典上努力，讓我們在這一刻非常清晰深刻地傾聽佛語、凝視內心，再調整自己的步伐。然後想一想，我們最高遠的目標是為了成就無上正等菩提，不僅僅是為了自我的安樂做很多努力，而是為了所有的有情都能夠趣入最圓滿的快樂，我做很多努力。4'38"

想一想的話，生命就會感到很遼闊、很振奮，不會被每天發生那些小事卡住，甚至別人的一個不愉快的臉色、一句說錯的話，心裡一直過不去，你就很容易穿越。很容易穿越的原因，就是因為我們能聽到《廣論》、能夠聽到佛語、能夠聽到這麼精彩地解釋內心──解釋很多有情的內心是怎麼痛苦的、解釋佛菩薩的內心是多麼地精彩，我們能夠直面生命最根本的問題，做最根本的解決。不會浮在事情的表面上，光是注意那些表面的事情就讓自己焦頭爛額，事情卻沒有改善。所以在這樣的時代能夠學到這樣的論，實在是師父的深恩、諸位的善根，所以大家一定要堅持學下去、好好學下去！非常地隨喜大家！5'35"

廣海明月

——道次第廣論講記淺析

第三卷

培養修行善法的
強烈願望

線上音檔掃描

講次0167

具足聽聞殊勝教授的條件

　　大家好！又到了我們一起研討《廣論》的時間了。今天我們要學習下一個偈子：「諸有偏執暗未覆，具辨善惡妙慧力，欲令暇身不唐捐，諸具善者專勵聽。」0'21"

　　在學習之前，大家還是要觀察一下自己的相續，讓我們從各種散亂的緣分上能夠集中心力，專心地學習《廣論》；而且要端正自己的發心——為了利益無窮無盡的眾生，我們必須去希求佛果，證得無上正等菩提。因為只有那樣的佛果所具有的悲、智、力，才能夠饒益所有的有情。所有的有情是什麼樣的有情呢？就是如母有情。0'59"

日常老和尚開示音檔起訖：舊版 3B 00:24～02:39
舊版廣論手抄稿2015版頁/行數：1冊 P81-L1～P82-L3
舊版廣論手抄稿2016版頁/行數：1冊 P81-L1～P82-L3

　　這個發心在每一次聽法、每一次做事的時候，希望大家能夠常常地憶念。開始的時候可能會覺得在念頭上過一下，但是久了之後，也會慢慢地覺得真的是為這樣一個目的去聽聞、去思惟、去做很多善行的。為什麼我們會為這個目標所動容、被它所牽引呢？因為就算要完成最美好的自利，不成佛也是不行的、也是不究竟的，因為我們還有那麼多的事情不了解。比如說法界有情的心，如果我們沒有去了解、沒有用一個廣大的智慧了解其中的因和果的話，我們還有太多的疑惑、還有太多的不知道，不會成為遍智。如果不成為遍智的話，就會有各種各樣的無知。在遍智的陽光下朗耀的一切所知，一切都已經沒有不知道的，那樣的心就是遍智——凡是所知的他都了解。想一想，誰不想擁有這樣的智慧呢？唯有佛陀有這樣的正遍知的功德，所以有一天希望真的要去獲得那種大智大慧，而且這種大智大慧都全部無一遺漏地用在利益法界有情這件事情上。2'30"

　　如果想要利益那麼廣大的有情，我們要累積的資糧也是無量無邊的，所以從現在開始就要殷重地發心。殷重地發心的「殷重」，就是要認真又認真地發心，不要在一開始發心的時候，就略略地、像風一樣吹過去，很輕的、都沒有痕跡，要很殷重地發心！2'56"

好！那大家聽一下師父的帶子。

他是這樣，對於最後有一點說：敦囑聽受。完了以後啊，又一再地諄諄善誘，告訴我們：「你們好好地要聽啊，要照著這個去做呀！」3'16"

諸有偏執暗未覆，具辨善惡妙慧力，欲令暇身不唐捐，諸具善者專勵聽。

現在上面是有了這個圓滿的殊勝的教授了，這個教授對我們來說，是引導我們走上最圓滿直接的這條大路的，但是並不是人人能學的喲！要什麼條件呢？下面這個就是，凡是具有這種條件的人，哪一個？「偏執暗未覆」，這個偏、執、暗可以總別兩方面來說。總的來說，換句話說就是我們愚癡無明的種種障礙。分別的來說的話，「偏」就是——不偏於斷，也不偏於常。佛是中道說的——普通除了佛以外，其他的所餘一切，不是偏於斷邊就是偏於常邊，是這個偏。「執」呢？就是執著。這個執著是無量無邊的，歸納總說起來——人我執、法我執。所謂「暗」就是無明暗，這是根本。凡是沒有為這個所覆蓋

的那些人，單單夠不夠？不夠！還要什麼？還要具足辨別
善惡的這個能力。這是什麼能力啊？「妙慧力」，這個是
智慧，這個智慧是勝妙的智慧的力量，他還要具足這個力
量。5'14"

這一小段，先提一個問題。師父說：「有了這個圓滿的殊勝
的教授」，請問：這個圓滿的殊勝的教授是什麼呢？這個教授對
我們生命的意義又是什麼呢？是必須的嗎？一定要的嗎？然後師
父答說：「是引導我們走上最圓滿直接的這條大路的。」請問：
最圓滿直接的這條大路是通往何處？既然有了最圓滿殊勝的教
授，沿著這個教授又可以最圓滿直接地走上這條大路——這兩句
話師父用了兩個「圓滿」：「圓滿」的殊勝教授，引導我們走上
最「圓滿」直接的這條大路。注意！第二個出現了「直接」，就
是沒有彎路的意思。這麼美好的一件事，就是遇到了這個教授，
可以引導我們走在這個大路上。那麼師父接著說：「不是人人能
學的喲！」要條件。接著就出現了「條件」，師父是從一個具足
聽聞的條件這樣的角度，來闡釋這個偈子。6'43"

接著就是「偏執暗未覆」。這個「暗」是形容偏執的，它總
體來說就是一個無明所攝的。「執」就是執著，無量無邊的執

著，根本就是人我執和法我執。但在此句話，就是指偏執的執著。7'02"

它的作用就是覆蔽——蓋住，全蓋住了，就叫覆；而沒有全蓋住，就叫未覆。「諸有偏執暗未覆」，可以理解為：對圓滿的教法沒有理解，只了解了片面的，然後就執取那部分的這種執取的暗，沒有被這個偏執暗覆蓋的人。這是《四家合註》裡解釋的。7'28"

沒有被覆蓋就可以了嗎？還要再加上「具足辨別善惡的這個能力」，就是「具辨善惡妙慧力」。「這是什麼能力啊？」「妙慧力」師父說：「這個智慧是勝妙的智慧的力量，他還要具足這個力量。」這個力量是什麼的力量？是智慧的力量。什麼是智慧？抉擇諸法的心識。此處是具有辨別善惡的這種抉擇，這種抉擇所產生的力量，就是明辨善惡的力量。8'12"

線上音檔掃描

講次 0168

「欲」令暇身不唐捐

在新版的《廣論》，師父對這段有一個描述，大家可以再聽一下。

> 所以如果說一切普通一般人都為這個錯誤的無明所縛，現在呢，凡是不被這個所縛的，他需要什麼條件呢？能夠辨別善惡的妙慧力，這就是我們的資糧啊，這就比較不容易的一點。我們無始以來，現在我們不是沒有腦筋，也有很好腦筋的人，可是我們的好腦筋都用在壞的地方去了。啊！腦筋比誰都好，然後想歪事情想得個靈光，這不能說不好腦筋，但是不能算是智慧。現在我們要具的「妙慧力」，是要真正地辨別善跟惡。那麼這個善惡也有個特點喔！如果做了這件事情，將來果報好的叫作善，將來果

日常老和尚開示音檔起訖：新版02 42:28～44:09、舊版 3B 2:39～4:05
新版廣論手抄稿頁/行數：1冊 P52-L4～P52-LL2
舊版廣論手抄稿2015版頁/行數：1冊 P82-L4～P82-LL5
舊版廣論手抄稿2016版頁/行數：1冊 P82-L4～P82-LL6

報惡的叫作惡,這個是佛法當中,不是眼前看好壞,後面
有它的深細的內涵。我眼前可以做得很好看,但是將
來——這個所謂包括什麼?意樂,跟我實際上的行為,那
就不細談了。要能夠具足這種的妙慧力量,這個妙慧就不
容易了,妙慧通常就是對空性、緣起空有正確的認識,那
才能夠離開上面這個偏執、這個束縛。1'53"

　　師父在新版的《廣論》裡還是在解釋這個「妙慧力」。師父
提出了一個「好腦筋」,說:「我們不是沒有腦筋,也有很好腦
筋的人,可是我們的好腦筋都用在壞的地方去了。」想歪的事情
想得靈光,接著師父說了幾個字:「但是不能算是智慧。」區分
了琢磨事情琢磨得很靈光,和這個慧力是有差別的,不算是智
慧。2'27"

　　那麼此處說要具的妙慧力,就是要真正地能夠辨別正確的和
非正確的,就是善和惡。那麼這個善惡也有特點,師父在這善惡
裡面解釋了一下,說:「如果做了這件事情,將來果報好的叫作
善,將來果報惡的叫作惡。」那麼將來的果報好是什麼?感生樂
果。果報惡是什麼?感生苦果。這個是佛法當中——注意!鏡頭
又拉遠了——「佛法當中,不是眼前看好壞,後面有它的深細的

358

內涵。」我眼前可以做得很好看,但是將來如果不好的話,那還是不要做。師父又往下開演:那什麼事情能夠保證眼前也好、將來也好,要做這樣的事情呢?就是要從意樂上,還有自己的行為上開始注意。這是師父又講了具足辨別善惡的這個妙慧力。3'27"

這邊又提了一下:妙慧通常就是對空性、緣起有正確的認識,那才能夠徹底地離開上面的偏執、束縛。所以又把我們的心拉向一個目標——什麼能夠徹底地對治「偏執暗」,就去獲得清淨的空性智慧。3'53"

那我們現在再聽下一段。

所以不被上面這種偏執暗所覆蓋,又有辨別善惡殊勝智慧力量的人,夠不夠?還不夠。他雖然有這個辨別的力量,但是呢他心裡沒有好樂之心,沒有用!還要有一種好樂、歡喜——啊!說我要求這個。他有什麼呢?「欲令暇身不唐捐」,真正一心想修行的那些人,一心想修行。他又想修行,又有辨別善惡的力量,而又沒有被種種愚癡黑暗所障礙這些人。那為什麼說欲令暇身不唐捐呢?要想修

行，究竟說來，人人想要，但是能修的條件就不是人人具足。這話怎麼講？我們也許會懷疑，怎麼會人人會想修行啊？對！以我們現在佛法來說，的的確確不是人人想修行。現在不要說修行，叫人家信佛法，都是難之又難，怎麼會說是人人要修行呢？這個道理簡單地說一下。5'24"

又重複那三個條件對吧！「不被上面這種偏執暗所覆蓋」，還要具有什麼力量了？「辨別善惡殊勝智慧力量」。夠不夠？不夠！說：「雖然有這個辨別的力量，但是呢他心裡沒有好樂之心，沒有用！」師父說：沒有用！還要有一種好樂、歡喜的心。說我要求這個。這段話，大家會覺得沒有好樂心就沒用嗎？在這裡邊師父特別強調了好樂心的重要性，我不知道諸位聽起來是怎樣的？好樂心有那麼重要嗎？只要有偏執暗未覆，辨別善惡妙慧的力量就可以了，為什麼還要有好樂之心？其實這好樂之心師父在解釋「欲」，「欲令暇身不唐捐」的欲，把它解釋成一種歡喜心，一種好樂和歡喜的感覺，想要這個暇身不唐捐。6'40"

大家會覺得沒有這個就沒用嗎？你們會不會覺得沒有這個好樂心也可以吧？如果沒有這個好樂心的話，那上面具足的那兩個力量——偏執暗未覆，又具足辨別善惡這樣的一個力量，這兩個

力量到底要怎麼用來聽聞呢？因為它是勸大家聽聞的，如果我們對這個「欲令暇身不唐捐」，就是這一生不要讓它虛度，對這個沒有好樂心的話，就上面那兩個能力好像也沒有什麼用了。師父的立宗是這樣吧！如果現在還不能決定的話，你們也可以想一想。7'31"

線上音檔掃描

講次 0169

資糧善中進第一

　　我想給大家再聽一下師父在新版《廣論》裡講的「欲令暇身不唐捐」的「欲」。0'09"

　　然後呢，不但具足這種力量，而且還有一個強烈的希望──「欲」，欲。欲是共通的，善惡都通的。欲，就是我要這個、我要這個，一個強烈的願望。如果說普通一般世間人來，強烈的貪名、貪利、貪吃、貪睡，壞的。現在我們這個欲是什麼？善法欲，我要學佛，要力爭上游！佛法當中有一點非常重要，精進是絕端重要，沒有這精進力量的話，佛法是絕無可能。所以後面說「資糧善中進第一」，不管你腦筋多好，如果沒有精進的力量的話，你絕不可能有佛法上面成就的！那麼這個精進要靠什麼呢？要

日常老和尚開示音檔起訖：新版02 44:09～45:21
新版廣論手抄稿頁/行數：1冊 P52-LL1～P53-L8

> 靠這種「欲」，它有這種很強盛的善法欲——我要，要得
> 到這個東西！有了這種對善法的強盛的好樂之心，那自然
> 這種好樂之心，願意去努力，克服我們現在種種的難關。
> 1'24"

在這一段裡，師父解釋欲是共通的，善的和惡的都是這樣，但是世間的心——貪名、貪利、貪吃、貪睡這些是壞的，這不是好的。此處的「欲」是善法欲，是要學佛，要力爭上游！它是一個強烈的希望、強烈的歡喜心。師父說：要有一個強烈的希望——「欲」。請問什麼是「強烈的希望」？有感受過強烈的希望嗎？我們的內心？不是一個淡淡的、可有可無的，而是必定要達到的、很熾盛的，那叫強烈的希望吧！就是你全身心地都想要實現那個、想要得到那個。2'20"

師父講到這裡，接著說了一個事情：「佛法當中有一點非常重要，」還記得師父講什麼了吧？「精進是絕端重要，沒有這精進力量的話，佛法是絕無可能。」師父居然用了四個字——絕無可能！「所以後面說『資糧善中進第一』，不管你腦筋多好，如果沒有精進的力量的話，你絕對不可能有佛法上面成就的！」這句話挺震撼的！2'56"

　　「那麼這個精進要靠什麼呢？」推動你精進的那個力量是什麼？就要靠這個善法欲，大家還知道精進的定義嗎？勇於善嗎？就是一個歡喜趣入的力量。說：「我要，要得到這個東西！有了這種對善法的強盛的好樂之心，那自然這種好樂之心」，我們就「願意去努力，克服我們現在種種的難關。」3'24"

　　師父解釋這個「欲」，非常地深透啊！現在我們可以用得上吧！比如說「強烈的希望」，我們就可以觀照一下：我對於學《廣論》有沒有強烈的希望？對於學五大論有沒有強烈的希望？說：「佛法當中有一點非常重要，精進是絕端重要！」出現了「非常重要」和「絕端重要」，都是形容精進的。如果沒有這個精進力量的話，師父就說：「佛法是絕無可能！」不管腦筋多好，如果不精進的話，都不可能有成就。而這個精進的推動力就是對善法的歡喜心，可見「欲令暇身不唐捐」的這個「欲」字，蘊含了一個很大的學問。4'21"

　　我們可以想一想：如果師父不這樣把這個「欲」用重彩描繪出來，讓我們能夠強烈地注意到它的話，其實念過去就念過去了。這個「欲」字不會在我們的心中留下非常深刻、醒目的力量，也不會讓我們注意到：如果我沒有強烈地想要這一生不虛度

的心趣入佛法、產生精進的話，有可能這一生會一事無成、會虛度此生。4'48"

所以師父用了很小的段落，把這個「欲」字描繪地非常非常清晰。我們可以把它當作目標，也可以把它當作一個尺子，觀察一下自己的現行：我們是否能有強烈清晰的願望趣入《廣論》、趣入五大論？因為只有趣入《廣論》、趣入五大論，用五大論的方式、用《廣論》的方式聞思修，才能夠「令暇身不唐捐」，因為這是一個開始。5'18"

「有了這種對善法的強盛的好樂之心」——師父又特別強調對善法的強盛的好樂之心。那我問一下：「欲令暇身不唐捐的心」是對善法的強烈的心嗎？請問怎樣令暇身不唐捐呢？就一定要精進於善吧！精進於善將來就會有快樂，有快樂是不是就令暇身沒有白白地浪費？因為我們用它去除了痛苦、得到了快樂。5'49"

所以宗大師說一定要「欲令暇身不唐捐」，是希望我們要為自他的生命爭取到快樂。一定要用這個得到暇身的機遇得到很多快樂，才能夠暇身不唐捐；如果用這個得到暇身的機會造了很多

痛苦，那這個暇身就白白地浪費掉了！它還是建立在苦樂上的。
所以到此處，可以感受到佛菩薩想讓我們快樂的那種心意。
6'20"

　　接著說：「自然這種好樂之心」，注意！接下去那幾個字，
還記得嗎？「願意去努力」，願意去努力！有了這個強盛的好樂
之心之後，就願意去努力。努力什麼呀？「克服我們現在種種的
難關」。請問「欲令暇身不唐捐」會遇到問題嗎？會呀！聞、
思、修都會有困難的，種種難關，都是願意去努力的。那個願意
的推動力到底是什麼？就是強盛的對善法的好樂之心，會推動我
們克服種種困難。7'04"

講次 0170

有了善法欲，縱使辛苦也願意堅持

大家可以再聽新版的下一段。

譬如說我們在座的，譬如說預科班的同學，大家去背書、寫字，它雖然滿辛苦，可是我有我的善法欲，我有我的理念，所以我願意去做。我們後面去拔草，乃至於去打掃廁所，我覺得必須要做積聚資糧，我就很認真地去做。那個都是善法欲，而且也是必不可少的！同樣的，將來越深入，這種越是需要，所以眼前很多事情是鍛鍊我們意志的。當我們了解了這一點，我們就絕對不願意出去的時候拖拖拉拉的；反正時間到了以後，我就不管、不去管它了，那個完全是傷害自己。你養成功偷懶的習慣，你將來要想真正修行的時候，你絕對不可能走得上去！這一點我

日常老和尚開示音檔起訖：新版02 45:21～46:40
新版廣論手抄稿頁/行數：1冊 P53-L9～P54-L4

順便在這個地方一談。所以要嘛不做，要做我就全部精神去做。那現在這種小的是簡單的事情，你有了這個能力了，將來越深入，你才能夠有這種強盛的意志力量。然後呢，不但呢內心當中有這種意志力量，而且你這個精力、體力都夠，你才能夠做這種最了不起的偉大的事情。所以這個「欲」，我在這裡簡單地說一下。1'26"

　　在這一段裡師父講到預科班的同學，像背書、寫字，滿辛苦的，「可是我有我的善法欲、我有我的理念，所以我願意去做」。比如說背書這件事，我們寺院有一百多個同學背完了《辨了義不了義》，背完了之後他們可以去寺院參訪朝禮。當時有一個小朋友，到了朝禮的時間他沒有背完。很多同學朝禮完寺院回來之後，有一次他見到我，就跟我說雖然朝禮寺院已經過了，但是他想把它背完。其實他當時也是可以去的，但是他的父母要幫他出路費，因為你要是背完了寺院就可以幫你出路費，如果沒背完父母要出路費，他說他不想讓他父母有負擔。我聽了是滿感動，我說：「那你就把它背完吧！」結果過了幾個月，有一天他就來跟我說：「《辨了義不了義》全部都背完了！」我真的是非常非常隨喜他！那麼厚的一本書就背完了。背完了，我就把寺院參訪的一袋禮物送給他，他真的是特別特別開心，露出了非常燦

爛的微笑！這件事給我的印象是滿深的，他就是用一個很強的心把《辨了義不了義》背完了。2'52"

　　像我們寺院有很多同學《廣論》背完了，因為開始有人背完了，所以後面的班的同學就都有人要去背。所以一開始有高班的同學在背《辨了義不了義》，後來我們寺院背《辨了義不了義》也是一種習慣，就是會往下傳。然後善知識們也說：「背完了之後要複習，不要忘記了！」這一部論據說背一千遍就可以證悟空性，現在我們寺院有出家人已經背到快兩百遍了。3'23"

　　大家都知道背一遍就是串一遍，是要花很多時間的。背書就是要砸下時間，到那個時間不管你心情好還是壞、今天的健康狀況怎麼樣，到了背書課的時間你就要去背，不然就沒有進度。還有學《攝類學》的時候，有很多同學是《攝類學》整本背的，所以它是一個非常挑戰的、持之以恆的堅持，這也是出家人對教證法能夠納入心續的一個努力，它需要很多很多毅力和堅持，還有歡喜心。所以師父在這裡邊說：「我有我的善法欲，我有我的理念，所以我願意去做。」絕對不可以缺少的，就是善法欲！4'08"

　　接著師父又舉了一個去拔草、打掃廁所的例子。其實打掃衛生這件事，我們寺院有很多很多出家人在參與。像是掃洗手間這件事，很多同學是默默地掃、偷偷地掃的，因為當作懺悔，或者當作集資糧。有的時候一個人掃好多洗手間，但是他都不講，他會偷偷地累積這個資糧，還不讓人看見。還有同學發心護生啊、撿蚯蚓啊，保護那些小生命，不管是颱風、下雨，他都是風雨無阻一直堅守在那條路上，把那些小生命移開，這都是一個了不起的堅持！4'56"

線上音檔掃描

講次 0171

別為自己的偷懶找理由

師父說：「我覺得必須要做集聚資糧，我就很認真地去做。那個都是善法欲，而且也是必不可少的！同樣的，將來越深入，這種越是需要。」越深入想要獲得佛法的證悟的時候，就越需要資糧。「所以眼前很多事情是鍛鍊我們意志的。」意志真的是要刻意去鍛鍊，如果不鍛鍊的話，我們遇到難的事情就退在後面，就不想前進了；養成習慣的話，遇難就退。這件事我可能心力不夠，或者我的能力不夠，但是能否就這件事因為心力不夠、因為能力不夠我就鍛鍊一下？鍛鍊久了之後，碰到挑戰的我們就敢向前一步。0'53"

日常老和尚開示音檔起訖：新版02 45:21～46:40

新版廣論手抄稿頁/行數：1冊 P53-L9～P54-L4

　　所以師父說：「當我們了解了這一點，我們就絕對不願意出去的時候拖拖拉拉的。」師父是一個守時非常非常嚴的人。在僧團裡守時也很重要，如果大眾集會的時候總是遲到，時間久了也會有壓力，所以還是要守時，這也是體現一個精進的例子。1'20"

　　養成好習慣是可以的，但是如果養成了傷害自己、尤其是養成偷懶的習慣，將來要想真正修行的時候，絕對不可能走得上去的。所以別看這些小的事情我們好像不是很在意，今天拖一點，然後明天覺得困難就不去了，後天心情不好就不去了，就給自己放水，會養成功偷懶——這裡邊師父說了一個「偷懶」。1'52"

　　我也曾問一個小朋友，說：「你堅持背書，最大的困難是什麼？」他當時想了想，跟我說：「最大的問題應該是給我自己找理由——找不背書的理由，因為只要找到那個理由我就可以不背書了。」其實就是此處所說的「偷懶」。我發現那個小朋友那麼小，他就知道要對治偷懶的習慣。他認為：如果他一直給自己找理由不背書，那他就永遠不會按進度背書，他就不可能一年一本書、一本書那樣背完。在他那麼小的時候，就知道偷懶這個習慣是非常可怕的！那麼用師父的教誨來看呢，說：「將來要想真正

修行的時候」，偷懶——就「絕對不可能走得上去！」所以又跟精進那個涵義是一樣的。又跟師父講的：在可上可下的時候，請向上一步，而不要向下一步是一樣的。偷懶就一定是向下一步。3'02"

所以師父接著說：「要嘛不做，要做我就全部精神去做。那現在這種小的是簡單的事情。」別看那個小的簡單的事情，「有了這個能力了，將來越深入，你才能夠有這種強盛的意志力量。然後呢，不但呢內心當中有這種意志力量，而且你這個精力、體力都夠，你才能夠做這種最了不起的偉大的事情。」師父把修行一向看為是最了不起的偉大的事情，它需要強盛的意志力、體力、精力等等。在這裡非常強調這個「意志力」，也強調了善法欲在推動我們修行的這個重要性，就是歡喜心、精進的力量。4'00"

所以「欲令暇身不唐捐」的「欲」字，我們可以多處結合自己的現行看一看：譬如偷懶——當自己沒心力，意志力不夠的時候就選擇下滑，久了之後就自然地會屈服於任何逆境，有逆境來就不幹了，心情不好也不幹了，總之找很多理由偷懶。師父說：修行絕對上不去的！如果絕對上不去的話，就只有一條路——

退！所以師父說：就要打起全部的精神去做。培養我們對於善法的歡喜心，這件事就變得非常地重要，因為它會推動我們願意去做。4'50"

我在想那小朋友為什麼那麼小就知道對治背書的時候偷懶？他就覺得背書是他的一個事業，他一定要把它背完；也可能在背書的時候，他感受到快樂、愉悅和成功感；或者他覺得就應該背誦佛陀的教典……，當然有很多很多他可能自己也講不清楚的理由，他覺得這事非常非常重要。但是他長大了之後，他一定會受益於他自己的那個見解——「不要給自己找理由，我就能把書背完；一旦我找到不背書的理由，我就背不完。」其實就用這麼簡單的方式，他就堅持背了一本又一本的書。5'34"

廣海明月
——道次第廣論講記淺析
第三卷

從現在起，為自己的苦樂負責

線上音檔掃描

講次 0172

佛法極為單純的目的——離苦得樂

　　大家好！又到了我們研討《廣論》的時間了！這段時間不知道你們修行有沒有進步？無論怎樣，都必須從現在的緣起點上開始努力，那麼當下的緣起點就是聽聞的前行。佛法特別側重動機的修鍊，就是我們做一件事是為什麼做的，現在我們來研討《廣論》是為什麼的？如果只是為了自己能夠離開痛苦、得到快樂，當然也是可以的；但是同樣的時間，如果我們發一個相似菩提心那樣的心念，就是希望為了令所有的如母有情能夠離開痛苦、得到快樂，我必須去希求佛果，得到一切遍智的果位。哪怕我們在內心用一秒鐘的時間這樣作意一下，這都是有不可思議的力量，能夠攝持我們的善根，再去迴向的話，直到成佛都不乾涸。所以在每一次聽聞的時候，我都是希望大家和我——我們一起，要一遍一遍地策勵大乘的發心。1'26"

日常老和尚開示音檔起訖：舊版 3B 04:05～05:42
舊版廣論手抄稿2015版頁/行數：1冊　P82-LL4～P83-L6
舊版廣論手抄稿2016版頁/行數：1冊　P82-LL5～P83-L6

所以在每一次動機的策動，雖然你們可能全都會背我說那幾句話了，但是這件事到底在諸位的心中有沒有生根，有沒有成為自己的習慣這很重要！一旦成為習慣，不用策勵就自己出現了，在聽《廣論》之前就油然而生，會生起要發心這樣的一個作意。1'54"

在聽聞前是這樣作意，從聽聞前行開始擴大、擴大、擴大，課誦呀、善行啊、供養三寶，甚至一日幾餐都是為了進趣無上菩提，就好像原來是寸草不生的土地，現在就開始被青草、被生機勃勃的綠意一點點地覆蓋。希望我們的動機慢慢地由聽聞前行開始擴展、擴展、擴展，直到做什麼事情都不是為了一己之私，都是希望能夠令所有如母有情離苦得樂，我們去證得大覺佛位，為了這樣一個目標！2'40"

觀察一下自己：此時此刻能不能靜下心來，摒除其他的外緣、專心致志，在我們的心念上造就一個純淨的「為利有情願成佛」的動機？以這樣的動機來聽聞《菩提道次第廣論》，來思惟、研討，直到宗大師的教法能在我們的心續中真的生起如《廣論》上所說的那樣的證量。3'14"

好！我們就可以聽師父的《菩提道次第廣論》舊版的帶子。3'21"

佛法真正的目的是什麼？這個我們這地方要來找一找。平常我們說佛法，什麼是佛法？三藏十二部教典。一看哪，一看就頭痛，哇！這麼多的書。然後看起來是一竅不通，講起來是大小、性相、顯密，又教你莫衷一是，這是事實。但是如果說你能夠很深入、仔細地去探索它的目的，它的目的就是單純極了，什麼目的啊？兩個字：苦樂——去掉苦，圓滿得到樂，就是這樣。以這兩個標準來說，世間沒有一個人例外，所有的人他真正忙碌的目的無非為這個。不管他是理智的，啊，求什麼，你就他的最深入的這個中心，你去問，幹什麼？他還是找這個。或者有很多的感情的糊裡糊塗的，他雖然糊裡糊塗，可是他為什麼呀？如果說你仔細地讓他探索一下的話，還是這個。所以，普通世間所以得不到，因為並不了解苦樂的真正的真相，以及苦樂的原因。那個事情真正的真相都弄不清楚，所以呀怎麼弄就怎麼錯，而只是佛才把那個內涵說得清清楚楚、明明白白。5'00"

　　好！我提一個問題：師父最先提出的問題是什麼？說要我們找一找、討論一下的。對！佛法真正的目的。「佛法真正的目的是什麼？」師父接著說：「平常我們說佛法，什麼是佛法？」當我們捫心自問，或者我們研討的時候互相問說：「什麼是佛法？」大家心裡會有什麼樣的概念呢？師父舉了一個例子，說：「三藏十二部教典」就是佛法。三藏十二部的教典浩如煙海，非常地深邃、博大精深，但是「一看就頭痛」，這麼多的書一看呢看不懂，不懂到什麼程度呢？「是一竅不通。」我不知道大家看經典，會不會有人覺得自己看懂了？這是看喔！「講起來是大、小、性相、顯密，又教你莫衷一是」，不知道怎麼樣貫通，甚至是大、小、性、相一個也不懂。接著師父說了幾個字：「這是事實。」說如果你感覺到這樣的話，那麼是事實。6'29"

　　當我們看不懂、也說不明白的時候會很苦惱。大家一開始遇到《廣論》的時候，都覺得《廣論》很難讀，很多學歷很好的人，他們都覺得《廣論》不是很好讀。那麼這是顯而易見的一個事實，但是有沒有什麼非常簡單的方式，可以說佛法的目的是什麼？因為做什麼事都要有一個目的，那麼「目的是什麼」這件事會不會非常簡單地就了解到呢？那用什麼方式了解呢？7'02"

　　師父接著說：雖然這樣是事實，「但是如果說你能夠很深入、仔細地去探索它的目的」，注意！這裡邊「能夠很深入、仔細地」，後面那兩個字叫「探索」。就是在佛陀的三藏十二部的教典裡，不要很慌亂地、仔細地，而且不要很膚淺地深入去探索它的目的的話，它的目的就是單純的。而且師父說：「單純極了！」是吧？是單純極了吧？很難想像三藏十二部的教典，那麼博大精深的教法，它的目的居然是「單純極了」這四個字。一開始聽到這裡的時候，應該大家和我一樣都是非常地驚訝、驚愕：這麼深邃的智慧，平常的狀態難以企及的這些教典，它的目的難道這麼單純？8'18"

　　那麼什麼目的呀？居然還有更簡單的，「兩個字——苦樂！」接著師父馬上說：「去掉苦、圓滿得到樂，就是這樣。」非常肯定！就這麼簡單——苦樂！去掉苦、圓滿得到樂。師父又講一遍，說：「就是這樣！」8'43"

　　當我們看到此處的時候，再回頭去想一下佛法的目的：單純極了，就兩個字——苦樂，苦是要被去除的，樂是要被我們得到的。就這麼簡單嗎？用了那麼多的教典，佛陀四十九年說法，祖師大德生生世世擎舉著正法的火炬；佛陀因地不惜捨頭目腦髓，

歷代的祖師把它傳承、維繫下來，所受的那些艱辛、憂悲苦惱，就為了眾生能得到快樂、去掉痛苦。就這麼單純的、單純的、極為單純的目的──離苦得樂！9'27"

講次 0173

苦樂的內涵，只有佛說得清楚明白

　　單是討論一個佛法的目的是什麼這件事，如果沒有善知識引領我們，我們可能會列出一千個、一萬個目的。那麼在這所有的目的中，我們可能找不到一個非常切近我們內心的目的，也不能找到一個極為單純的目的。但是師父說如果你仔細地、深入地、很深入地去探究它的目的的話──那麼說這句話的一定是個過來人嘛！他仔細地、很深入地探究過了，所以他知道佛法的目的是極為單純的──就是苦樂，離開痛苦、得到快樂，離苦得樂，就是這樣！0'43"

　　師父在講《廣論》的時候，在帶我們聽聞的時候，非常容易地把很多霧霾的狀態、我們思考的一些陰暗的地方，很快地就去除掉了。真的就像一道陽光照進來，你會非常清晰你在學什麼、

日常老和尚開示音檔起訖：舊版 3B 04:05～05:42
舊版廣論手抄稿2015版頁/行數：1冊　P82-LL4～P83-L6
舊版廣論手抄稿2016版頁/行數：1冊　P82-LL5～P83-L6

你在思考什麼，不會越學越混亂，越學越不知道在幹什麼。1'04"

那麼佛法的目的如果是這麼單純，甚至是單純極了的話，師父說：「以這兩個標準來說，世間沒有一個人例外，所有的人他真正忙碌的目的無非為這個。」這句話是在講什麼？佛法的目標就是所有的世間人忙碌的目標——人忙碌就是為了離苦得樂，說：無非是為了這個。不管他是理智的、求什麼，就他深入的這個中心去問的話，還是為找這個。然後也提到：感情糊里糊塗的，他雖然糊里糊塗的，可是為什麼？如果去探索，還是為了這個。1'43"

但是現在問題就出現了：佛法的目的是去掉痛苦、得到快樂，所有人的目標，忙碌啊，都是為了離開痛苦、得到快樂，那為什麼我們這麼賣力氣地奔忙都沒有得到呢？師父說：「普通世間所以得不到，因為並不了解苦樂的真正的真相，以及苦樂的原因。」這兩句話非常非常地震撼！說：「之所以得不到，是因為並不了解苦樂真正的真相」，這已經涉及到什麼是苦、什麼是樂，它的定義發生了改變，因為真相嘛！真相和假相、和相似的東西，就像「涇渭分明」，像涇水和渭水一樣是很清楚的。2'42"

那麼苦和樂的定義到底是什麼？苦樂參半是不是樂？一會兒苦、一會兒樂，是不是樂？快樂、快樂、快樂到極限的時候就突然掉下來，那是不是樂？那是不是我們要得到的快樂呢？那是不是真正的快樂的真相呢？還有這個苦樂的真相背後的原因，以及之所以沒有達到離苦得樂的那個原因是什麼？師父說：「那個事情真正的真相都弄不清楚，所以呀怎麼弄就怎麼錯。」怎麼費力氣想要得到快樂、去掉痛苦都是不行的，因為不了解真相，以及導致那個真相的原因都不了解，所以平常我們是怎麼弄怎麼錯，因為真相弄不清楚。3'34"

接著師父講的那句話還記得嗎？如果你們有手抄可以看，是哪幾個字啊？師父用了一個「而」，轉折了，而只有誰呀？「只是佛才把那個內涵說得清清楚楚、明明白白。」師父做了對比，說我們不了解苦樂的真相，所以怎麼努力就是不能徹底地離開痛苦、得到快樂。譬如生死這件事，無論世間多圓滿，最後死亡一來，一切世間的圓滿都會被破壞掉；無論多健康、長得多莊嚴，都會被老死所毀滅。你怎麼樣去把老死毀滅掉呢？不知道該怎麼辦，就只能萬分痛苦地接受。因為無可奈何，在任何一家醫院裡，沒有賣一個藥，說吃了這個藥可以不死的，沒有這樣的藥！也沒有醫生說：「我給你治了之後，你就可以永遠不死。」沒有

這樣的東西。所以我們最終極、到了那個頂點，就會被死所摧壞，這個是遍及三界的痛苦，是沒有一個眾生可以躲開的痛苦，所以它是非常酷烈的！4'56"

那麼到底我們有沒有辦法可以解決？這個真相到底可不可以了解？這些痛苦有沒有原因？為什麼會受這些？如果說從來如此，從過去到現在、到未來完全無法可想，就是永遠是這樣的，那我們得到的一切永遠會失去，聚合的一切永遠會散開，樂的最終會都變成苦的，因為到死亡四大分散都是苦的，然後我們的身體也會隨之變成塵埃，和四大一樣就成那樣子了。5'29"

如果這一切事情無法可想，那真是太悲哀了！可是不是這樣的，是有辦法的！所以師父說：「而只是佛」，只有佛陀，「才把那個內涵說得清清楚楚。」什麼內涵？苦樂的標準，真正的苦樂的真相，以及苦樂的原因。把這個內涵說得——那八個字——「清清楚楚、明明白白。」所以要想在生死輪迴中真正地離開痛苦、得到快樂的話，一定要找到佛陀——示道大師，因為他對一切事物有最正確的、完全周遍的了解。只要是所知，沒有佛陀的心續不了解的，他的心跟所知一樣大，他完全了解為什麼會痛苦，乃至為什麼會得到快樂、什麼是快樂、什麼是痛苦，以及它

們的原因。所以這一點是完全沒有含糊,清清楚楚、明明白白地講過了。師父在這麼前邊的〈皈敬頌〉裡,再一次地在我們的痛苦、得不到快樂、怎麼也弄不清楚的這種迷悶的狀態下,好像突然一道光,讓我們看到佛陀。6'45"

這件事不是怎麼想都沒有辦法,也不是怎麼努力都是絕望的;痛苦不是無限地長,怎麼也切不斷,就像抽刀斷水水還流的憂愁,不是那樣的,它是可以被斬斷的。苦是可以被斷的,樂是可以像我們用手可以拿到一樣把它取來的,我們是有這樣的力量的。佛陀就是這樣的有力士夫,我們一旦皈依佛,跟隨佛為示道大師,我們在後面學,我們最終也將獲得這樣的力量。所以師父又把皈依的內涵再再地在我們面前呈現,讓我們在苦楚中考慮一下:佛法的目的——離苦得樂,到底可不可以達到?為什麼我們達不到?是不是佛陀把這些問題講得清清楚楚、明明白白?佛法的目的是不是這麼單純?我們所有的追求、所有的掙扎、所有的奮鬥,只是為了離開痛苦、得到快樂,是不是這樣?我們可以捫心自問。7'48"

如果捫心自問個千百回、上萬回,都會得到:其實我做的所有事情都是想要得到快樂、去掉痛苦,也想讓我關愛的那些人、

那些生命都去掉痛苦、得到快樂，這個目標是跟佛法討論的目標完全一致的話，那麼接下來就會引生下面的問題。那就是下一段。8'13"

講次 0174

把握獲得暇身的難得機會

好！現在我們來聽下一段。

> 所以，普通人之所以真的不了解，也不想修，是不了
> 解佛法，你究實了解了佛法，可以說沒有一個人例外的。
> 不但是人哪，乃至於三界的一切有情，比如隨便一個小
> 蟲，哦，你跑過去牠馬上躲掉了。為什麼？怕受傷害呀！
> 牠也怕苦的，換句話說，牠也要去掉苦。隨便一個小蟲，
> 有好吃的東西，牠馬上來了，哪怕冒生命的危險，像蚊
> 蟲，明明叮著你啊，一巴掌打死了，牠還要吃你，牠要求
> 快樂嘛！沒有一個例外的。0'40"

日常老和尚開示音檔起訖：舊版 3B 05:42～07:41
舊版廣論手抄稿2015版頁/行數：1冊　P83-L7～P84-L6
舊版廣論手抄稿2016版頁/行數：1冊　P83-L7～P84-L6

在這一小段裡，師父說：「普通人之所以真的不了解，也不想修，是不了解佛法，你究實了解了佛法，可以說沒有一個人例外的。」不但是人，所有的有情，三界的一切有情都會想修行。為什麼呢？前面那一段講，因為佛法的目的就是離開痛苦、得到快樂，那麼所有的生命都是想要這個目標；但是不了解佛法的時候，不知道學佛法要做什麼。1'15"

這裡邊師父又舉了一個例子：從另一個角度說，真的是所有的有情做的一切事情都是為了離苦得樂嗎？沒有盲無目的的時候嗎？不管是什麼都沒有目標，沒有那種時候嗎？師父就舉了：「隨便一個小蟲」，我們跑過去看有小蟲，牠就趕快逃跑了。然後師父會探究小蟲為什麼會逃跑？從小到大我們應該都經歷過吧？一個小生命你突然靠近牠，牠會逃跑。為什麼牠會逃跑呢？答案是：「怕受傷害。」因為牠那麼小，我們那麼大，以強凌弱，怕被傷害。說：「牠也怕苦的」，包括那麼小一個生命也是怕苦的。「換句話說，牠也要去掉苦。」牠去掉痛苦就是從這個這麼大的一個龐然大物面前逃開啊！所以牠要去掉苦。2'21"

「隨便一個小蟲」，比如說果蠅，那麼小，牠有分辨出水果香氣的能力，說：「有好吃的東西，牠馬上來了。哪怕冒生命的

危險」，師父這裡面就舉了蚊蟲，就叮人啊！普通人不了解佛法的時候，就一巴掌下去把牠打死了，牠只是為了吸我們一小滴血，就付出了生命的代價。為什麼？要快樂！所以師父結論：「沒有一個例外的。」所有的有情做所有的事情，都是為了離苦得樂，哪怕是這麼小的生命，隨便一個小蟲都是為了這個。3'18"

好！那麼我們再聽下一段。

但是儘管沒有一個人例外的都想修行，但是啊想修行是修，能修行的條件不具足，畜生不可能！只有人。就算得到的人哪，他還是不行，還要種種條件，所以得到了人身而能修行的這一個，叫作暇滿的人身。這個好難得、好難得啊！非常難得！所以我們平常常常說，佛法裡面叫人身難得，這是講這個暇滿的人身。現在我們得到了以後啊，哎呀，趕快呀！要想趁這個機會得到真正快樂，去掉真正痛苦的，只有一個辦法，就是這個！所以具足上面這種條件的人哪，他那個時候要想修行，而又有圓滿的修行的教授，那麼那個時候怎麼辦呢？應該要好好地聽。像上面這種人，這是具足善根的人，這好不容易哦！所以真正具足上面這種善根的人哪，你要想修行吧，你又能夠辨別

是非、又沒有障礙，那麼那個時候要好好地，這地方聽聞
這個最殊勝圓滿的教授啊！4'51"

前面講到佛法的目的，就是要離開痛苦、得到快樂，儘管三
藏十二部的教典浩如煙海，但它的目的極為單純，就是離開痛
苦、得到快樂。那麼所有眾生做所有的事情，也是為了自己能夠
離開痛苦、得到快樂。如果是這樣的話，佛法的目的和我們所有
有情做所有事情的目的，都是完全吻合的。那麼就變成沒有一個
人不想修行的——如果了解了佛法。如果能夠深入、仔細地探究
了佛法的目的是這個，沒有人不想修行！5'32"

接著這一段探討到：「儘管沒有一個人例外的都想修行，但
是啊想修行是修，能修的條件不具足」，說我們都想要得到快
樂、去掉痛苦，但是這是要有條件的。首先，「畜生不可能！」
海裡的、空中飛的、土裡的那些有情沒有辦法。師父說：「只有
人。就算得到的人哪，他還是不行，還要種種條件，所以得到了
人身而能修行的」，要能得到一個能修行的人身，就叫暇滿的人
身，所以這個人身的前面是有條件的，這個條件叫「暇滿」。那
麼這個暇滿，師父說：「好難得、好難得啊！非常難得！」連著
三個。看喔！這個「好難得、好難得啊！」一個感嘆。又接著

說：「非常難得！」然後接著：「所以我們平常常常說，佛法裡面叫人身難得」，這四個了。四個「難得」喔！「這個好難得、好難得啊！非常難得！」然後，「佛法裡面叫人身難得。」說這是講暇滿人身。7'06"

能得到一個人身就很困難了，還要得到一個暇滿的人身才能夠修學佛法，能夠具足在得到暇滿的時候離開痛苦、得到快樂的——注意——這個條件。那麼這麼難得的得到了以後，師父就說：「哎呀，趕快呀！」接著是這三個字：「趕快呀！」要趁這個機會得到真正的什麼呀？快樂。因為你現在就是非常不容易地具足了離開痛苦、得到快樂的那個條件了，那麼這個時候要趕快喔！去得到真正的快樂、去掉真正的痛苦。因為「只有一個辦法，就是這個！」就是修學佛法呀！7'53"

所以具足上面的條件的人，他這個時候想要修行，注意！還得要有圓滿的修行的教授。那麼具足了能夠修行的暇滿人身，要想修行，還要有圓滿修行的教授，那個時候怎麼辦呢？又下一步，「應該要好好地聽。」說像上面列舉具足這些條件的人，就是什麼呀？「具足善根的人，這好不容易哦！」又來一個，「好不容易喔！」四個難得，接著師父又說：好不容易啊！8'35"

線上音檔掃描

講次 0175

珍視此時此刻的聽聞時光

「所以真正具足上面這種善根的人哪，你要想修行吧！」下面又有一個：「又能夠辨別是非、又沒有障礙」，又多一個。「那麼那個時候要好好地，這地方聽聞這個最殊勝圓滿的教授！」想一想，此時此刻的你、我，就在用我們生命中珍貴的時間聽聞，聽聞這個殊勝、圓滿、清淨的教授。所以此刻對我們來說彌足珍貴、千載難逢、萬劫難遇！我們就在聽喔！有沒有具足辨別是非？有具足一點吧！有沒有障礙？是有一些障礙，但是我們穿越，我們都在聽啊！此刻就在聽。0'45"

所以師父說：那麼這個時候要好好地在這地方聽聞這個最殊勝圓滿的教授！此時此刻我們即是正在做這些事情，所以真的要好好地隨喜。我們現在所做的事情，一定是令師父非常歡喜和欣

日常老和尚開示音檔起訖：舊版 3B 05:42～07:41
舊版廣論手抄稿2015版頁/行數：1冊 P83-L7～P84-L6
舊版廣論手抄稿2016版頁/行數：1冊 P83-L7～P84-L6

慰的。他那麼想把《廣論》講給我們，費了那麼多心力，希望我們能夠對這樣殊勝圓滿的離苦得樂之道生起信心、依之而修。費了那麼多的辛苦，就是希望我們達成我們自身的目的——令自他都離苦得樂。1'24"

想一想，此時此刻我們有多少弟子都在聽，希望我們如理聽聞能夠令師父歡喜，生生世世得到他的攝受。也上供十方佛，令所有的佛陀、祖師、菩薩都能夠歡喜，加持我們，讓我們的聽聞沒有障礙、思惟沒有障礙，乃至修習都沒有障礙，一切都如法如量地能夠生起。1'50"

想一想，儘管生命中有數不清的煩惱，有那麼多的求不得苦，或者我們現在損失錢財、學業不利、感情不順，甚至是生了大病，但是我們還有信心啊！我們還具足這些能夠聽聞的條件。因為我們知道這是最清淨的離苦得樂之道，我依靠它能夠成辦究竟離苦、究竟得樂這樣的一個目標，而且現在我具有這個條件。所以師父又說：「趕快！」就是不要耽擱啊，不要耽擱！用一切可能運用的時間，要來聽聞離苦得樂之道，並且思惟、修行。2'34"

　　所以在這裡會不會想到在度母救八難那裡邊，她都有說：「趕快呀、趕快呀！要趣向解脫呀！要趣向解脫呀！」很多的咒語裡也有這樣的善知識的催促。所以善知識有一個非常不共的功德，就是鞭策我們、催促我們的心能夠入道。他一直要鞭策我們、一直要催促我們，不然我們走到哪裡就會粘到哪裡，無論是苦、無論是樂，苦也會像進入沼澤一樣出不來，樂也是就粘在那兒走不開。但是三界無安，猶如火宅啊！我們必須利用得到修行條件的這個暇滿人身的機會——遇到殊勝圓滿的教法、又能夠聽聞、又具足辨別善惡、又沒有什麼障礙，或者有遇到障礙但是可以穿越——利用這個時間要趕快、趕快地修行，千萬不要耽擱啊，要把修行排在前面！就比如說每天聽聞你為什麼能堅持？哪怕是幾分鐘，哪怕是十分鐘、二十分鐘、半小時，它將對我們的生命產生不可思議的影響力！所以這時間對我們來說，真的是非常非常地珍貴，真的是很莊嚴、很難得的時光——會遇教法，而且我們有信心。3'50"

　　想一想，儘管生命中發生了很多很多的痛苦，但是我們遇到教法了，我們有善知識攝受，而且有信心，這件事應該永久地、永遠地讓我們想起來就高興吧！就歡喜吧！比如說從一開始全廣講到現在，你都在聽，都沒有間斷，無論家裡有什麼事、工作、

學習⋯⋯，都在聽。還有在學習五大論的過程中，有很多出家人無論遇到多少困難都在堅持，堅持十五年都沒有間斷地學習，這將累積多大的善根，累積多大的善行！所以一定不要去追悔，說：「好像我學這麼多，我沒修行、我沒用，那沒用還不如享樂。」是這樣嗎？無量劫來難可值遇的佛法我們聽聞到了，怎麼可能沒用？4'42"

那麼我們的心續有沒有顯現它磅礡的，比如空性那樣，像一把鋒利的寶劍，碰到煩惱立刻斬斷煩惱，有沒有修鍊出那樣俐落地斬斷煩惱的力量？還沒有。但是有種下種子嗎？有在培植我們的信根嗎？儘管遇到多少困難，我們都不願意放棄、都捨不得放棄，因為宗大師教法實在是太珍貴了，師父這樣善巧的講說，將佛法送進我們的內心，我們就賴以存活。很多人都是這樣，不學《廣論》，不知道要怎麼面對一天大大小小內心的波折和煩惱；離開善知識，我們也不知道如何在佛法上發心、集資糧，都不知道怎麼做。5'29"

所以遇到了教法，有善知識講說，我又能夠具足善根，千萬不要追悔自己，認為聽聞沒用。大家都知道，如果一座如法的聽聞，會在我們的心續上造成一種饒益，這個力量能夠切斷正在進

行的惡行，會變成一個很強的勢力趣向於正法、趣向於三主要道；就像陰天陰了很久突然太陽出現，那世界都是光亮和燦爛的。所以大家一定要好好地隨喜自己在正法上所做的努力，不要因為現在生了一個煩惱，我還切斷不了，就認為佛法沒有切斷煩惱的力量。No！不是這樣的！一旦我們一直練、一直練，一直磨那個抉擇的寶劍，劍鋒就會慢慢地鋒利，有一天它就會劍起劍落，煩惱就斷掉了，抖掉煩惱的速度就像抖落灰塵那麼輕鬆，不會像把一個巨石搬開那麼沉重，因為這個心已經慢慢地熟練了。6'35"

不要因為現在不得力就認為未來也不會得力，不要認為過去和現在我都沒有得力，就推斷說未來也不會得力，就看我們怎麼做。因為這個教法能夠對我們的痛苦有悲憫，能夠轉化內心、救拔我們的苦，這是它的作用，法的力量就是這樣。那麼法的力量為什麼沒有在我們的相續中顯現它強而有力的力量？就是修力不足，不是佛法不靈。這個概念的承許要有邊界，不是它不靈，而是一把寶劍你給一個小孩他舉不起來，它根本沒有什麼作用；可是你把寶劍給了一個勇士，他就能做太多了——要斷煩惱的勇士砍斷煩惱貪瞋痴，要一個有力的手拿起這個寶劍。那麼這個有力的手，就要天天練、天天練。在對境的時候不要讓心念空過，天

397

天練我們的抉擇慧去抉擇、斷除煩惱,因為煩惱就痛苦的因啊!
7'35"

　　然後不要有事沒事就習慣攪煩惱,一個煩惱攪得非常非常長,像藤蔓一樣沒完沒了的,要知道這對自己並沒有任何好處。還有遇到煩惱,無休止地去跟別人理論,讓別人認錯、讓別人道歉。當然別人道歉我們會覺得心裡會舒服一點,但是也並不能解決真正痛苦的根本,痛苦的根本還必須要修學佛法來把它去掉。別人幾句道歉、幾句服軟,不可能解決我們生命中最深重的痛苦,因為那個太深了,要用那麼深邃的理路去把那個根挖掉才會快樂。大家覺得呢?8'21"

線上音檔掃描

講次 0176

重新看待出家修行的非凡際遇

　　好！那我們來聽下一段。今天想要聽一下師父在新版《廣論》裡講的「欲令暇身」的這一小段。

　　那現在的欲是什麼呢？「欲令暇身」，我們得到這個難得的有暇之身，這暇身是專門指如法修行必須的條件。所以我們現在坐在這裡，人家很多在家人，儘管他有很優越的條件，他羨慕我們，因為他無暇，他沒有時間、沒有機會來修行。這是非常值得珍貴的！那白白地浪費，不讓它白白地浪費，這些「具諸善者」，這些真正具足善根的人。不具足善根的人不一樣，不具足善根的人看我們：哪，你們這些人！坐在這地方，我不會跑出去玩一下的？我不會去做這件事情的！我們絕對不會願意坐在那裡聽、

寫、讀、背，所以這個需要的很多條件。那麼專心、努力
地「專勵」來聽聞這個教法。1'16"

　　師父又一次提到了：「欲令暇身」。說：「我們得到這個難
得的有暇之身，這暇身是專門指如法修行必須的條件。」注意！
為什麼要如法修行呢？為了究竟地離苦得樂。那麼就觀察一下我
們現在，說：「我們現在坐在這裡」，師父就針對僧團在講，很
多在家人有很多優越的條件，但是他羨慕我們，因為他沒有時
間、沒有機會。譬如說學十五年、二十年的五大論，詳細地聽聞
每一部論的解釋，把該背的都背了──五大論的根本頌等等還有
很多要背；還有需要辯論的，都拿時間來辯論，生命的主軸和所
有的時間都是用來聞思修的。師父說：「這是非常值得珍貴
的！」讚美這些具足善根的人，不讓它白白地浪費掉這個暇滿。
2'40"

　　我們在寺院裡面，每天聽聞佛法、早晚課、背書、辯
論……。時光荏苒，歲月流逝，我們每一次對佛法的聽聞，在我
們心續上產生的信仰的力量；每一次思惟，拿所聞的道理來對治
煩惱、結合心續，內心中收穫的那一分感動；那一分覺得值遇了
大寶的教法，在這樣一個大寶的僧團中修行的感恩和珍惜，這一

切是多麼地來之不易啊！在整個從過去到現在的輪迴中，我到底有幾次能夠得到這樣的機會，穿上袈裟、值遇宗大師教法，又對宗大師教法具有信心，可以經年累月地聽聞、思惟、修行？這樣的時光對我們來說，從過去到現在我們重複幾次了？這時光並非隨處可得。從早晨起來我們就會到大殿，有那麼多尊佛像在殿堂裡；有那麼多經典就在自己的書櫃裡，觸手可及、抬眼可見；又有這麼多的同行善友，修學一樣的教法，持守一樣的律儀。仔細想想，這要累積多少資糧，聚合多少因緣，才能出現這令人羨慕的機遇啊？4'24"

我們寺院的法師們、小沙彌都在努力地背書，正在聞思的路上拚命地戰勝自己。進入僧團之後，要大量地背誦教典。當一個僧人在學習過程中，感覺到辛苦的時候，要不只一次地超越自己。在修行的路上，要麼是從來沒有開始、要麼是半途而廢，而已經踏上這條路的人也必須矢志不移，才能保持初心堅守到底，經年累月地堅持背誦，把這些經典上佛陀的教言裝入自己的心續。許多出家人，在這個過程中修鍊出聞思的毅力。每當到寺院大考的時候，我們總會聽到又有出家人將哪部經典、哪部論著完整地背誦下來了，甚至能一次性地背誦數十萬字。除了背書課堂之外，從寮房到大殿、走在路上背誦、睡前端坐在床上，乃至聽

到打板聲睜開眼睛的時候，都有法師趁著這個時間在串背著經文。5'39"

學習辯論也是，當全心全意地投入其中的時候，有的法師站著也是思考、坐著也是思考，吃飯的時候也會思考，睡夢中也在思考。到全寺院一年一度的大考的時候，每個人也都傾心地準備了題目，同時也非常緊張地準備面對別人的考題。在大考的會上，任何想像不到的事情都會發生，因為你永遠料不到別人會出什麼題，也無法想到自己精心準備的題目別人怎麼回答你呢？一到大考的時候，僧眾們的氣氛真是又緊張、又歡樂，每一次大考，都有最精彩的題目出現，同時也是大家最能相互學習、相互激勵的時候。6'32"

想一想，這樣的背誦是修行嗎？聽聞佛法是修行嗎？辯論是修行嗎？乃至從寮房走到大殿，每一步路是去朝聖嗎？我們都想千辛萬苦地到聖地去朝聖，那麼佛陀就坐在大殿裡，經典就在經櫃裡面，甚至在我們的書桌上。離苦得樂之道在經典裡寫得清清楚楚，而且有善知識不厭其煩地為我們講一行、一個字、每一部論怎麼解釋、諸家的解釋，還有匯總的解釋是什麼。這個傳承從未間斷，而且是如此清晰，就在我們這個僧團！如果稍加思考這

一切所有的聚合，便會感受到教典中所說的暇身難得不可思議啊！7'30"

所以師父接下來又說：有的人看我們——啊，這些人就坐在這個地方！他是不會來做這些事情的，因為他想要到處跑呀！坐不住啊！沒法收攝，不可能收攝在教典上，無法專注於聽、說、讀誦經典、背誦經典、辯論這些事情；也無法對於聽聞、讀寫教典、辯論教典產生殊勝的勝解，認為這就是淬鍊我們內心離開痛苦、得到快樂的唯一方式，也是最佳方式。不會成這種見解，總認為有一些其他的方式可以達到快樂、可以離開痛苦的。一直讓自己的心思留戀、拖延在那些其他方法上，甚至滯留在那些上面，以為那就是離苦得樂之道，因為他的見解是沒有轉過來的。8'30"

說到轉變見解，就要談到理路。比如說學辯論的第一課——顏色，討論那些辯論題，我們會覺得：討論白法螺是不是白色，對我心續的煩惱有沒有作用呢？眾所周知，白法螺的顏色是白色的，但是賽倉大師說，第一課就是要用這種人人都知曉的事例來建立正理的理路。為什麼要建立正理的理路呢？因為正理的理路，才能破除痛苦的根本。佛陀認為無明是一切痛苦的根本，破

除無明最重要的利器就是空性見。可是對於凡夫而言，空性不能用現量證得，一定要用理路，生起比量才能了解，所以建立理路對一個修行者來說至關重要！9'34"

　　雖然《攝類學》是學習五大論的初級課程，也是五大論必不可少的基礎課程，但它會顛覆我們平常的感覺，還有原有的思路習慣。一切石破天驚的思路，會讓自己和他人從驚嚇到驚豔，讓我們恍然覺悟到平常的生命狀態糊里糊塗、渾渾噩噩。在理路的鏡子中，我們會努力地去辨認真理的模樣，無數次地去辨認、去探尋諸法的實相、心的本來面目！日復一日，精進地學習佛菩薩、祖師的理路，想像他們一樣超越煩惱的大河，到達寂靜、悲智紛呈的彼岸。這樣的奮鬥，是多麼地令人歡喜呀！所以想一想師父對我們具足暇身的讚歎，我們要生起極大的歡喜心！10'45"

廣海明月

——道次第廣論講記淺析
第三卷

諸具善者專勵聽

線上音檔掃描

講次 0177

「浮泛聽聞」與「專勵聽聞」的行相

　　現在我們要聽下一段。在聽聞之前，大家還是要策勵一下自己的動機，這件事要常常提醒自己，不要沒有特別策勵發心就聽。養成習慣，當我們開始要聽聞佛法的時候，一定要一個大乘的發心──為利益無窮無盡的如母有情，我必須去證得正等覺的佛果，因為只有那樣我才會有能力去饒益一切如母有情。0'36"

　　當這樣造作的大乘發心發下去之後，成為一個強烈的牽引力，也是一個習氣，有一天我們就會對這個目標產生真實的渴仰，會覺得那是我一定要得到、一定要那樣做的一件事，變成自己的生命計畫本身，非常地親切、務實。就好像我們每天做的行程規畫一樣，幾點到幾點做什麼、幾點到幾點做什麼；我的生命

日常老和尚開示音檔起訖：舊版 3B 07:41～08:24
舊版廣論手抄稿2015版頁/行數：1冊　P84-L7～P84-LL5
舊版廣論手抄稿2016版頁/行數：1冊　P84-L7～P84-LL5

一定要走大乘、一定要去證得佛果，用這樣的修心的方式，去得到正遍知這樣的一個果位，來幫助對我有恩的所有如母有情。1'23"

好！那我們就接著聽舊版的師父講的《廣論》。

> 聽聞這東西的話，還要一個條件，要怎麼辦？「專、勵」，要專心、要努力。平常的時候我們聽哪，浮浮泛泛的話，這個聽沒有用，種一個善根。就種善根來說，有用的，用在什麼時候呢？等到無量阿僧祇劫以後，轉了一個大圈子，最後還是要等到這個種子起現行的時候成就。所以真正地聽到了，馬上緊跟著一步上去的話，這個浮浮泛泛不行，要專心！專心聽完了以後，還要什麼？努力！一定要這兩個條件。2'15"

這一小段很短，師父強調了聽聞要有一個條件，就是那兩個字叫「專、勵」，說：「具善者專勵聽」，「要專心、要努力。」師父說平常我們的聽聞狀態浮浮泛泛，請問浮浮泛泛是一種什麼狀態呢？要自己想一下。應該是沒有全神貫注吧！沒有用自己全部的心去傾聽，也沒有投入情感、投入全部的力量。浮浮

泛泛的，應該印象不深刻吧？師父說：「這個聽沒有用，種一個善根。」沒有用是就某個角度說的，種善根是有用的。種善根什麼時候有用呢？就是等到特別特別漫長的時間之後，譬如無量阿僧祇劫以後，不知道多久多久的時間，轉了一個大圈子，最後種這個善根的種子起現行的時候就成就了。這是浮浮泛泛聽的一個狀況——他從種下善根的種子到有一天發芽、開花、結果，中間經歷的時間實在是太過漫長！那麼在下一段，師父會分析這漫長的時間我們都在哪裡、都在做什麼，能不能承受？所以這麼漫長的時間才有收穫，就是浮浮泛泛地聽聞感得的結果嗎？大家要思考一下。4'04"

為什麼不能浮浮泛泛地聽呢？浮浮泛泛就那麼長、那麼長的時間才有收穫嗎？那麼不是浮浮泛泛的狀態是什麼樣呢？師父說：「真正地聽到了，馬上緊跟著一步上去的話，這個浮浮泛泛不行，要專心！」專心聽完了之後，還要努力！一定要這兩個條件。說真正聽到了之後，我們的心力就要跟上去，就是馬上要向內調伏。我們的內心會有一種渴望，渴望我的心成為我所聽聞的法，變成那個樣子。所以當自己用全神貫注的注意力在聽聞的時候，有的時候感覺不到時光的流逝，你感覺不到有什麼東西打擾自己，彷彿只有師父的法音，好像自己都不存在了！其實那樣的

時光是很澄澈的，有深度的寧靜和投入，我們心裡的諸多牽掛也都放下了。5'15"

　　在全神貫注的時候，其實是會有一種愉悅。這種愉悅感只要專心致志聽法就能得到，是非常容易得到的，如果我們真正地按照師父的要求去做的話──永不停息地訓練自己要專心聞法，在聽法的時候要斷除不在意的、散亂的，覺得好像沒有什麼特別珍貴的那些需要被對治的心態；每一次聽聞的時候，要產生極其稀有的、難可值遇的，就像於正法聽聞作五想：光明想、無罪想，還有眼目想……，所以內心裡會產生一個非常非常大的珍惜的感覺；每一秒鐘都不想讓它空過，都不想讓法音空過，都不想讓自己的注意力流散在其他地方，想全部地注意傾聽師父在講什麼、《廣論》在講什麼？6'20"

　　記得《略論釋》總是有一個譬喻，說全神貫注地聽法的狀態是什麼呢？「猶如野獸乍聞聲」，走在曠野裡的一個小動物，突然聽到一個霹靂，牠整個都全神貫注在聽，什麼其他的注意都沒有，只有聽到那個聲音。所以「專勵」，專心勵力這樣的一個聽聞狀態，就是我們要達到的一個狀態。那麼現在對比那樣的狀態，可能很多時候我們是有參差的，甚至有很大的參差、很大的

一個距離。怎麼辦呢?就是不要讓這種不專心的狀態一天比一天嚴重,要去對治!7'07"

線上音檔掃描

講次 0178

聽聞前行是非常划算的投資

　　為什麼聽法的時候會不專心呢？大家想一想。說：我有事情啊、我身體不舒服啊……，有諸多的理由，但是總歸起來大概就是前行沒做好。那麼前行就要思惟聞法勝利呀！思惟的時候，對一個聽聞者想要得到聽聞勝利的那個要求，比如斷器三過、具六種想，這些雖然我們都聽聞過《廣論》了，但是是否特別特別重視聽聞前行？因為如果在正聽的時候我們無法全神貫注，就會無量阿僧祇劫之後轉了一個大圈才收穫聽聞的結果，那豈不是太冤枉嗎？如果我們用幾分鐘的時間做一做聽聞前行，而使所有的聽聞具有非凡的意義、對我們的生命產生那麼強而有力的饒益的話，我認為這筆時間的投資還是非常划算的！1'00"

　　所以在每一次、每一次聽佛法之前，做一個心理準備是很必

日常老和尚開示音檔起訖：舊版 3B 07:41～08:24
舊版廣論手抄稿2015版頁/行數：1冊 P84-L7～P84-LL5
舊版廣論手抄稿2016版頁/行數：1冊 P84-L7～P84-LL5

要的！因為做很多事情之前都需要準備，沒有準備、倉促上陣，除非是你已經非常熟練。但是越是熟練的人，有的時候他越會注意準備。因為那個熟練是怎麼來的？就是非常注意聽法前行的準備來的，所以他熟練之後會有這個習慣，就是特別重視聽法之前策勵自己的發心，把自己的狀態——主要是狀態——調整到一個非常虔誠、專注、對法很珍惜的這樣一個狀態。1'37"

一旦我們浮浮泛泛地聽——跟聽其他事情沒什麼差別，那麼佛法珍貴的意義，我們離苦得樂的唯一的依靠，如眼目、如明燈一樣，這樣的作用，在當下的時候我們的心就會忽略、就會輕視，輕視到眼前的這個聞法的機會；我們不會那樣稀有地珍惜自己善根，珍惜值遇到教法的這個因緣、這種時機啊！不會珍惜！可是稍作策勵的話，我們就會想到暇滿很珍貴，因為難得、易失，無常這麼迅速，剎那不停地向老死奔去。在這個過程中，我居然能夠值遇到如此絢麗的教法，如此清淨的離苦得樂之道，那麼我解決生老病死痛苦的辦法，下手處就是聽聞，而聽聞要求的條件就是全神貫注。2'39"

我會全神貫注嗎？從小學、幼兒園的時候，上學就訓練這個——全神貫注。那麼我們平常滑手機的時候全神貫注嗎？通常

滑手機走路都撞東西，別人叫你也聽不到，那就是全神貫注。為什麼？我們全被這個目標吸引，被那個全部吸引了！那麼我們的心為什麼不能被清淨的離苦得樂之道吸引呢？因為那就是我全部的身心想要的一切呀！想解脫老死，想能夠自利，也想能夠利人，能夠幫助所有我關注的生命不要受苦。就是我從心髓裡要做的一件事情，那為什麼不能全神貫注呢？難道我忘記了嗎？還是永遠都有其他的事情比聞法更重要？我把我最重要的全神貫注都投注給其他的，而在最該全神貫注的時候卻任精神流散，而且還沒有對治！3'42"

當不如法的聽聞狀態出現的時候，最重要的是要覺察——發現走神了，或者發現自己在昏沉，或者發現自己提不起心力來。注意，前行沒做好！千萬不要忽略前行，就像助跑一樣，像那種跳高、跳遠的運動員都要助跑，沒有助跑的話肯定是跳不高、也跳不遠。所以這個聽聞前行的訓練，是整節的聽聞到底會產生什麼樣的作用非常關鍵的一步！它又像火箭的發射器一樣，非常非常重要！4'20"

希望大家能夠不要忽略聽聞前行，把《廣論》的書打開看一看「斷器三過、具六想」，還有「以五想聽聞正法」。這些要非

常非常地熟練，比如說聽聞佛法為什麼是眼目？我們看到那兒可
以想一想：是看什麼的眼目？如果一個人看不到路，那該有多痛
苦！可是聽聞佛法像眼睛一樣，讓我們能夠抉擇哪裡是苦、哪裡
是樂。這樣想一想，它就跟我的內心發生非常直接的關聯。
5'02"

　　每天生活追著事項跑，我們的心不停地被遇到的事情綁住，
一次一次地綁住，綁住的時候就會發生執著、發生痛苦、發生顛
倒的認知。當顛倒的認知出現的時候，我們用什麼力量讓我的顛
倒再恢復正常，變成是希求三主要道呢？所以每天的聽聞就變得
非常必要！因為它會醒覺我們的注意力，讓我們知道在這所有所
有的奔忙中，有一件非常非常重要的事情，就是聽聞何種是離苦
得樂之道，而且讓我的心沿著那樣的離苦得樂之道去修正我所有
的思想和行為。這件事就攸關乎我自己的苦樂，乃至他有情的苦
樂，是非常重要的一件事情！大家覺得呢？5'54"

線上音檔掃描

講次 0179

沒有天上掉下來的佛果

在聽下一段之前，大家想一想，上一段講了：要是浮浮泛泛地聽聞的話，那麼就種一個善根。這善根什麼時候熟啊？就要等到無量阿僧祇劫以後，轉了一個大圈，到最後這個種子起現行的時候成就。下一段師父就再講了一下這個事情，說：浮浮泛泛地聽，到最後還是會成熟啊，只不過是慢了一些吧？聽聽師父對這種想法的看法。0'40"

那麼這個地方也說一下。說：那麼最後還是成熟嘛，那我就慢慢地好了。記住！始終記住這個話，慢慢地不是說你等它慢慢地種了個種子，到那時候它自己天上掉下來，一口氣讓你成佛了。沒有這件事情！到那時候還是啊仍舊經過如此這般修行，然後成就。而在你沒有經過這個

日常老和尚開示音檔起訖：舊版 3B 08:24～09:50
舊版廣論手抄稿2015版頁/行數：1冊 P84-LL4～P85-L6
舊版廣論手抄稿2016版頁/行數：1冊 P84-LL4～P85-L7

修行成就之間轉個大圈子，在哪裡？都在三惡道當中。記住哦！既然到最後你還是要這樣地修行了再成就，請問你為什麼要讓它受盡了千辛萬苦才成就？所以呀我們瞭解了這個，自然而然必定會專心、努力。反過來說，你之所以能夠這樣做的話，這個是善根哪！

所以這個地方告訴我們，你要聽到這個真不容易呀！你們現在有幸聽見了，這是真正具足善根的人，你現在因為宿生積了這麼多善根，現在眼看著可以上去了，千萬要努力啊！現在怎麼樣努力法？專心、努力！這是他最後又特別地諄諄叮囑，告訴我們。2'08"

好！師父在這一段裡回答了我們那種想法：最後還是成熟，慢慢地會怎樣呢？師父先說了兩個字：「記住！始終記住這個話，」師父要我們記住什麼呢？而且要始終記住這個話，記住什麼呢？說：「慢慢地不是說你等它慢慢地種了個種子，到那時候它自己天上掉下來，一口氣讓你成佛了。沒有這件事情！到那個時候還是啊仍舊經過如此這般修行，然後成就。」所以慢慢地那個種子發芽的時候，還是要經歷所有的努力過程。3'02"

　　「而在你沒有經歷這個修行成就之間轉個大圈子，在哪裡？都在三惡道當中。」師父講完這個之後，又說了一遍：「記住哦！」又說了一遍。注意！前一個記住，說：「記住這個話」，什麼話？種子慢慢地成熟的時候，不需要經歷那個過程嗎？不是的，當開始成熟還要經歷那個修行的過程，所以還是要修行，不可能不修行。比如「聽聞軌理」，你不修行的話有沒有可能跨過去呢？是跨越不了的。如果能跨越就不叫次第了，對不對？所以要慢慢地成熟還是要經歷如此這般的修行，然後成就，絕對不會從天上自己掉下來──師父說要記住這個！3'55"

　　轉了一個大圈子，那麼長的時間在哪裡？都在三惡道中。又說一句：「記住哦！」既然到最後還是要修行再成就，為什麼要讓它受盡千辛萬苦才成就？「讓它受盡千辛萬苦」，這個換成自我，為什麼我要讓我自己受盡千辛萬苦、墮惡道等等，經歷那麼多難以忍受的痛苦？我們現在只是說說惡道，惡道的有情過一天、過一秒鐘可能都很痛苦喔！我們現在是推斷挺痛苦的，但是實際去想一下，真的是很難堪忍的喔！因為心續是不會斷滅的，很難堪忍也不會終極斷滅，所以那一切苦都是要硬忍受過來的。那麼為什麼要給自己的未來鑄造一個那麼大的苦，然後再去承受，又無處可逃，沒辦法逃了，一入惡道就沒法修行？那為什麼

要變成那樣子呢？這是一個天大的委屈、冤枉的事情呀！所以師父連著說：「要記住啊！要記住啊！」5'17"

說：為什麼受盡千辛萬苦才去成就？因為不了解。所以我們了解了這個之後，自然必定會專心、努力。那我們可以捫心自問一下：對每一次的浮浮泛泛、不專心聽聞的狀態，我們有沒有認真地考慮如此這般聽聞的後果？當然還是會種善根，比不聽聞好，但是既然聽聞了，為什麼不要最好的、不給自己最輝煌的未來？為什麼要有一個那麼暗淡的、可怕的、令人怖畏的未來？6'02"

聽聞一定是鑄造幸福的，對吧？因為聞思修就可以改變整個輪迴、整個生命現狀的苦狀，我們不需要去打別人、不需要去罵別人、不需要去搶什麼，就是聽聞、受持佛陀的語教，痛苦就可以消滅了。那麼這麼重要的一件事，為什麼用浮浮泛泛的態度去完成呢？時間花下了、精力花下了，目的也是為了聽聞佛法，那為什麼要有浮浮泛泛的狀態呢？這不是很奇怪嗎？這件事對我們那麼重要，為什麼不認真呢？是忘記了嗎？6'44"

所以師父在這裡邊連講了幾個：「記住啊！始終記住啊！記

住啊！」連講這個，就是一再地告訴我們，那樣浮浮泛泛地聽聞，它所感得的結果是我們不願意面對、無法面對的，到最後還得要做聽聞前行，把聽聞軌理好好地做好，是不可能跨越這個次第的！7'11"

講次 0180

認真聽聞就是關心自己未來的幸福

　　如果發現等到慢慢地成熟，我們根本也佔不到便宜，而且會吃更大的苦頭。比如說有兩條路，一條路是慢慢走的，不要著急；一條路就是要精進，不可以懈怠、不可以遲緩。那說：啊！一邊走著、一邊坐著、一邊喝茶，然後看風景，有的人就願意走這樣的路。但是如果跟你說這個慢慢走的路裡邊有很多猛獸、強盜，還有可能會掉進深淵，那是一條慢路嗎？No！那是一條危險的路，非常非常危險的路！所以慢慢成熟和危險好像畫等號了，有注意到嗎？慢慢成熟，我們的生命就要經歷更深刻的痛苦，更難以面對的那些情景和感受、難以堪忍的痛苦就等在未來。浮浮泛泛地聽聞，就遮除不了惡道的痛苦，因為在一開始我們就沒有認真了，我們怎麼能夠在滅苦的因上全力以赴呢？1'08"

日常老和尚開示音檔起訖：舊版 3B 08:24～09:50
舊版廣論手抄稿2015版頁/行數：1冊　P84-LL4～P85-L6
舊版廣論手抄稿2016版頁/行數：1冊　P84-LL4～P85-L7

　　有沒有注意到師父把我們聽聞佛法的一個狀態，跟離苦得樂直接連結起來？為什麼要去聽聞佛法？就是為了離苦得樂呀！如果對離苦得樂這件事本身一點都不在意，怎麼能離苦？怎麼能得樂呢？這個推理是非常通透的呀！大家覺得是不是這樣？平常就覺得我浮浮泛泛地聽聞也不會被罰款呀，也不會被老師叫起來罰站，因為不是小學生啦！小學上學的時候不好好學習，家長開會回來可能還要被罰站，可能應得的一些利益都得不到了，好像有懲罰。那現在浮浮泛泛地聽聞，沒人管、沒人懲罰自己，好像也沒有一個什麼管束自己的。但是修行最重要的就是自律呀！為什麼我們要自律，因為要主動地去離開痛苦、得到快樂。如果自己是一個浮浮泛泛的狀態，不要任由它發展下去，記住——我也說了記住——要起對治啊！要起對治，把這種浮浮泛泛的狀態對治下去！因為照理這樣推下去，浮浮泛泛地聽聞、不認真地聽聞，我們豈能認真地消滅痛苦？豈能認真地得到快樂呢？2'32"

　　我們好像對自己未來的幸福一點都不關心啊！對自己未來要受的那些危險，沒有一種猛烈地想把它遮除、把它滅掉、不要發生那樣的決斷。好像就任由自己的心這樣向前，像河一樣流去，不管它流在哪裡，反正此處、此時我沒感覺到極端的痛苦就行！這是一種沒有對因果進行觀察，沒有觀察自己生命的現行——其

實盡頭還是有個老死的，老死之後到底會在三惡趣還是再得到暇滿人身修行？這個問題完全是我們這一生要決斷的、要做主的！3'14"

所以師父在聽聞狀態這件事，由「專、勵」兩個字，講到了我們必須對我們的後世要負有完全的責任感，要去考慮我要什麼樣的未來我就要有什麼樣的聽聞狀態。有沒有發現這個畫等號是畫得這麼直線的？意思就是：不要認為這樣浮浮泛泛的聽聞狀態不會感得一個結果，是會有那樣一個結果的！那樣的結果是什麼呢？不是要恐嚇我們，而是所有的智者如是說。所以我們要說服我們的心，沿著佛菩薩所說的那樣的安穩道去修鍊自己。不要漫不經心，不要不以為然、以為沒有惡趣、此生的生命沒有盡頭！這些常執是需要被點醒的，需要覺察、對治！4'16"

在講了上一段之後，師父又接著說，如果能夠努力、能夠專心的話，這就是我們的善根啊！所以師父說：「這個地方告訴我們，你要聽到這個真不容易呀！」又說一個不容易，前面也有很多不容易呀！然後說：「現在有幸聽見了」，現在我們能聽到師父的法音在宣說《廣論》，是多麼大的一個幸運啊！「這是真正具足善根的人。」4'49"

「現在因為宿生積了這麼多善根，現在眼看著可以上去了」，注意喔！師父用了「眼看著」，眼看著是什麼速度啊？比如說：「欸！看著、看著、看著，這個人走到眼前了！」「看著、看著、看著，這人爬上山頂了！」它的速度是很快的。因為我們這輩子遇到了教法，而且我們對教法有這樣的一個信心，眼看著可以上去了！接著說：「千萬要努力呀！」每次看到這幾個字內心都很感動，好像又看到師父在眼前殷切的那種眼神，還有那種語氣——怕我們受苦啊！現在眼看著可以上去了，為什麼眼看著上去了？因為有幸聽見了，是真正具足善根的人啊！真正具足善根的人！說：「現在因為宿生積了這麼多善根，現在眼看著可以上去了，千萬要努力呀！」怎麼努力？「專心、努力！」師父這樣說的，宗大師也是這樣說的，佛陀呢？「諦聽、諦聽，善思念之！」都是這樣說的。千古的叮嚀啊！從未改變、從未改變的叮嚀！6'22"

我們的耳畔到底是多少次又響徹這樣的叮嚀？又可以聽到善知識、佛菩薩這樣叮嚀我們了？猶如慈母的叮嚀一般，能否把這種叮嚀放在心上？能否珍惜這種叮嚀？覺得真的是怕我們受苦，全心全意地想著我們、把我們放在心上的人——善知識，具有菩提心的善知識，一剎那的苦都不願意我們受，想要把我們所有的

痛苦都拿去他受，那樣的佛菩薩，對我們這樣的叮嚀！所以「諸
具善者專勵聽」，師父傳遞了佛菩薩的痛切之心、難忍我們受苦
的心。諄諄地叮嚀，你我千萬要放在心上啊！7'22"

講次 0181

浮泛聽聞，必定長劫流轉惡趣

又到了我們研討《廣論》的時間了。請大家觀察一下自己的相續，調整好自己為了成就無上菩提而研討《廣論》的動機——是為了利益無窮無盡的有情，我必須去證得佛果；為了這樣一個目標，現在要學習聽聞和研討《菩提道次第廣論》。0'31"

前兩天收到一個沙彌的信，他在信裡問我說：「師父說聽聞的時候不能浮浮泛泛，聽聞的時候浮浮泛泛就一定會長劫流轉惡趣嗎？在內心裡怎麼能夠產生這樣的決斷的認知呢？怎麼斷除疑惑呢？」我會覺得他就這個問題有非常認真地思考，所以首先他不是浮浮泛泛地聽聞。那麼浮浮泛泛地聽聞，到底為什麼師父會推演出那樣的結果呢？還記得在《廣論》上《事教》中記載：阿難的兩個外甥出家後，親教師教他們讀誦，大概就是背誦經典，結果他們讀了短短的幾天就不肯再讀了。為什麼呢？可能沒興趣啊，或者找理由、懈怠。後來就把他託付給神通第一的目犍連尊者吧！然後阿難的這兩個外甥去跟目犍連尊者學習的時候，居然

也還是這樣不肯再讀，依然故我。1'53"

這個時候阿難就得為他們想辦法，應當讓他們倆心生厭離，一定是被現世的一些快樂綁住了吧？所以就請目犍連尊者帶領他們到白天活動的地方——不知道是不是在那兒玩的地方——然後變化出有情地獄，讓這兩個小沙彌聽到了切割、鋸砍可怕的聲音。他們倆聽到了之後就趕快去看，看到了砍、殺等痛苦。而且看到了這種慘狀之後，還看到了有兩個沸騰的大鐵鍋，於是就問道：「那鐵鍋好像是空的，沒有任何人被扔進這裡面嗎？」就有聲音答道：「阿難有兩個外甥，出家後懶散度日，死後就會投生這裡。」3'00"

可以想像這兩個沙彌聽到會嚇成什麼樣！所以他倆是極度地驚慌，心裡想：如果被那個聲音知道，現在可能就扔進去了。他們就趕快回到目犍連尊者這裡，把發生的事情跟老師講一遍。尊者就告訴他們說：「兩位沙彌！這些禍害以及其他的災殃都是從懈怠產生的，所以要精進！」他倆因此就發起了精進。精進到什麼程度呢？說如果用餐前想起地獄，就有點沒法吃；如果用餐後想起來就會嘔吐。3'45"

現在他們開始發起精進來用功了。用功一段時間，又帶他們到一個白天活動的地方，在某個方位就變化出眾多的天人。這兩個沙彌聽到了琵琶等等的音樂聲，想：什麼這麼熱鬧，這麼好看呀？就前去觀看。結果看到了無量宮裡邊充滿了天女，卻沒有天子，就問說：「為什麼沒有天子呢？」就有聲音答道：「阿難的兩個外甥出家後發起精進，因此他們死後會投生在這裡。」兩個沙彌聽起來高興極了，就歡天喜地地跑回來告訴他們的老師目犍連尊者。然後尊者又諄諄教誨他們說：「兩位沙彌！這些利益還有其他利益都是從發起精進產生的，所以要精進！」因而他們也就奮發精進。4'41"

當他們受學經教時，也看到了《真實相應經》中提到會從善趣投生惡趣。阿難尊者的這兩個外甥就請問目犍連尊者說：「聖者，我們從人天當中死後，也必須投生三惡趣嗎？」請聽尊者的回答！尊者回答說：「二位賢首，只要眾多煩惱的續流還沒有截斷，就必須像水車運轉的道理一般在五道中流轉！」說完之後他倆就心生厭離，然後稟告尊者說：「從此再也不作煩惱行，懇請宣說這樣的正法。」這個時候目犍連尊者為他們說法，他們最終證得了阿羅漢果。5'27"

　　回到最開始的問題：浮浮泛泛地聽聞，到底能不能對治我們心中眾多煩惱的續流呢？能不能截斷呢？如果不能截斷的話，像水車運轉的道理一般在五道中輪轉的話，那麼「得人身者如爪上塵」，得暇滿人身就像盲龜遇浮木那樣的可能性，大多數都墮落了。所以當我們遇到正法的時候，浮浮泛泛地聽，絕對是一個懈怠吧？對吧？絕對不是發起精進的狀況！那麼不是發起精進的狀況，怎麼可能截斷墮落惡趣的這些苦因呢？截不斷的話，惡趣的苦因就會生苦果吧？6'10"

　　所以應該制止懈怠，發起修道的精進，鞭策內心希求解脫並且獲得解脫的根本因素。那麼能夠制止懈怠，發起修道的精進，鞭策內心希求解脫、獲得解脫的根本因素，到底是什麼呢？推崇稱讚的就是要修習「苦」。像剛才那個墮落地獄的苦，還有即使受生為天人，如果那個續流沒斷還是會再墮落。所以一定要用一種厭離輪迴的一個心希求解脫，才把輪迴裡的苦因能夠徹底地斬斷。6'53"

　　導師世尊的遺訓就是經典，所以必須閱讀；閱讀經典又必須要善知識。博朵瓦大師就曾說過：「還沒有遇到其他的善知識之前，自己雖然閱讀些許，往往是睜著眼睛卻看不見。」但是樸窮

瓦大師置身在典籍當中，說：「現在必須分辨出上、中、下根機，產生符合程度的長進，這些都能對治由於無知而產生的墮罪。應該把這些典籍放在離自己最近的地方，不離開視線的範圍這樣去閱讀。」其實這都是大善知識的教誨。7'35"

像師父就教誨我們說：「在聽聞的時候千萬不要浮浮泛泛，要全神貫注！」其實這都是一向連貫的傳承，讓我們能夠在聽聞的時候就斷除懈怠。斷除懈怠也就斷除了我們會墮落惡趣、生不起精進所能生起的那些證德，應該斷除這些。所以我會認為師父這樣的說法是有依據的。8'07"

大家認為怎樣呢？最重要的事情就是：我們對於正在發生的事情是苦因、會結苦果的這個事實往往連接不起來，認為我就只是漫不經心地不太專注，難道由於這個狀態就會墮落惡趣嗎？在因果裡邊通常都是一個小小的因，可能對法呀、對於佛菩薩、對於善知識、對於出家人等等，還有對父母親，對於這些具力業門、殊勝福田，一個很小、很小的惡念會產生一個很大、很大的苦果。這些事情如果佛陀不在經典裡給我們講，我們是連聽都不會聽過；就是佛陀在經典裡給我們講，如果沒有善知識諄諄這樣地叮嚀，我們聽了也就都忘記了。9'04"

所以能感得善知識常常地在耳邊叮嚀我們注意這個、注意那個，如果能夠體會到善知識呵護我們，希望我們能夠離苦，把相續中的苦因都去掉，不要出生苦果——到時候自己會苦不堪言啊，能夠體會到善知識的慈悲之心，產生在自己的行為上就是如教修行供養，自己不如法的聽聞狀態，要發起精進斷除掉，尤其要斷除懈怠。大家認為呢？9'41"

線上音檔掃描

講次0182

持續學習，成為聽聞廣論的具器者

請把《四家合註入門》翻到77頁，看中間的藍字和黑字。

第三、勸勵具器人應聽聞者：謂諸有偏執暗未覆，具辨善惡妙慧力，欲令暇身不唐捐，諸具善者專勵聽。0'27"

現在我們講到妙音笑大師的第三個科判，從巴梭法王的科判來看它也是第三科，兩個注釋的內涵是一樣的——「勸勵具器人應聽聞」，就是規勸具足這種根器的人要好好地聽聞。那麼接下來有一偈說：「諸有偏執暗未覆，具辨善惡妙慧力，欲令暇身不唐捐，諸具善者專勵聽。」請問什麼是「偏執」呢？不了解圓滿教法的扼要，只執持片面的，把這一點比擬為「暗」。1'09"

四家合註入門頁/行數：1冊 P77-L6～P78-LL5

如果為這個暗所覆蓋，比如沒有燈，黑暗籠罩了這個房子的話，其實除了黑什麼都看不到了，「偏執」就像黑暗覆蓋一樣。那麼如同這樣，去除黑暗後，就將此道的扼要完全地光顯，就是「暗未覆」。所以「諸有偏執暗未覆」，這裡邊解釋了「暗」是什麼、「未覆」又是什麼——去除了那個過失的。1'45"

　　那麼「具辨善惡妙慧力」，就要具備辨別什麼呀？正確與不正確的清晰慧力。大家有沒有注意到，善惡和正確、不正確連在一塊兒了，為什麼呢？那麼善的是正確的否？惡的是不正確的否？為什麼呢？因為善的會達到快樂，所有的眾生都希望離苦得樂，惡的會讓人痛苦，所以要具備能夠辨別什麼是苦樂的因、苦樂的果，對吧？辨別善惡妙慧力。欲令賢善的所依暇身具義而不唐捐的這些具善緣的人們，對於此論應該專一、勵力地聽聞！這個就是「勸勵具器人應聽聞」。後面仁波切講一句：「如果不是器，就不會這樣說。」很顯然是對於具器的人、能聽聞此論的人說的。2'59"

　　下面有一個問答，他的問題是說：「具善」就是指具器嗎？然後仁波切說：「是的。『具善』就是指具有修習此論的善緣。」注意！它後兩個字是「善緣」。什麼樣的善緣呢？就是具

有修習此論的善緣，也就是此論的具器者、此論的所化機。什麼樣是此論的所化機呢？就是指遠離前面所講述的那個過失的人。什麼過失啊？偏執一方啊！他就會說：「大乘有問題」、「小乘又怎麼怎麼樣」這種偏執。3'35"

　　具足沒有被這類黑暗蒙蔽的功德，還要具足什麼呀？分辨善惡妙慧力；還有那個欲令暇身不唐捐的善緣者，擁有上述功德的人才能將法聽進耳朵裡。不是這樣的人，根本聽不進去。雖然不是不能聽，但是不具信心、不具器、有偏執、又不具備分辨善惡慧力的人，即使講給他們聽也聽不進去，無法利益到他們。因此，聽聞《廣論》應該具備這些功德，能具足這些就能有所饒益。為什麼？因為是具器者、具善者，對吧？4'23"

　　像有的同學學《廣論》都三十年了，我們不是有那個徽章嗎？我給二十年、三十年的都發了那個徽章——還沒有去臺灣發，以後去臺灣發。這麼長時間持續地學習《廣論》，持續地聞、思、修。我們是不是大師在這裡邊指出的所謂具器者呢？能夠聽聞《廣論》的，能夠按照《廣論》聞、思、修的這樣的人呢？具備這些。那麼具備這些就會被《廣論》饒益到，因為是《廣論》的所化機。4'58"

所以想一想廣論班的那些所有的居士，還有青少年班有在學，園區也在學，大專班這些所有的同學們，能夠具足這樣的善根聽聞道次第，這是一個多麼大的福報！不然的話，是沒法聽的。這件事，沒有善知識這樣認真地告訴我們的話，我們也會覺得好像隨隨便便地就遇到了，有人介紹我就來聽了；一聽很歡喜，就離不開《廣論》了！有的人會相見恨晚，有的人會覺得找到了一生的皈依，簡直是太好了！但這一切，這裡邊說——具器人，遠離了某些過失、具足了這些功德的人，才能夠受用這樣的法，才能夠有善緣聽聞這樣的法。5'51"

那再想一想：如果善知識不是生生世世地引領我們，還有我們的父母親要不是把我們養大，讓我們擁有很多很多的能力，我們也沒法學習。想一想能夠成熟我具足能夠聽聞《廣論》的善根的所有善知識、父母親，還有我的恩人，也就一併地感恩他們。6'12"

所以能聽聞《廣論》、能具足聽聞《廣論》的條件、能具有這樣的善根，確實是來之不易的！大家要好好地珍惜、好好地聽聞！所以宗大師才在〈皈敬頌〉裡邊勸勵具器人能夠聽聞，說：「諸有偏執暗未覆，具辨善惡妙慧力，欲令暇身不唐捐，諸具

善者專勵聽。」這是宗大師對我們的教誨，也是所有的傳承上師對我們的深恩！所以大家好好地珍惜學習《廣論》的機會，一起努力學下去！6'54"

廣海明月

——道次第廣論講記淺析
第三卷

附錄

各講次與日常老和尚廣論開示之音檔、手抄稿段落對照表

講次	音檔長度	廣論音檔段落	舊版廣論手抄稿2015版 頁／行數	舊版廣論手抄稿2016版 頁／行數	新版廣論手抄稿 頁／行數	四家合註入門
0101	09'49"	舊版 2B 25:30～26:40	1冊 P62-L8～P63-L2	1冊 P62-L8～P63-L2	無	無
0102	06'40"	舊版 2B 25:30～26:40	1冊 P62-L8～P63-L2	1冊 P62-L8～P63-L2	無	無
0103	09'33"	舊版 2B 26:40～27:08	1冊 P63-L2～P63-L5	1冊 P63-L2～P63-L6	無	無
0104	08'28"	舊版 2B 27:08～28:07	1冊 P63-L6～P63-LL1	1冊 P63-L7～P63-LL1	無	無
0105	06'40"	舊版 2B 27:08～28:07	1冊 P63-L6～P63-LL1	1冊 P63-L7～P63-LL1	無	無
0106	08'45"	舊版 2B 27:08～28:07	1冊 P63-L6～P63-LL1	1冊 P63-L7～P63-LL1	無	無
0107	12'01"	舊版 2B 27:08～28:07	1冊 P63-L6～P63-LL1	1冊 P63-L7～P63-LL1	無	無
0108	13'59"	舊版 2B 27:08～28:07	1冊 P63-L6～P63-LL1	1冊 P63-L7～P63-LL1	無	無
0109	08'04"	舊版 2B 27:08～28:07	1冊 P63-L6～P63-LL1	1冊 P63-L7～P63-LL1	無	無
0110	08'06"	舊版 3A 00:04～02:25	1冊 P67-L1～P68-L1	1冊 P67-L1～P67-LL1	無	無
0111	06'33"	舊版 3A 00:04～02:25	1冊 P67-L1～P68-L1	1冊 P67-L1～P67-LL1	無	無
0112	09'00"	舊版 3A 02:25～03:26	1冊 P68-L2～P68-L6	1冊 P68-L1～P68-L6	無	無
0113	05'05"	舊版 3A 02:25～03:26	1冊 P68-L2～P68-L6	1冊 P68-L1～P68-L6	無	無
0114	07'26"	新版01 14:45～17:51	無	無	1冊 P9-L2～P10-L5	無

講次	音檔長度	廣論音檔段落	舊版廣論手抄稿2015版 頁／行數	舊版廣論手抄稿2016版 頁／行數	新版廣論手抄稿 頁／行數	四家合註入門
0115	05'15"	新版01 16:14～17:51	無	無	1冊 P9-LL6～P10-L5	無
0116	0627"	無	無	無	無	無
0117	17'15"	新版01 24:51～36:40	無	無	1冊 P13-L4～P18-LL3	無
0118	08'36"	舊版3A 03:26～04:43	1冊 P68-L7～P68-LL2	1冊 P68-L7～P68-LL2	無	無
0119	05'53"	舊版3A 03:26～04:43	1冊 P68-L7～P68-LL2	1冊 P68-L7～P68-LL2	無	無
0120	08'32"	舊版3A 04:43～06:03	1冊 P68-LL1～P69-L8	1冊 P68-LL1～P69-L9	無	無
0121	10'46"	新版02 22:38～24:31	無	無	1冊 P42-LL7～P43-L7	無
0122	08'51"	新版02 22:38～24:31	無	無	1冊 P42-LL7～P43-L7	無
0123	05'45"	新版02 22:38～24:31	無	無	1冊 P42-LL7～P43-L7	無
0124	06'45"	新版02 22:38～24:31	無	無	1冊 P42-LL7～P43-L7	無
0125	09'18"	新版02 24:31～28:12	無	無	1冊 P43-L8～P45-L4	無
0126	05'52"	新版02 26:00～28:12	無	無	1冊 P44-L3～P45-L4	無
0127	04'46"	新版02 26:00～28:12	無	無	1冊 P44-L3～P45-L4	無
0128	06'08"	新版02 28:12～30:01	無	無	1冊 P45-L5～P46-L3	無
0129	07'46"	新版02 28:12～30:01	無	無	1冊 P45-L5～P46-L3	無

各講次與日常老和尚論廣論開示之音檔、手抄稿段落對照表

講次	音檔長度	廣論音檔段落	舊版廣論手抄稿2015版 頁/行數	舊版廣論手抄稿2016版 頁/行數	新版廣論手抄稿 頁/行數	四家合註入門
0130	06'33"	新版02 28:12～30:01	無	無	1冊 P45-L5～P46-L3	無
0131	07'20"	新版02 30:01～30:46	無	無	1冊 P46-L4～P46-LL7	無
0132	05'56"	新版02 30:46～32:39	無	無	1冊 P46-LL6～P47-LL7	無
0133	05'20"	新版02 30:46～32:39	無	無	1冊 P46-LL6～P47-LL7	無
0134	08'55"	舊版3A 06:03～06:57	1冊 P69-L9～P69-LL1	1冊 P69-L10～P69-LL1	無	無
0135	05'53"	舊版3A 06:57～09:46	1冊 P70-L1～P71-L2	1冊 P70-L1～P71-L1	無	無
0136	08'37"	舊版3A 06:57～09:46	1冊 P70-L1～P71-L2	1冊 P70-L1～P71-L1	無	無
0137	07'34"	新版02 30:01～34:28	無	無	1冊 P46-LL6～P48-L8	無
0138	05'20"	舊版3A 09:46～10:34	1冊 P71-L3～P71-L6	1冊 P71-L2～P71-L5	無	無
0139	06'26"	舊版3A 10:34～12:59	1冊 P71-L7～P72-L6	1冊 P71-L6～P72-L5	無	無
0140	05'10"	舊版3A 10:34～12:59	1冊 P71-L7～P72-L6	1冊 P71-L6～P72-L5	無	無
0141	07'35"	舊版3A 12:59～16:49	1冊 P72-L7～P73-LL1	1冊 P72-L6～P73-LL1	無	無
0142	05'58	舊版3A 12:59～16:49	1冊 P72-L7～P73-LL1	1冊 P72-L6～P73-LL1	無	無
0143	06'30"	舊版3A 16:49～17:42	1冊 P74-L1～P74-L5	1冊 P74-L1～P74-L6	無	無

講次	音檔長度	廣論音檔段落	舊版廣論手抄稿2015版 頁/行數	舊版廣論手抄稿2016版 頁/行數	新版廣論手抄稿 頁/行數	四家合註入門
0144	06'10"	無	無	無	無	無
0145	07'35"	無	無	無	無	無
0146	04'57"	無	無	無	無	無
0147	09'03"	舊版 3A 17:42~18:47	1冊 P74-L6~P74-LL5	1冊 P74-L7~P74-LL4	無	無
0148	06'25"	舊版 3A 18:47~19:48	1冊 P74-LL4~P75-L2	1冊 P74-LL3~P75-L4	無	無
0149	08'57"	舊版 3A 19:48~20:40	1冊 P75-L3~P75-L7	1冊 P75-L5~P75-L10	無	無
0150	06'16"	無	無	無	無	無
0151	06'29"	無	無	無	無	無
0152	08'33"	舊版 3A 20:40~24:01	1冊 P75-L8~P76-LL2	1冊 P75-LL11~P76-LL1	無	無
0153	09'01"	舊版 3A 20:40~24:01	1冊 P75-L8~P76-LL2	1冊 P75-LL11~P76-LL1	無	無
0154	06'15"	舊版 3A 24:01~24:47	1冊 P76-LL1~P77-L4	1冊 P77-L1~P77-L5	無	無
0155	08'12"	舊版 3A 24:47~26:17	1冊 P77-L5~P77-LL2	1冊 P77-L6~P77-LL1	無	無
0156	05'46"	舊版 3A 26:17~27:42	1冊 P77-LL1~P78-LL6	1冊 P78-L1~P78-LL6	無	無
0157	06'00"	舊版 3A 26:17~27:42	1冊 P77-LL1~P78-LL6	1冊 P78-L1~P78-LL6	無	無
0158	08'26"	舊版 3A 27:42~3B 00:24	1冊 P78-LL5~P79-L3	1冊 P78-LL5~P79-L3	無	無

各講次與日常老和尚廣論開示之音檔、手抄稿段落對照表

講次	音檔長度	廣論音檔段落	舊版廣論手抄稿2015版 頁/行數	舊版廣論手抄稿2016版 頁/行數	新版廣論手抄稿 頁/行數	四家合註入門
0159	06'58"	無	無	無	無	1冊 P68-L7～P70-L3
0160	06'19"	無	無	無	無	1冊 P70-L4～P74-L3
0161	06'45"	無	無	無	無	1冊 P70-L4～P74-L3
0162	05'09"	無	無	無	無	1冊 P74-L6～P74-LL4
0163	04'23"	無	無	無	無	無
0164	04'02"	無	無	無	無	1冊 P74-LL4～P76-L5
0165	04'51"	無	無	無	無	1冊 P76-L6～P77-L5
0166	05'35"	無	無	無	無	1冊 P76-L6～P77-L5
0167	08'12"	舊版 3B 00:24～02:39	1冊 P81-L1～P82-L3	1冊 P81-L1～P82-L3	無	無
0168	07'31"	新版02 42:28～44:09 舊版 3B 02:39～04:05	1冊 P82-L4～P82-LL5	1冊 P82-L4～P82-LL6	1冊 P52-L4～P52-LL2	無
0169	07'04"	新版02 44:09～45:21	無	無	1冊 P52-LL1～P53-L8	無
0170	04'56"	新版02 45:21～46:40	無	無	1冊 P53-L9～P54-L4	無
0171	05'34"	新版02 45:21～46:40	無	無	1冊 P53-L9～P54-L4	無

講次	音檔長度	廣論音檔段落	舊版廣論手抄稿2015版 頁/行數	舊版廣論手抄稿2016版 頁/行數	新版廣論手抄稿 頁/行數	四家合註入門
0172	09'27"	舊版 3B 04:05～05:42	1冊 P82-LL4～P83-L6	1冊 P82-LL5～P83-L6	無	無
0173	08'13"	舊版 3B 04:05～05:42	1冊 P82-LL4～P83-L6	1冊 P82-LL5～P83-L6	無	無
0174	08'35"	舊版 3B 05:42～07:41	1冊 P83-L7～P84-L6	1冊 P83-L7～P84-L6	無	無
0175	08'21"	舊版 3B 05:42～07:41	1冊 P83-L7～P84-L6	1冊 P83-L7～P84-L6	無	無
0176	10'45"	新版02 46:40～47:41	無	無	1冊 P54-L5～P54-LL4	無
0177	07'07"	舊版 3B 07:41～08:24	1冊 P84-L7～P84-LL5	1冊 P84-L7～P84-LL5	無	無
0178	05'54"	舊版 3B 07:41～08:24	1冊 P84-L7～P84-LL5	1冊 P84-L7～P84-LL5	無	無
0179	07'11"	舊版 3B 08:24～09:50	1冊 P84-LL4～P85-L6	1冊 P84-LL4～P85-L7	無	無
0180	07'22"	舊版 3B 08:24～09:50	1冊 P84-LL4～P85-L6	1冊 P84-LL4～P85-L7	無	無
0181	09'41"	無	無	無	無	無
0182	06'54"	無	無	無	無	1冊 P77-L6～P78-LL5

國家圖書館出版品預行編目(CIP)資料

廣海明月：道次第廣論講記淺析. 第三卷 / 宗
　喀巴大師造論；日常老和尚講述；真如淺析.
　-- 初版. -- 臺北市：福智文化, 2020.05
　　面；　公分
　ISBN 978-986-98982-0-1 (平裝)

　1.藏傳佛教　2.注釋　3.佛教修持

226.962　　　　　　　　　　　　109004070

廣海明月──道次第廣論講記淺析　第三卷

造論：宗喀巴大師
講述：日常老和尚
淺析：真如

文字整理：大慈恩・月光國際譯經院（釋如法、釋如密、釋如吉、釋性華）
　　　　　福智僧團法寶中心（釋性由、釋性蓮、釋性竺、釋性航）
　　　　　福智南海寺僧團法寶組（釋起演、釋起運、釋法入）
文字校對：王淑均、沈平川、黃瑞美

責任編輯：廖育君
美術設計：張福海
排版：華漢電腦排版有限公司
印刷：科樂印刷事業股份有限公司

出版者：福智文化股份有限公司
地址：105407台北市松山區八德路三段212號9樓
電話：(02)2577-0637
客服Email：serve@bwpublish.com
官方網站：https://www.bwpublish.com/
FB粉絲專頁：https://www.facebook.com/BWpublish/

總經銷：時報文化出版企業股份有限公司
地址：桃園市龜山區萬壽路二段351號
電話：(02)2306-6600

出版日期：2023年11月 初版八刷
定價：新台幣450元
ISBN：978-986-98982-0-1

版權所有・請勿翻印 Printed in Taiwan

※如有缺頁、破損、倒裝，請聯繫客服信箱或寄回本公司更換

本書所得用以支持經典譯註及佛法弘揚